Svea Teubner
Februar '94

Jeffrey A. Kottler / Diane S. Blau

WENN THERAPEUTEN IRREN

D1734116

Zu den Autoren:

Dr. Jeffrey A. Kottler gehört der Fakultät des Center for Humanistic Studies in Detroit an und arbeitet als Psychotherapeut in freier Praxis in Farmington Hills, Michigan. Er absolvierte seine Ausbildung an der Oakland University, der Wayne State University und an der Universität von Virginia.
Er war Fulbright Scholar und Lehrbeauftragter an der Universidad Católica in Lima, Peru, und unternahm zahlreiche Vortragsreisen durch Nord- und Südamerika.

Dr. Diane S. Blau ist leitendes Fakultätsmitglied am Center for Humanistic Studies in Detroit und arbeitet als Psychotherapeutin in freier Praxis in Farmington Hills, Michigan. Seit zehn Jahren arbeitet sie an der Entwicklung und Durchführung der Graduiertenausbildung in humanistischer und klinischer Psychologie. Außerdem ist sie außerordentliche Professorin an der Union Graduate School und betreut dort insbesondere Studenten, die sich mit qualitativer Forschung beschäftigen.
Ihre Ausbildung absolvierte sie an der Wayne State University und am Saybrook Institute.

Jeffrey A. Kottler / Diane S. Blau

WENN THERAPEUTEN IRREN

— Versagen als Chance —

Edition Humanistische Psychologie
— 1991 —

© 1991 Edition Humanistische Psychologie im Internationalen
Institut zur Förderung der Humanistischen Psychologie,
Spichernstraße 2, 5000 Köln 1

Die Originalausgabe erschien unter dem Titel
»The Imperfect Therapist — Learning from Failure in
Therapeutic Practice«

Authorized translation from the English language edition published
by Jossey-Bass Inc., Publishers.
Copyright © 1986 by Jossey-Bass, Inc. Publishers,
San Francisco-London.

All rights reserved. No part of this book may be reproduced or
transmitted in any form or by any means, electronic or mechanical,
including photocopying, recording or by any information storage and
retrieval system, without permission in writing from the Publisher.

Übertragung aus dem Amerikanischen: Irmgard Hölscher

Lektorat: Christoph J. Schmidt

Redaktion: Klaus Eckhardt

Herausgeber: Anna und Milan Sreckovic

Die Deutsche Bibliothek — CIP-Einheitsaufnahme

Kottler, Jeffrey A.:
Wenn Therapeuten irren / Jeffrey A. Kottler; Diane S. Blau.
Aus dem Amerikan. von Irmgard Hölscher. [Hrsg.: Anna und
Milan Sreckovic]. – Köln: Ed. Humanistische Psychologie, 1991
   Einheitssacht.: The imperfect therapist <dt.>
   ISBN 3-926176-29-6
NE: Blau, Diane S.:

Alle Rechte vorbehalten

Umschlagentwurf: Robert de Zoete — unter Verwendung des Bildes
»Der göttliche Same« von Georgy Bretschneider —

Vertrieb:
Moll & Eckhardt
Zülpicher Straße 174, 5000 Köln 41

Satz: R. Birkhölzer Electronic Publishing, Köln

Gesamtherstellung: Agentur U. Himmels, Heinsberg

ISBN 3-926176-29-6

Inhalt

Vorwort

Dieses Buch richtet sich an alle, die in den helfenden Berufen arbeiten. Psychotherapeuten erwarten häufig unrealistisch viel von sich selbst; dieses Buch fragt danach, was passiert, wenn diese Erwartungen nicht erfüllt werden. Es untersucht, welche Arten des Versagens es gibt und wie es sich auf die Person des Therapeuten und die Praxis der Psychotherapie auswirkt, ein Thema, das Anfänger wie erfahrene Therapeuten gleichermaßen betrifft. Im Mittelpunkt steht die Erfahrung mit und die Angst vor dem Versagen sowie die allzumenschlichen Versuche, dies zu vermeiden.

Das Buch geht also davon aus, daß sich alle Psychotherapeuten an vielen Punkten des beruflichen Lebens bei Beurteilungen irren, leine und auch schwerwiegende Fehler machen. Und es geht davon aus, daß Versagen in unterschiedlichem Ausmaß und auf unterschiedliche Weise bei einem so risikoreichen Unterfangen wie der Psychotherapie selbstverständlich ist. Aber wenn man aus Fehlern lernen und dadurch vermeiden soll, sie zu wiederholen, dann muß man auch sehr offen für die eigenen Schwächen sein. Eine größere Toleranz gegenüber eigenem oder fremdem Versagen braucht die Bereitschaft, Fehler einzugestehen, über Irrtümer offen zu sprechen und Mißerfolg als Gelegenheit zum Lernen und als Mittel zu begreifen, ein besserer Therapeut zu werden.

Das Buch bewegt sich auf verschiedenen Ebenen. Es untersucht das Phänomen des Versagens in der Therapie anhand persönlicher Erfahrungen, klinischer Berichte und psychotherapeutischer Literatur. Wir haben auch eigene Erfahrungen aufgenommen, um zu unterstreichen, wie wichtig und effektiv das offene Eingestehen von Fehlern sein kann. Das Buch enthält Fallberichte von Anfängern und erfahrenen Therapeuten und untersucht die vorhandene Literatur zum Thema, um zu zeigen, wie wichtig die offene Diskussion ist, die wir befürworten. In diesem Prozeß liefert es die Grundlage für ein konzeptuelles Verständnis des Scheiterns, mit dessen Hilfe Psychotherapeuten ihre eigenen Arbeit und deren Wirksamkeit besser einschätzen können, unabhängig von ihrem Hintergrund und ihrer Orientierung.

Warum ist ein Buch über Versagen in der Therapie notwendig?

Der Anstoß für diese Arbeit kam aus unserer persönlichen Erfahrung. Wir arbeiten beide seit einigen Jahren als Psychotherapeuten und sind deshalb mit Therapieabbrüchen, starkem Widerstand und Wutausbrüchen von Klienten vertraut. Solche Ereignisse führen zu Unbehagen, Besorgnis und oft intensiver Selbstbeobachtung, aber wir behielten diese Erfahrungen doch mehr oder weniger für uns, weil wir die eigene Verletzbarkeit nicht offenlegen und unser berufliches Ansehen nicht gefährden wollten.

Natürlich hatten wir in der Ausbildung von therapeutischen Fehlurteilen gehört und gelernt, wie man Fehler vermeidet. Aber diese Analyse der Variablen bei Therapeut und/oder Klient ließ keinen Raum für einen Umgang mit Selbstzweifeln; der Fokus lag immer auf »dem anderen«, und nicht auf der eigenen Person. Deshalb haben wir nicht gelernt, welche Vorteile eine Untersuchung eigener Versagensängste hat, und auch nicht erfahren, wie andere Therapeuten sie konfrontieren und bewältigen.

Also sprachen wir nicht über diese Befürchtungen, bis zu dem Zeitpunkt, an dem ein Klient Selbstmord beging. Jetzt war die Verzweiflung stärker als die Angst vor Kritik, und es kam zu einem Gespräch über den Vorfall und seine Folgen. Es stellte sich heraus, daß wir beide, zu verschiedenen Zeiten, diesen schlimmen Angriff auf den persönlichen und beruflichen Panzer erlitten hatten. Es war tröstlich und beruhigend, über dieses Scheitern und andere Mißerfolge sprechen zu können, und bestärkte uns in dem Entschluß, diese neuen Erfahrungen in der Arbeit mit den Klienten umzusetzen.

Wir waren entschlossen, eine Immunität gegen künftige Bedrohungen des Selbstwerts zu entwickeln. Und wie so oft begann auch dieses Buch mit dem sehr persönlichen Bemühen, verstreute und verwirrende Fragmente und Gefühle zu ordnen. Entstanden ist das Buch aus der Frustration, aus individuellen Verletzbarkeiten durch Selbstzweifel, aus der Erfahrung, daß wir als Therapeuten mit unseren Mißerfolgen und Schwächen alleine sind.

Ein Überblick

Wir untersuchen verschiedene Aspekte des Themas:
- Psychotherapeuten haben Erwartungen an die Klienten, an die Gesellschaft und oftmals an sich selbst, die sie nie erfüllen können. Sie sind beständig auf der Suche nach Vollkommenheit.
- Fehler von Therapeuten müssen ans Tageslicht gebracht werden. Wir müssen sie frei und offen diskutieren können, damit die Realität der Arbeit mit Klienten deutlicher wird. Es ist deshalb so schwierig, über die eigenen Fehler zu sprechen, weil sich ein verständnisvolles und empfängliches Publikum dafür nicht leicht finden läßt.
- Es führt nicht unbedingt zu Verleugnung, Rückzug und persönlicher Katastrophe, wenn man sein Versagen zugibt. Im Gegenteil: Wer mutig und flexibel genug ist, um ihm ins Auge zu blicken, wächst daran.

- Es ist möglich, die eigenen Unvollkommenheiten zu akzeptieren und gleichzeitig an größerer Effektivität zu arbeiten.
- Die ehrliche und gründliche Einschätzung eigener Begrenzungen und ungelöster Themen bringt größere persönliche Ruhe und berufliche Kompetenz mit sich.
- Die Konfrontation mit den eigenen Schwächen ist für Psychotherapeuten das schlimmste und gleichzeitig das positivste Element ihres Berufes.

Wenn wir davon ausgehen, daß Therapeuten nicht immer erfolgreich helfen können, dann müssen wir mit Fehlern so umgehen, daß sie nicht den Selbstwert bedrohen. Das ist für uns die zentrale Botschaft dieses Buches. Die Erfahrung des Versagens an sich ist universell, sie betrifft Berufsanfänger wie erfahrene Therapeuten gleichermaßen (auch wenn sie in der Regel unterschiedlich verarbeitet wird). Das Buch ist eine Aufforderung zur Untersuchung eigener und fremder Unvollkommenheiten, damit wir durch ehrliche Selbstprüfung beruflich mehr leisten können und persönlich weniger streng mit uns umgehen müssen.

Das Buch hat drei Teile, die aufeinander aufbauen. Der erste Teil entwickelt einen allgemeinen Begriff des Versagens - wie wird es konzeptualisiert, wie wird es vermieden und was kann man daraus lernen. Das erste Kapitel behandelt die Schwierigkeiten, die Erfahrung des Versagens zu definieren, und demonstriert, wie unterschiedlich es wahrgenommen wird.

Das 2. Kapitel beschäftigt sich mit sechs wesentlichen Ängsten auf dem Weg vom Anfänger zum erfahrenen Therapeuten und den dazugehörigen Abwehrstrategien.

Das 3. Kapitel geht im Detail auf Abwehrmechanismen von Therapeuten ein. Es geht um diverse ineffektive Verhaltensweisen, die eine ehrliche Selbstkonfrontation abwehren sollen.

Das 4. Kapitel schließlich zeigt, welche Entwicklungsmöglichkeiten die Konfrontation mit Versagen und Unvollkommenheit bietet. Neben Falldarstellungen zeigen auch Beispiele aus Natur, Geschichte und Literatur, wie Versagen schließlich Einsicht fördert, Initiative und Durchhaltevermögen stärkt und zu mehr Unabhängigkeit und Kreativität führt.

Im zweiten Teil geht es um die Dynamik und Komplexität von Therapeuten, Klienten, Prozessen und externen Faktoren, die einen Anteil am Versagen haben.

Das 5. Kapitel untersucht Fehler von Anfängern und bietet damit erfahreneren Therapeuten die Möglichkeit, sich die grundlegendsten und typischsten Irrtümer ins Gedächtnis zurückzurufen. Die nächsten beiden Kapitel beschäftigen sich dagegen mit den Fehlern erfahrener Therapeuten.

Das 6. Kapitel untersucht die Interaktion zwischen den Klienten, die sich mit ihren Unsicherheiten auseinandersetzen, und den Unzulänglichkeitsgefühlen ihrer Therapeuten. Es schließt mit einer Darstellung eigener Fehler, die beispielhaft zeigen sollen, wie Versagensgefühle verarbeitet werden.

Im 7. Kapitel erzählen namhafte Therapeuten von eigenen Fehlern.

Das 8. Kapitel analysiert gängige Fehlerquellen, u.a. schlecht oder zum falschen Zeitpunkt durchgeführte Interventionen, Rigidität oder Zweifel des Therapeuten und Gegenübertragung.

Im dritten Teil geht es um Strategien zum produktiveren Umgang mit Schwächen und Fehlern. Wir befürworten flexible Einstellungen und Therapiestile, die eine versöhnlichere, pragmatischere und gleichzeitig selbstkonfrontative Haltung zulassen.

Das 9. Kapitel zeigt, welche Lernmöglichkeiten die Untersuchung der eigenen Unvollkommenheit bietet. Wir befürworten eine reflexive Haltung, mit der man die unzähligen Möglichkeiten in jeder Therapiesitzung einschätzen und auf sie reagieren kann.

Das 10. und letzte Kapitel beschreibt, welche Stadien ein Therapeut durchläuft, wenn er sich mit seinen Schwächen und Fehlern konfrontiert. Wir listen eine Reihe von Fragen auf zur Einschätzung von Selbstwert, eigener Leistung und Fortschritten der Klienten sowie Vorschläge für ein besseres Verständnis der eigenen Fehler und ihre Überwindung.

Danksagungen

Wir danken den namhaften Vertretern der psychotherapeutischen Theorie und Praxis, die uns Auskunft über ihre Fehler gegeben haben. James F. T. Bugental, Gerald Corey, Albert Ellis, Richard Fisch, Arnold Lazarus und Clark Moustakas haben gezeigt, daß sie nicht vollkommen, aber trotzdem mit ihren Schwächen versöhnt sind, manchmal verwirrt und verletzlich, aber immer bereit, zu lernen und zu wachsen. Aus dieser Offenheit kann jeder Therapeut lernen, wie er mit Fehlern besser umgehen, seine Grenzen akzeptieren und in Zukunft besser arbeiten kann.

Wir danken den zahlreichen Therapeuten und Studenten, die uns so bereitwillig und genau über ihre Schwächen Auskunft gegeben haben. Besonderer Dank gilt Gracia Alkema, Lektorin bei Jossey-Bass, für ihr Vertrauen und ihre hervorragende Betreuung. Bei der Überarbeitung und endgültigen Formgebung des Manuskripts haben Albert Ellis, Barbara Okun und William Kouw geholfen.

Schließlich möchten wir noch unseren Ehepartnern, Ellen Kottler und Larry Blau, für ihre uneingeschränkte Unterstützung und Ermutigung während der Arbeit an diesem Buch danken.

Jeffrey A. Kottler und Diane S. Blau

Anmerkung:

Es werden sich dann und wann im Text bei der Schilderung eigener Erlebnisse die Kürzel (J.K.) und (D.B.) finden. Diese belegen, welcher der beiden Autoren dieses Erlebnis beschreibt.

1. Kapitel

Was ist Versagen?
Die Definition der Unvollkommenheit

Psychotherapeuten stehen im Kreuzfeuer von Versicherungsgesellschaften, Kontrollgremien, Ärzten, Medien, Verbraucherorganisationen und Anwälten. Läßt es sich wirklich beweisen, daß Psychotherapie das Leben der Klienten positiv beeinflussen kann? Helfen psychotherapeutische Interventionen tatsächlich jemandem? Die ständig steigenden Prämien für die Berufshaftpflichtversicherung und die wachsende Zahl von Prozessen gegen Psychotherapeuten führen zu einem Mißtrauen innerhalb der eigenen Berufsgruppe, aus der Angst heraus, als Zeugen gegeneinander auftreten zu müssen. Diese inquisitorische Atmosphäre macht es erst recht problematisch, mit Kollegen über schwierige Klienten, konfuse oder mißratene Fälle, Bedenken oder Fehler zu sprechen. Deswegen konfrontiert man sich selten mit den tief innen schlummernden Zweifeln.

Wie die meisten Dienstleistungsberufe ist auch die Psychotherapie leistungsorientiert. Klienten werden verständlicherweise unruhig, wenn es ihnen nicht sofort oder doch zumindest nach und nach besser geht. In einem wettbewerbsorientierten Markt, in dem die Krankenkassen ständig strengere Maßstäbe anlegen und spezielle Therapieformen und unterschiedliche Schulen um die Aufmerksamkeit wetteifern, sind die Klienten als »Verbraucher« kritischer geworden und erwarten zunehmend Perfektion. Therapeuten, deren Bemühungen erfolglos bleiben oder die zugeben, daß auch sie nicht unfehlbar sind, müssen oft erleben, daß Klientel wie Kollegen das Vertrauen zu ihnen verlieren.

Darüber hinaus geht die einschlägige Literatur nur sehr selten auf die Frage des Scheiterns ein. Wer sich bei der Beurteilung eines Falles irrt oder einen taktischen Fehler gemacht hat, fühlt sich meist zu schuldig oder angreifbar, um seine schmutzige Wäsche in der Öffentlichkeit zu waschen. Und die Herausgeber von Fachzeitschriften scheinen geschlossen der Meinung zu sein, Mißerfolge von Therapeuten müßten ignoriert oder verschwiegen werden, da sie nichtsignifikante Forschungsergebnisse ausgesprochen selten veröffentlichen. Die Ablehnungsrate ist deutlich höher, wenn Studien Nullergebnisse zeigen, und gegen Untersuchungen mit negativen Ergebnissen scheint ein generelles Vorurteil zu existieren (Barbrack 1985). Ausbilder und Supervisoren, die ihre brillanten Durchbrüche und wundersamen Heilungen vor aller Welt verkünden, aber sich anscheinend niemals irren und nie einen Klienten verlieren, verstärken diese Einstellung noch.

In einer der wenigen Arbeiten, die je über Behandlungsfehler veröffentlicht wurden, fragen Foa und Emmelkamp (1983) nach dem Grund für die auffallende Vernachlässigung dieses Themas. Bei korrekter Diagnose und Fallanalyse und angemessener, allgemein akzeptierter Methodik hat eine Therapie zwangsläufig erfolgreich zu sein. Da dem System der Diagnose und dem Behandlungsansatz ja die Wirksamkeit bereits attestiert wurde, hat sich die Überzeugung festgesetzt: »Wenn eine Psychotherapie scheitert, hat der Therapeut versagt« (S. 3).

Der Umgang mit einer Literatur, die von positiven Ergebnissen und Erfolgen der Mentoren geradezu strotzt, kann den einzelnen leicht zu der Überzeugung kommen lassen, er stünde mit seinen Selbstzweifeln und Unsicherheiten allein. Spricht man aber mit Kollegen, so zeigen sich bei ihnen dieselben Ängste und Schwächen. Aus Fehlern, eigenen wie fremden, läßt sich sehr viel mehr lernen als aus Erfolgen. Im Stich gelassene Klienten, unabsichtlich entfremdete Familien, verpaßte Hinweise und falsche Diagnosen bleiben im Gedächtnis haften. Zweifellos kann jeder Therapeut auf Anhieb einen Fall nennen, bei dem die Therapie gescheitert ist, und alle möglichen Gründe für dieses Scheitern anführen. Man kann annehmen, daß viel Zeit und Energie darauf verwandt wurde, über einen solchen Fall nachzudenken und ihn auf die eigenen Fehler zu überprüfen. Auch wenn Fehler nicht offen diskutiert oder in der Literatur beschrieben werden, wird ihnen also tatsächlich doch ein hohes Maß an Beachtung geschenkt.

Zieht man die weitverbreitete Abneigung gegen die Diskussion von Pannen und Fehlern, ein mißtrauisches und wachsames berufliches Umfeld, die eigenen Selbstzweifel und den Zynismus eines ungeduldigen Publikums und hochmütiger Kritiker in Betracht, dann bleibt nur wenig Raum für Entlastung und Aufklärung. Wenn aber nur wenige Psychotherapeuten aus Angst vor den Folgen bereit sind, über ihre Schwächen und Mißerfolge zu sprechen, wie läßt sich dann die Arbeit effektiver gestalten und die Einsicht in die eigenen Schwächen bewältigen?

In ihrer Untersuchung gängiger Fehler von Psychotherapeuten kommen Robertiello und Schoenwolf (1987) zu dem Schluß, daß diese sich meistens auf charakterliche Mängel oder den Narzißmus von Therapeuten zurückführen lassen: »Wir Therapeuten müssen eingestehen und akzeptieren, daß es bei uns eine Vielzahl von Psychopathologien gibt und geben wird, und unsere Abwehr aufgeben. Wir müssen akzeptieren, daß Gegenübertragung und Gegenwiderstand universelle Phänomene sind und nicht nur bei wenigen anomalen, abweichenden Therapeuten vorkommen.« (S. 286) Es ist die Prämisse dieses Buches, daß es von grundlegender Bedeutung für das Wohlbefinden von Therapeuten ist, ihr Versagen zu akzeptieren. Wir fokussieren hier auf die Erfahrung des Versagens und auf die Lernmöglichkeiten, die aus einer Exploration dieser subjektiven Erfahrung entstehen, also letztlich auf die Frage, wie ein Therapeut mit und durch sein Versagen lebt.

Die Literatur über das Scheitern von Psychotherapien sucht die »Variablen«, die negative Ergebnisse verhindern können, beim Klienten, beim Therapeuten oder beim therapeutischen Umfeld. Das ist zwar von immenser Bedeutung, vermittelt aber stets dieselbe unterschwellige Botschaft: »Wer hart genug arbeitet und immer mehr lernt, der kann nicht scheitern.« Diese Auffassung, nach der Versagen negativ und irgendwie vermeidbar ist, ist seit Jahren Bestandteil der verborgenen beruflichen Verfahrensweise. Die folgende Erfahrung ist ein Beispiel dafür.

Akzeptieren eigener Schwäche

Jedesmal, wenn ein neuer Klient in meine Praxis kommt, habe ich (J.K.) Angst. Trotz Tiefenatmung und Übungen gegen Wahrnehmungsverzerrungen bleibt immer der Gedanke: Wird mich dieser Klient mögen? Hat er vielleicht ein Problem, über das ich nichts weiß? Kommt hier vielleicht gerade der Mensch, der endlich entdeckt, daß ich eigentlich gar nicht weiß, was ich tue?

Hat der Klient erst Platz genommen und die Sitzung begonnen, bleibt wenig Zeit für weitere Selbstzweifel, zumindest bis zum Ende, wenn mir all das einfällt, was ich hätte tun oder sagen sollen. Und erst später, wenn ich meine Notizen mache, wird mir klar, daß ich kaum weiß, was in dem Klienten vorgeht oder was ich tun muß.

In diesem Stadium fallen mir dann die Ermahnungen früherer Supervisoren ein: »Der Therapeut braucht nicht zu wissen, was zu tun ist. Wichtig ist nur, daß er dem Klienten hilft, es herauszufinden« oder »Laß dir Zeit, dann verstehst du allmählich schon, was abläuft.« Mir waren diese Ratschläge nie ein sonderlicher Trost, der Schatten des

Selbstzweifels begleitet mich ständig. Bei jedem Klienten habe ich das Gefühl, mich völlig neu beweisen, all meine Fähigkeiten, mein ganzes Wissen einsetzen zu müssen. Ich muß zum Risiko, zum Sprung ins kalte Wasser, bereit sein, weil ich nie wirklich sicher sein kann, ob ich erfolgreich sein werde oder nicht.

Obwohl ich mich für Erfolg oder Mißerfolg selbst verantwortlich fühle, ist es in Wahrheit der Klient, der alles zu verlieren oder zu gewinnen hat. Dieser Mensch hat sich dafür entschieden, bei mir eine Psychotherapie zu machen, weil er glaubt, ich könne ihm helfen. Das ganze Gewicht dieses Vertrauens lastet spürbar auf mir und motiviert mich dazu, all mein Wissen, alle Fähigkeiten und Erfahrungen zu Hilfe zu nehmen. Ich atme tief durch. Wir fangen an.

Und meist geschieht ja das Wunder tatsächlich: Je mehr Zeit ich mit dem Klienten verbringe, auf seinen Herzschlag lausche, desto mehr Gespür bekomme ich für das, was ihn verstört, für den vergangenen und gegenwärtigen Kontext seiner Symptome, ja sogar eine ziemlich klare Vorstellung davon, wie ich ihm am besten helfen kann. Aber so oft ich diese Erfahrung auch gemacht habe, eine Hilfe ist das nicht. Mein Ruf, mein Selbstvertrauen, mein Kompetenzgefühl, all das steht bei jedem neuen Klienten wieder auf dem Spiel. Wie viele Klienten am Ende auch immer überzeugt sein mögen, ich hätte ihnen geholfen, so bin ich doch nie sicher, ob ich das noch einmal schaffen werde.

Schwächen gehören zu unserer Arbeit. Ein Psychoanalytiker, be-müht, eigenen und fremden Ansprüchen gerecht zu werden, hat das so ausgedrückt: »Jeder von uns fühlt sich nichts weniger als vollkom-men - weil wir es nicht sind. Wir fühlen uns alle verletzlich, weil das eine Grundbedingung des menschlichen Lebens ist. Jeder will mehr haben, als er tatsächlich hat - mehr Liebe, mehr Geld, mehr Ansehen. Weil jeder Mensch seine Grenzen spürt und Grenzen hat, sucht jeder nach einem anderen, der sein Leben so vollkommen wie möglich macht. Männer und Frauen, die einen Psychoanalytiker aufsuchen, hoffen, in ihm das Bild des vollkommenen Vaters oder der vollkom-

menen Mutter und damit das verlorene Paradies der Kindheit wiederzufinden« (Strean, Freeman 1988, S. 8). Trotz dieser unrealistischen
Erwartungen bleibt nur die Wahl, die eigenen Schwächen zu akzeptieren. Das offene Gespräch über die Fehler und Mängel von Therapeuten, das so viele Gelegenheiten zum Lernen und Wachsen bietet, führt
zu einer realistischeren Berufspraxis und zur Bewältigung der eigenen
Fehlbarkeit.

In dem mit dem Pulitzer-Preis ausgezeichneten Roman »Lonesome
Dove« (Einsame Taube) streiten sich zwei Cowboys über den Wert
eines gelegentlichen Mißerfolgs. Augustus wirft seinem Freund Call
vor, er wäre zu stur, einen Fehler einzugestehen:

»'Du weißt so genau, daß du recht hast, daß es dir egal ist, ob
überhaupt jemand mit dir redet. Ich hatte so oft unrecht, daß ich in
Übung geblieben bin, und darüber bin ich froh.' - 'Warum soll man
denn Übung darin bekommen, unrecht zu haben?', fragte Call. 'Das
soll man doch wohl eher vermeiden.' - 'Das kann man aber nicht
vermeiden, also muß man lernen, damit umzugehen', sagte Augustus.
'Wenn du dich nur ein- oder zweimal im Leben deinen eigenen
Fehlern stellen mußt, dann ist das ganz schrecklich. Ich stelle mich
meinen täglich, und das ist dann meistens nicht schlimmer, als sich
mal einseifen zu lassen'« (McMurty 1986, S. 696).

Bewahrung des Ichs

Es sind oft nur kleine Anlässe, die dazu führen, daß ein Therapeut
durch sein Scheitern überwältigt wird. Das wohl bestgehütete Ge-
heimnis in diesem Beruf ist die Befürchtung, man tue eigentlich gar
nichts, d. h. den Klienten ginge es auch ohne die eigene Arbeit besser.
Das ist der Grund, warum es zunächst so viel Abwehr seitens des
Therapeuten gibt, wenn der Klient Widerstand leistet oder Kritik übt.
Es ist richtig, daß die Anerkennung für den Therapieerfolg dem

Klienten zusteht, aber es ist der Therapeut, dem die Verantwortung zugeschrieben wird, wenn sich die Therapie dahinquält. Dieses Phänomen zeigt sich nur zu deutlich in der folgenden Episode.

Ich (D.B.) legte langsam den Hörer auf und lehnte mich in meinen Stuhl zurück, um mein Herzklopfen zu beruhigen. Der anfängliche Schock wich allmählich einem tiefen Gefühl von Verlust und Enttäuschung. »Rudi kommt nicht mehr. Wir haben einen Termin mit einem anderen Therapeuten.«

Rudi, 15 Jahre alt, war seit mehr als einem Jahr mein Klient. Ich hatte eng mit ihm und seinen Eltern zusammengearbeitet, um seine Gewalttätigkeit zu Hause und in der Schule zu vermindern. Die Therapie lief ziemlich gut, jedenfalls glaubte ich das. Seine Einstellung hatte sich verändert. Er war ruhiger geworden, und die erregten Anrufe der Eltern kamen seltener. Deshalb war ich auch so überwältigt von dieser so unerwartet geplatzten Bombe und der bohrenden inneren Frage: Was habe ich falsch gemacht?

Der Kloß im Hals löste sich erst nach einer komplizierten Serie von Rechtfertigungen und Rationalisierungen, deren wirkungsvollste die Diskreditierung der Gründe war, die die Eltern für den Therapieabbruch haben konnten. Es mußte einfach daran liegen, daß sie ihren Sohn nicht verstanden und seine pubertäre Rebellion nicht tolerieren konnten! Es ging ihm besser, und wahrscheinlich hatte gerade das das Familiensystem destabilisiert, weshalb sie natürlich die Therapie sabotieren mußten. Ein Kollege, mit dem ich darüber sprach, bestätigte mir diese Auffassung auch bereitwillig und schloß mit den Worten: Es ist nicht deine Schuld.

Nachdem ich so mein Gewissen beschwichtigt hatte, nahm ich mir Rudis Unterlagen noch einmal vor und suchte sorgfältig nach Hinweisen, die ich hätte bemerken müssen, wobei ich mich allerdings darauf einstellte, alle Anzeichen eines Irrtums meinerseits entschieden abzustreiten. Ich besitze ein gutentwickeltes Repertoire für den Umgang mit solchen Situationen, das Widerstand, Motivation oder Abwehr des

Klienten oder die Einmischung der Familie als Entschuldigungsgründe zuläßt. Wie üblich funktionierten diese Erklärungen. Ich sprach mich frei, entlastete mich von Schuld und lenkte mich dann ab, indem ich an andere Klienten dachte, die mich schätzten und tatsächlich Fortschritte unter meiner Anleitung machten. Vermeidung! Flucht! Erleichterung!

Hätte eine ehrliche Prüfung des Materials einen Unterschied gemacht? Wenn ich bereit gewesen wäre, mich selbst in einem realistischen Licht zu betrachten, wenn ich der Konfrontation mit mir selbst nicht so schnell ausgewichen wäre, was hätte ich lernen können? Denn dieser Mißerfolg hat mir das Gefühl gegeben, ich hätte als Therapeutin generell versagt, er hätte mich zu der unabweislichen Erkenntnis meiner Fehlbarkeit als Mensch und Therapeutin bringen können. Es ging nicht mehr nur um Rudi. Jetzt ging es um die verpaßten Gelegenheiten, zu lernen und zu wachsen, andere Möglichkeiten der Therapie auszuprobieren und vor allem, mich mit meinem unrealistischen Bedürfnis nach Vollkommenheit zu konfrontieren.

Während meiner Ausbildung gelang es mir, mich als mutig darzustellen und Beifall einzuheimsen, wenn ich bei der Vorstellung meiner Fälle gegenüber Ausbildern und Supervisoren sorgfältig genug vorging. Ich wußte, was ich zu sagen hatte und was nicht, was ich betonen mußte, um die Kritik, die ich nicht akzeptieren wollte, zu vermeiden. Ich war sehr geschickt darin, die Ausbildung so zu manipulieren, daß mein Selbstbild nicht bedroht wurde. Ich glaubte, alles unter Kontrolle zu haben, kannte genau die richtige Dosis an Selbstkritik und Selbstbewußtheit. Aber in meiner Praxis funktionierte das nicht. Sonst wäre Rudi immer noch mein Klient, wäre nicht woanders hingegangen, um etwas anderes, besseres zu bekommen, etwas, daß ich ihm, wie ich glaubte, nicht gegeben hatte.

Beim Nachdenken über meine therapeutische Arbeit wurde mir bewußt, wieviel Energie ich dazu verwende, meine Fälle aus einer Perspektive zu betrachten, die mich schützt, Verhaltensweisen von

Klienten nicht als Spiegel meiner eigenen Fähigkeiten, sondern, sehr viel weniger bedrohlich, als Spiegel ihrer Beeinträchtigung und ihres Widerstandes zu deuten, was es ja tatsächlich manchmal auch ist. Meinen Klienten bringe ich bei, sich (und anderen) zu verzeihen, sich so zu akzeptieren, wie sie sind, ihre Schwächen als Aspekte ihrer Individualität anzunehmen, ihre Fehler als Gelegenheiten zum Lernen zu begrüßen. Aber diese Weisheit übertrage ich selbst so leicht nicht auf mich, weder auf meine mangelnde berufliche Perfektion noch auf meine menschliche Schwäche. Ich habe große Schwierigkeiten, mir selbst zu vergeben, meine Schwächen und meine Fehler anzunehmen.

Das Bedürfnis nach Erfolg

Den meisten Psychotherapeuten wurde von Eltern und Lehrern ein starker Leistungsanspruch eingepflanzt, sie wurden auf Erfolg gedrillt. Die Ausbildung zum Therapeuten beginnt nicht auf der Universität, sondern bereits im Säuglingsalter. Viele spätere Therapeuten sind von der Familie schon in sehr frühem Alter in die Rolle des Retters oder Vermittlers gedrängt worden. Sie haben ein großes Maß an Mitgefühl entwickelt, aber auch gelernt, Macht in Beziehungen zu respektieren. Das Bedürfnis nach Erfolg, das ihnen vermittelt wurde, richtet sich weniger auf finanziellen Erfolg, sondern eher auf die Fähigkeit, zu bezaubern oder zu überreden. Bücher und Lernen ging ihnen über alles. Zu Hause, in der Schule, in der Nachbarschaft hat man sie darin bestärkt, ihrer Berufung als »Erlöser der Leidenden« weiter nachzugehen. Allmählich wuchs in ihnen die Überzeugung, jeder Mensch sei zu praktisch allem fähig - und ihnen selbst sei nichts unmöglich.

Im Laufe der beruflichen Ausbildung werden Leistung und Erfolg noch stärker zum Bestandteil des Selbstbildes der künftigen Therapeuten. Eine gute Note, das anerkennende Nicken eines Professors, die unschuldige Dankbarkeit eines Klienten, all das führt zu übersprudelnder Euphorie. Wer Last und Leid der Graduiertenausbildung überstanden hat, ist mehr denn je überzeugt von der eigenen Brillanz und der etwas unheimlichen Fähigkeit, über den eigenen Erfolg hinaus auch noch anderen zum Erfolg zu verhelfen.

Das Problem dabei ist, daß unter dem Deckmantel der Erhaltung der Arbeitsmoral oft genug die Erfahrung des Scheiterns außen vor blieb. Die Katastrophen und Pannen, die Teil jeder Praxis sind, tauchen während der Ausbildung nur selten auf. Den künftigen Therapeuten werden brillante Ideen für dramatische Heilungen geliefert, in Büchern und Filmen Fälle außergewöhnlicher Besserungen demonstriert. Es gibt Erfolgsrezepte, aber keine Vorbereitung auf die Verarbeitung von Fehlschlägen. Konfrontiert mit Fällen wie Rudi, versperrt man sich den Weg zur Selbstprüfung, zur ehrlichen Exploration des eigenen Handelns und der Alternativen, die möglich gewesen wären, hätte nicht die Aufrechterhaltung des unersättlichen Ichs im Zentrum der Aufmerksamkeit gestanden.

Definitionen des Versagens

Es dürfte deutlich geworden sein, daß es nicht einfach ist, zu definieren, was eine Therapie scheitern läßt. Wenn für Bertrand Russell schon die Mathematik, die exakteste aller Wissenschaften, »als ein Gebiet definiert werden kann, in dem wir nie wissen, worüber wir eigentlich sprechen oder ob das, was wir sagen, wahr ist« (Zukav 1979, S. 98-99), wie können wir dann hoffen, die Psychotherapie, also den vom naturwissenschaftlichen Standpunkt gesehen ungenauesten aller Berufe, zu definieren?

Wenn der Klient mit dem Verlauf der Therapie einverstanden war und der Therapeut bestätigt, daß diese sich planmäßig entwickelt hat, entscheiden dann die Eltern, die die Rechnung bezahlen, ob die Behandlung Erfolg hat? War die Therapie ein Mißerfolg, wenn man korrekt gearbeitet hat, so handelt, wie jeder andere Therapeut auch gehandelt hätte, der Klient aber beschließt, sich umzubringen?

Was ist, wenn ein Klient über Monate hinweg deutliche und anhaltende Fortschritte macht, aber sich weigert, diese Veränderung zur Kenntnis zu nehmen? Jeder Therapeut kennt Fälle, wo Klienten langsam aber sicher fehlangepaßte Verhaltensweisen abbauen und ganz andere Menschen werden, aber trotzdem fest davon überzeugt sind, die Therapie sei wirkungslos. Obwohl der Therapeut, ja sogar die Angehörigen offensichtliche Veränderungen sehen, weigert sich der Klient, den Erfolg zur Kenntnis zu nehmen. Das kann daran liegen, daß sich diese Veränderungen so langsam vollziehen, daß der Klient sie selbst nicht wahrnimmt; und weil der Fokus auf ständiger Veränderung liegt, achtet er nicht auf das, was er bereits geleistet hat, sondern nur auf das, was weiteres Wachstum blockiert. Manche Klienten weigern sich auch schlicht, den Therapieerfolg zu sehen, weil sie die kontinuierliche Veranwortung für ihre Veränderung nicht übernehmen wollen. Ein Klient, der tiefreichende Veränderungen zugibt, müßte seine liebgewordenen Entschuldigung aufgeben, daß andere für sein Leiden verantwortlich seien oder er »nun einmal so sei, wie er sei«. Und er müßte die Therapie beenden und damit eine Beziehung aufgeben, für die es unter Umständen keinen Ersatz in seinem Leben gibt.

Ein anderes vertrautes Szenarium, in dem die Unterscheidung von Erfolg und Mißerfolg unklar wird, entsteht dann, wenn Klienten glauben (oder es doch behaupten), sie seien vollständig geheilt und nicht länger auf Therapie angewiesen, obwohl ihr Therapeut nur sehr geringe Veränderungen feststellen kann. Zu solchen Situationen kommt es meist dann, wenn man einem wichtigen Thema nahegekommen ist, so nahe, daß die Furcht des Klienten vor dem Unbekannten einen hastigen Rückzug provoziert. Für Schlight (1968, S. 440) ist die Einschätzung des Fortschritts in der Therapie eine beängstigende Aufgabe:

»Die Auffasssungen von Klienten und Therapeuten klaffen in dieser Frage häufig auseinander; Menschen aus der Umgebung des Klienten beklagen sich oft genug gerade dann darüber, daß es dem Klienten schlechter ginge, wenn der Therapeut das Gefühl hat, es ginge ihm allmählich besser. Natürlich weiß man, daß die Beteiligten unterschiedliche Interessen verfolgen und jeder etwas anderes unter 'Fortschritt' versteht. Die Einschätzung des Fortschritts hängt letztlich von einer Wertentscheidung ab, und diese Entscheidung müssen Klient und Therapeut im wesentlichen gemeinsam treffen, unter mehr oder weniger starker Berücksichtigung wichtiger Personen im Leben des Patienten und der gültigen gesellschaftlichen Werte.«

All diese Beispiele machen deutlich, daß die Definition deshalb so schwierig ist, weil sich Therapieergebnisse generell sehr schwer messen lassen. Wenn sich schon die Natur des Problems, das der Klient vorbringt, so schwer definieren läßt, läßt sich auch nicht eindeutig festlegen, was Erfolg oder Mißerfolg konstituiert. Von daher lassen sich nur vage Ziele festlegen, und es läßt sich nie genau sagen, ob und wann sie erfüllt sind (Strupp 1975).

Mays und Franks (1985) führen genauer aus, warum die Untersuchung des Scheiterns so schwer ist. Erstens läßt sich eine kausale Beziehung nicht beweisen. Woher will man wissen, ob das Verhalten des Therapeuten verantwortlich ist, wenn sich das Befinden eines Klienten verschlechtert? Es sind häufig äußere Belastungen, die Klienten instabil machen, zu Krisen führen, an den Rand des Abgrunds bringen. Zweitens ist nur selten über gescheiterte Therapien geschrieben worden, was es schwer macht, genügend Material für eine gründliche Untersuchung zusammenzutragen. Drittens liegt die geringe Anzahl dokumentierter Fehler nicht nur daran, daß Therapeuten dadurch an Prestige und Glaubwürdigkeit verlieren könnten. Selbst wenn es genügend Material gäbe, wäre es gegen jede Moral, experimentell negative Ergebnisse herbeizuführen. Diese Grenzen, die der Forschung gesetzt sind, verschärfen sich noch durch Einschränkungen eher philosophischer Art. In einem komplexen Aufsatz über die linguistischen Implikationen unglücklicher Folgen unterscheidet Theobald (1979) zwischen Fehlern und Irrtümern: »Fehler meint, daß man eine bestimmte, allgemein anerkannte Methode zur Lösung eines vorgegebenen Problems nicht korrekt anwendet; Irrtum hingegen bedeutet, daß man nicht die richtige Methode für die Lösung dieses Problems benutzt« (S. 561).

Zu Beginn unserer Arbeit an diesem Buch glaubten wir, Scheitern hieße, das nicht zu erreichen, was man erreichen wollte. Es gibt aber nicht weniger als acht verschiedene Kategorien des Scheiterns. Laut Margolis (1960) gibt es das Phänomen der »Unfähigkeit zu handeln«, d. h. man ist vor Furcht erstarrt und hat gar keine andere Wahl, als »nicht zu handeln«. Das gibt es z.B. in unerwarteten Krisen, in denen eine Handlung erforderlich ist, die man nicht leisten kann. Diese Variante ist zu unterscheiden vom »Unterlassen einer Handlung«; hierbei wäre eine Anstrengung oder Entscheidung nötig, z.B. wenn eine Regierung zu handeln versäumt. Eine andere Art des Scheiterns ist es, mit einer Aktivität zu beginnen, sie aber aufgrund eines Auffassungs- oder Sinneswandels nicht zu Ende zu führen. Es gibt noch mehr Varianten: »Nicht ausreichender Versuch«, »Scheitern in dem, was man möchte«, »Scheitern in dem, was man tut« vs. »Scheitern in dem, was man versucht hat zu tun.«

Es liegt ein gewisser Trost in der Erkenntnis, daß es in jedem Fall nie dann zu einem Scheitern kommen kann, wenn man versucht, etwas zu tun. Erfolg oder Mißerfolg sind Kategorien, die ausschließlich für ein Ergebnis gelten, d.h. die bewerten, ob das Ergebnis der Absicht entspricht. Laut Kouw (persönliche Mitteilung 1988) ist Versagen eine Art »ehrenhafte Unwissenheit« und negiert nicht notwendig die guten Absichten des Therapeuten.

Wer definiert das Versagen?

Psychotherapeuten können diese Fragen, mit denen sich die Wissenschaft seit Generationen herumschlägt, leicht abtun, aber den persönlichen Forderungen an ihre moralische Integrität können sie sich nicht entziehen. Wenn etwas schiefläuft - und schon morgen wird in jeder Praxis irgendetwas passieren, was das Therapeutenimage als »Hexenmeister ohne Fehl und Tadel« ins Wanken bringt - muß ein Therapeut Mittel und Wege finden, um zu erklären, warum seine Therapie nicht nach Plan gelaufen ist.

Strupp und Hadley (1985), die 75 bekannte Therapeuten befragt haben, definieren das Scheitern der Therapie als Verschlechterung von Symptomen oder Verschlimmerung von Leid, charakterisiert durch: depressiver Zusammenbruch, Verwirrung, verringerte Selbstachtung, gesteigerte Schuldgefühle und Hemmungen, verringerte Triebkontrolle, Zerrüttung zwischenmenschlicher Beziehungen, Agieren, übermäßige Abhängigkeit vom Therapeuten oder Desillusionierung über den therapeutischen Prozeß. In der Untersuchung von Deutsch (1984) listeten 264 Theapeuten folgende Anzeichen für ein Scheitern auf: Therapieabbruch, Selbstmordversuch, Ausdruck von Unzufriedenheit beim Klienten, Fehlen jedes erkennbaren Fortschritts, Abneigung gegen einen Klienten, Selbstzweifel in Bezug auf die Effektivität, die Meinung eines hinzugezogenen Kollegen, oder Klienten, die wiederholt Termine nicht einhalten oder die in sie gesetzten Erwartungen nicht erfüllen.

Die Einschätzung des Scheiterns von Therapien ist eindeutig subjektiv. Sie hängt von der Bedeutung und dem Wert ab, den ein Therapeut seinem Engagement für einen Klienten zumißt. Hyatt und Gottlieb (1987) definieren Scheitern als Beurteilung eines Ereignisses. Es ist weder ein permanenter Zustand noch eine Aussage über den Charakter eines Menschen, sondern eher ein Übergangsstadium, das aus dem Bewußtsein entsteht, die eigene Leistung könne in einem bestimmten Bereich besser sein. Es basiert auf der Erwartung, die ein Therapeut in einen Klienten und in seinen Anteil am Leben dieses Klienten setzt. Es spiegelt die Überzeugung des Therapeuten, daß der Klient sich verändern kann und wird und daß er selbst in irgendeiner Weise diese Veränderung fördern kann. Es mag sein, daß Therapeuten die Auseinandersetzung mit ihrem eigenen Versagen auch deshalb vermeiden, um sich den Glauben nicht nur an ihr eigenes Potential, sondern auch an das Potential der Klienten zu bewahren.

Nach Jenkins, Hildebrand und Lask (1982) haben mehrere Faktoren Einfluß darauf, wie sich ein Therapeut ein Ereignis erklärt. Sie stellen die Bedeutung von inneren (Selbstbeschuldigung) und äußeren (Beschuldigung anderer) Zuschreibungen in den Mittelpunkt. Manche Therapeuten, wie in dem oben erwähnten Beispiel, sehen sich selbst als Alleinschuldige für die Ereignisse und übertragen diese spezifische Erfahrung auf ihre generelle berufliche Kompetenz. Natürlich beeinflussen Selbsteinschätzung, Kompetenzgrad, Selbstvertrauen und Frustrationstoleranz sehr stark die Einschätzung der eigenen Arbeit. Viele Therapeuten aber machen ausschließlich den Klienten für fehlende oder unzureichende Veränderung verantwortlich. Beide Extreme, also ausschließliche Übernahme und totales Abwälzen der Verantwortung, machen wichtige Lernprozesse leider unwahrscheinlich.

Die theoretische Ausrichtung der Therapie enthält implizit Erwartungen in Bezug auf die Veränderung, die Anzeichen dafür, den Zeitrahmen und die Verantwortung. So hat das psychoanalytische Therapiemodell z.B. mit Veränderungen zu tun, die ungreifbar und damit nicht meßbar sind. Linderung von Symptomen spielt keine große Rolle, der zeitliche Rahmen ist flexibel und sehr weit gespannt. Der Behandlungsplan ist klar und detailliert und gibt dem Therapeuten die Möglichkeit, Fortschritte zu spüren, auch wenn sie nicht beobachtbar sind oder vom Klienten nicht bemerkt werden. Die Verantwortung für den Erfolg liegt beim Klienten. Anders z.B. die strategische Familientherapie, in der Therapeuten als Experten für die Behebung von Symptomen innerhalb eines festgelegten Zeitraumes die Verantwortung übernehmen sollen.

Für die meisten Therapeuten und Klienten ist die Therapie dann erfolgreich, wenn sich beide besser fühlen (oder es glauben). Diese Haltung repräsentiert ein Ende eines Kontinuums, innerhalb dessen subjektive Erfolgsberichte vom Klienten oder vom Therapeuten bestätigt werden können. Das einzige klare Anzeichen für ein Scheitern wäre demnach die Überzeugung beider Beteiligten, es habe anscheinend keine Veränderung im Fühlen, Denken oder Sein gegeben. Das Wort »anscheinend« hat hier eine ganz besondere Bedeutung für das Bemühen, zwischen positiven und negativen Ergebnissen zu unterscheiden. Für manche Theoretiker ist jedes Scheitern eher eine Frage des Anscheins als der Tatsachen. Man ist nur dann gescheitert, wenn man nicht erreicht hat, was man sich vorgenommen hat. Aber im Verlauf der Geschichte haben sogenannte Katastrophen oft zu spektakulären Erfolgen geführt.

So ist z.B. Kolumbus total gescheitert: Er hat seine Absicht, die Erde zu umsegeln und den westlichen Seeweg nach Indien zu entdekken, in keiner Weise erreicht. Während seiner ersten Fahrt arbeitete er mit Tricks und Täuschungen, um eine Meuterei seiner heimwehkranken Mannschaft zu verhindern. Er trug immer nur die Hälfte der täglich zurückgelegten Entfernung ins Logbuch ein und erkannte nicht, daß dieser Versuch, die Reise für seine Mannschaft kürzer erscheinen zu lassen, nur seine eigene Neigung kompensierte, die zurückgelegte Entfernung zu überschätzen. Glück, Zufall und eine Reihe von Fehlberechnungen ließen ihn schließlich in Kuba anstatt in Japan landen - sicherlich einer der größten Fehler in der Geschichte.

Auch nach drei weiteren Reisen, auf denen er nicht einen einzigen Orientalen erblickte, fand er nur schwache, immer lächerlicher werdende Entschuldigungen dafür, daß er den Fernen Osten nicht erreichen konnte. Mit geradezu unheimlicher Zielsicherheit landete er immer wieder in derselben Weltgegend und entdeckte viele interessante Orte: Puerto Rico, Trinidad, Haiti, Jamaica, Costa Rica, die Antillen. Aber er blieb ein Versager, der bis zu seinem Tode überzeugt war, er hätte die Welt umsegelt und in dreißig Tagen Asien erreicht (Boorstein 1983).

Für Hobman (1953-54) war nach einer Untersuchung gravierender historischer Fehlleistungen klar, daß sie allesamt relativ, ja sogar für den späteren Erfolg nötig waren: »Als nach Jahrmillionen der Evolution des ersten Lebenskeims die Fische aus dem Wasser auftauchten, wie viele Millionen dieser Kreaturen waren da wohl schon umgekommen, bevor zumindest einige Arten im Sumpf einigermaßen überleben konnten?« (S. 184). Thomas (1979) greift diese Metapher, nach der Fehler allmählich das Wachstum der Natur fördern, wieder auf und stellt fest, daß es gerade die Mutationen und Fehler der Natur waren, die zu unserer Evolution aus der zwar primitiven, aber perfekten mikrobiologischen Zelle führten: »Die Fähigkeit, kleinere Fehler zu machen, ist das wirkliche Wunder der DNS. Ohne diese Eigenschaft wären wir immer noch anaerobe Bakterien, und es gäbe keine Musik« (S. 28).

Unrealistische Erwartungen

Warum wird jemand Psychotherapeut? Sicherlich spielen neben individuellen Motiven, zu denen auch der Wunsch gehört, in Beziehungen die Kontrolle zu behalten, Altruismus und Idealismus eine Rolle, aber das narzißtische Bedürfnis nach Perfektion, nach einem Zustand vollkommener Gelassenheit und vollkommenen Wohlbefindens durchzieht wohl Leben und Arbeit der meisten Therapeuten. Viele haben (bewußt oder unbewußt) gerade diesen Beruf gewählt, um die eigene unvollkommene Kindheit noch einmal zu durchleben, Familien zu helfen, die der eigenen Ursprungsfamilie ähneln, Fehler der eigenen Lebensgeschichte dadurch zu korrigieren, daß man eigene Erfahrungen an die Klienten weitergibt, eine Macht über das Leben anderer zu spüren, die man als Kind nie hatte, ererbte Schuldgefühle durchzuarbeiten, indem man der Welt zurückgibt, was man sich von ihr genommen zu haben glaubt, Unsterblichkeit zu erringen, weil die eigene Weisheit und der eigene Einfluß in der Seele derjenigen, denen man geholfen hat, ewig weiterlebt (Kottler 1986). Auf jeden Fall gehen Therapeuten notorisch streng mit sich ins Gericht, wenn sie ihren unrealistisch hohen Erfolgsansprüchen nicht genügen können.

Psychotherapeuten suchen immer wieder neu die Bestätigung, daß sie ihre Macht, ihre Magie oder was sie sonst effektiv arbeiten läßt, nicht verloren haben. Unabhängig von den Jahren der Ausbildung und der Praxis, von der Anzahl der Auszeichnungen und Heilungen, von der Länge der Wartelisten und der Zahl der zu ihnen überwiesenen Klienten bleiben sie anfällig für die Depression und die Angst, die das Gefühl des Scheiterns begleiten. Das Selbstwertgefühl ist so brüchig, weil so schwer zu sagen ist, was man wirklich tut. Bin ich erfolgreich, solange die Klienten immer wieder kommen? Wenn sie mich so schätzen, daß sie mir ihre Freunde schicken? Bin ich vielleicht nur dann erfolgreich, wenn ich mich selbst dafür halte?

Unabhängig von den Kriterien, mit denen Therapieerfolge gemessen werden, entsprechen Psychotherapeuten nie wirklich ihren eigenen Erwartungen. Manche Klienten verändern sich einfach nicht, egal, was man selbst oder jeder andere Therapeut tut oder tun könnte. Und allein durch die vielen subtilen und direkten Interventionen in jeder Sitzung treten zwangsläufig Fehler auf. In einer willkürlich herausgegriffenen Zeitspanne von 5 Minuten muß man auf eine Vielzahl von Reizen achten: die Haltung des Klienten, sein Tonfall, sein Ausdruck, verbale Oberflächen- und Tiefenstrukturen, ganz zu schweigen von dem Blick auf die Uhr und dem eigenen Magenknurren. Aus dieser Material- und Kontextfülle greift man etwas auf, wobei man wahrscheinlich mehr übersieht als erfaßt, geht die vorhandenen Möglichkeiten durch (verpaßt dabei das meiste des ständig weiterfließenden Informationsstroms) und wählt dann eine von hundert Möglichkeiten, vom einfachen Brummen oder Nicken bis zur komplizierten Metapher. Hat man sich dann für (oder gegen) etwas entschieden, bleibt das Problem der Durchführung, denn niemand kann sich wirklich perfekt ausdrücken. Sobald man darüber nachdenkt, findet sich immer eine Möglichkeit, wie man etwas anders oder besser hätte sagen können.

Dieser endlose selbstkritische Monolog beeinträchtigt die Illusion der eigenen Vollkommenheit sehr stark. In einem Roman von Samuel Shem (1985) schafft es der Psychoanalytiker Dr. Fine, der einmal im Leben eine von Anfang bis Ende perfekte Sitzung hinlegen will, eine fünfzigminütige Sitzung durchzuhalten, ohne ein einziges Wort zu sagen - seiner Meinung nach eine außergewöhnliche Leistung, weil er dadurch nicht einen einzigen Fehler hat machen können. Er schwelgt in diesem Erfolg und ist so ekstatisch, daß er dem Patienten im Gehen einen schönen Tag wünscht - und damit ein potentiell makelloses Ereignis ruiniert hat.

Die absurde Fixierung der Romanfigur auf die perfekte, wortlose Sitzung wirft ein Licht auf die unerfüllbaren Standards mancher Therapeuten. Hilfiker (1984, S. 64-65) beklagt, daß der Medizinerberuf generell keinen Raum für Fehler ließe, da Ärzte das Joch der Perfektion tragen müßten, ohne einen Ort, an dem sie sich ihrer Schuld stellen könnten: »Weil Ärzte über ihre Fehler nicht sprechen, weiß ich nicht, wie die Kollegen mit Fehlern zurechtkommen. Aber ich vermute, daß viele es nicht ertragen, sich ihren Fehlern direkt zu stellen. Wir leugnen das Unglück entweder ganz ab oder beschuldigen den Patienten, die Schwester, das Labor, andere Ärzte, das System, das Schicksal, alles, um die eigene Schuld zu vermeiden.«

Allerdings ist es keineswegs so, daß nur die Ärzte selbst den Anspruch an Perfektion an sich stellen. Auch die Patienten klammern sich in ihrer Verzweiflung, Mutlosigkeit und Angst an den Glauben an die Allmacht des Arztes: »Doch das Ausmaß der Perfektion, daß die Patienten von uns erwarten, hängt zweifellos auch damit zusammen, wie wir Ärzte uns selbst sehen, oder besser, wie wir versuchen, uns zu sehen« (S. 62).

Laut Bergantino (1985) kompliziert sich die Situation noch dadurch, daß wie alle menschlichen Beziehungen auch die therapeutische zum Scheitern verurteilt ist; auch sie kann das Ideal der Vollkommenheit nie erreichen, das man sich von ihr erhofft. Es gibt keine vollkommene Beziehung, nur einen gewissen Grad an Befriedigung und Enttäuschung. »Ich tue mein Bestes, alle Bilder, die ein Klient über die Art unserer Beziehung hat, zu zerstören, und zwinge ihn, darauf zu achten, wie sie wirklich ist« (S. 42). Denn erst wenn der Klient den Therapeuten als authentischen Menschen voller Fehler erlebt, kann er allmählich akzeptieren, daß er selbst und auch die Realität anderer Beziehungen unvollkommen sind.

Perfekte Fallbeispiele

Selbst die besten Therapeuten treffen falsche Entscheidungen, verkennen oder verzerren, was in einer Sitzung geschieht, oder verfallen gar in die Todsünde der psychoanalytischen Lehre: sie verführen (d.h. sie versprechen mehr, als sie bieten können) oder sie sind sadistisch (d.h. sie liefern mehr, als sie versprochen haben). Und trotzdem neigen viele Therapeuten auf der Suche nach Ruhm und Reichtum dazu, ihre Fähigkeiten zu übertreiben und ihre Schwächen zu bagatellisieren.

Wenn bei Dienstbesprechungen Fälle vorgestellt werden, erwähnt man in der Regel die Einzelheiten, die das eigene Image als Diagnostiker fördern. Man gibt sich nur selten die »Blöße«, zuzugeben, daß man den Fall nicht versteht. Bei einer solchen Dienstbesprechung, an der z.B. ein Dutzend Sozialarbeiter, Psychologen, Psychiater und Berater sowie ein weiteres Dutzend Praktikanten teilnehmen, demonstrieren zunächst die Angestellten der Reihe nach ihr brillantes Verständnis der neurologischen, psychodynamischen und familiensoziologischen Dimensionen ihrer Fälle. Dann sollen die Praktikanten über Klienten sprechen, mit denen sie Schwierigkeiten haben. Allgemeines Schweigen. Kein einziger dieser Berufsanfänger möchte zugeben, daß er nicht immer durchblickt und nicht jeden seiner Klienten genau einschätzen kann. Also reden sie ausschließlich über die klinischen Themen, über die sie gut Bescheid wissen. Keiner möchte von den Kollegen und Vorgesetzten als »unzulänglich« betrachtet werden.

Wenn ein Therapeut in einer Sitzung einen Fehler macht, so bemerkt das höchstens der Klient (und dem fällt es meist nicht auf, weil er zu sehr mit sich selbst beschäftigt ist). Braucht eine Stelle, die Klienten überweist, eine Information, werden Wissenslücken zum jeweiligen Thema verborgen und eine Weisheit vorgetäuscht, die nicht vorhanden ist. Im Kampf um die berufliche Anerkennung ist es wichtig, einen perfekten und unerschütterlichen Eindruck zu machen, ein Selbstvertrauen und ein universelles Wissen vorzutäuschen, das man keinesfalls besitzt. So wie Dorothy wütend wurde, als sie entdeckte, daß der Zauberer von Oz nur ein Mensch war, demoralisiert und desillusioniert es manchmal Klienten, wenn ihr Zauberer menschliche Schwächen zu erkennen gibt.

In gewissem Sinne gehören Therapeuten zu der weltweit verbreiteten Spezies der Heiler. Sie sind vielleicht ein wenig kultivierter, aber kein Stück weniger eingebildet und kaum effektiver als äthiopische Geistheiler, peruanische Curanderos, puertoricanische Espiritistas, Navajo-Medizinmänner, hinduistische Gurus, tansanische Mganga oder nigerianische Heiler. Psychotherapeuten sind Gesundbeter. Sie befreien die Klienten von ihrem Leiden, indem sie aus ihrer Macht, ihrem Prestige, ihrer Kommunikation, ihrer Sensibilität und ihren Ritualen Kapital schlagen und die Erwartungen und das Vertrauen der Klienten ausnutzen. Alle Heiler arbeiten mit denselben Elementen: Sie benennen, was sie für die Ursache halten (Diagnose), sie geben dem Leiden einen Sinn (Deutung) und intervenieren in einer bestimmten therapeutischen Weise (mit Kräutern, Arznei, Verstärkung). Torrey (1986) erläutert darüber hinaus die universell geltenden persönlichen Eigenschaften des »medizinischen Menschen« in nur allzu bekannten Begriffen: Alle Heiler legen die Persönlichkeitsmerkmale an den Tag, die von ihrer jeweiligen Gesellschaft am meisten bewundert werden, auch wenn sie selbst sie nicht bedingungslos akzeptieren. Therapeuten sind in allen Gesellschaften von sich überzeugt. Sie sind zurückhaltend, werden wegen ihres besonderen Wissens geachtet und gefürchtet, ja häufig sogar mit einer »höheren« Macht in Verbindung gebracht. Scheitern bedeutet für den Heilenden das Ende. Wenn es einem Klienten nicht besser geht, dann ist er dafür verantwortlich und gilt als unachtsam oder »unrein«.

Die meisten Therapieabbrüche gibt es dann, wenn unrealistische Erwartungen des Klienten nicht unmittelbar erfüllt werden. Es ist keineswegs ungewöhnlich, daß sich ein seit zwanzig Jahren unglücklich verheiratetes Paar nach vier Sitzungen beim Eheberater beklagt: »Es tut uns leid, aber Ihre Behandlung hilft nicht. Wir haben Ihnen unsere Geschichte erzählt, unsere Gefühle mitgeteilt, und Sie haben uns einige ganz interessante Gedanken vermittelt. Aber geändert hat sich nichts. Wir streiten uns immer noch sehr häufig, und unser Sexualleben ist beschissen.«

Überall auf der Welt weigern sich die therapeutischen Hexenmeister, die Verantwortung für ihr Scheitern zu übernehmen. Darunter würde ihr Ruf leiden, in manchen Gegenden würden sie auch entlassen, verbannt oder sogar umgebracht. Nach Torrey (1986) haben alle Heiler gute Entschuldigungen zu ihrem Schutz bei der Hand. Während wir die starren Abwehrhaltungen des Klienten verantwortlich machen oder den Fall als »nicht therapiefähig« abqualifizieren, beenden die Medizinmänner ihre Sitzungen klugerweise mit der Anrufung eines Tabus, das unweigerlich gebrochen werden muß und ihnen so einen Ausweg offenhält. Wenn wir einem Klienten sagen: »Ich glaube, Sie sind noch nicht bereit, sich zu verändern«, dann verschaffen wir uns damit natürlich einen guten Abgang. Das Eingestehen des Scheiterns gefährdet nur das Einkommen, setzt Macht und Hochachtung in den Augen der Öffentlichkeit herab und unterminiert das eigene Vertrauen in die Fähigkeit zu heilen.

In Workshops, Seminaren, Büchern, Videobändern, Filmen und Fernsehen blenden bekannte Therapeuten ihr Publikum mit ihrem Esprit und ihrer Weisheit. Sie berichten von Fällen sofortiger Heilung und hart erkämpften Siegen, bei denen dem Klienten endlich ein Licht aufging und sein Widerstand nachließ, bis er schließlich glücklich und in Freuden weiterlebte - nur weil sein brillanter Therapeut zum richtigen Zeitpunkt das Richtige getan hat. Wir waren wohl alle als Studenten zutiefst beeindruckt von diesen wundersamen Fallgeschichten, in denen der Therapeut genau wußte, was zu tun war, und alles perfekt klappte. Coleman (1985) hat beschrieben, wie verblüfft sie während ihrer Ausbildung darüber war, daß die Experten ganz verschiedene Theorien und Techniken mit demselben uneingeschränkten Erfolg einsetzen konnten.

Wohl jeder möchte anderen in einem günstigen Licht erscheinen. Deshalb erzählen wir von siegreichen Erlebnissen und schmücken Erfolge entsprechend aus. Natürlich ist es nicht direkt eine Lüge, wenn man Studenten von dem neuesten verblüffenden Durchbruch berichtet. Man will sie ja nicht mit Berichten über die eigenen Schnitzer enttäuschen, denn sonst könnten sie ihr Vertrauen verlieren. Vor allem aber könnte man das Vertrauen in sich selbst verlieren.

Trotzdem ist allgemein bekannt, daß Fehler oft sehr viel bessere Ergebnisse bringen als bescheidene Erfolge. Ein Beispiel dafür ist das Verhältnis zwischen den Deutungen, die ein Klient akzeptiert, und denen, die er ablehnt. Die einfachste und stärkste Form der Abwehr, die auch den engagiertesten Therapeuten lahmlegt, ist die Zustimmung. »Ja, Frau Doktor, das ist ein guter Hinweis« oder »Ja, sicher haben Sie recht«. Solche Bemerkungen sind im Grunde nur ein überheblicher Ausdruck der Haltung: »Ja, ja, aber verändern kann ich mich doch nicht.« Falsche Deutungen dagegen brauchen Diskussion und Gespräch, sie führen oft zu hitzigen Reaktionen des Klienten, der sie korrigieren will. Langs (1978) weist darauf hin, wie wertvoll das ehrliche Eingeständnis von Irrtümern und ihre Exploration sein kann. Für ihn können »diese Irrtümer, richtig verstanden und aufgelöst, zu den menschlichsten und bewegendsten Erfahrungen führen, die zwischen Patient und Therapeut möglich sind« (S. 154). Ein therapeutischer Faux pas kann zwar Wut oder Zweifel an den Fähigkeiten des Therapeuten provozieren, stimuliert aber häufig auch tiefere Exploration und Verständnis.

Dieses Plädoyer für den sinnvollen Umgang mit Fehlern in der Therapie soll zeigen, daß gute Therapeuten keineswegs vollkommene Musterexemplare mit einer Geschichte brillant behandelter Fälle sein müssen. Es wäre sehr viel besser, wenn Psychotherapeuten ihre Zweifel und Desaster preisgeben könnten und würden. Für uns ist das, was immer wieder nicht klappt, viel interessanter als das, was gut läuft. Wir wollen wissen, welche Erfahrungen andere mit dem Versagen machen, nicht nur, weil wir uns mit unseren Selbstzweifeln weniger isoliert fühlen, sondern weil man nach unserer Erfahrung aus Verbotenem mehr lernen kann als aus den simplen Wahrheiten.

2. Kapitel

Angst und Vermeidung des Scheiterns

Obwohl das Scheitern zu den alltäglichen Erfahrungen des Lebens gehört, hat sich die psychologische Forschung bisher wenig damit beschäftigt. Scheitern gilt als eher literarisches oder historisches Thema, untersucht wird Aufstieg und Fall von Zivilisationen und weniger der Verfall individueller Leistung. In Literatur, Musik und der bildenden Kunst ist es ein gängiges Motiv, aber die Psychotherapie beschäftigt sich damit nur innerhalb der engen Grenzen der Psychopathologie. »Die Unannehmlichkeiten und der Schmerz, die das Scheitern hervorruft, sind wohl weitgehend verantwortlich für seine Vernachlässigung als Untersuchungsgegenstand« (Rochlin, 1965, S. 226).

Verschwörung zur Verleugnung des Scheiterns

Psychologen, Ärzte, Sozialarbeiter, Krankenschwestern und Berater beschäftigen sich höchst ungern mit dem eigenen Scheitern. Es ist leichter, sich über die Fehler anderer zu beklagen, und so werden die eigenen sehr selten eingestanden. »Wir Ärzte sind unfähig, eigene Fehler zuzugeben, und versperren uns den Weg zur Heilung. Wir können nicht um Verzeihung bitten, und man verzeiht uns nicht. Wir stehen uns selbst im Weg, schränken uns ein; wir entwickeln uns nicht« (Hilfiker 1984, S. 62).

Kilburg (1986) meint, Fachleute seien ihr eigener größter Feind, wenn sie nicht zugeben können, daß sie in Schwierigkeiten geraten. Sie müssen auf jeden Fall Sieger bleiben. »Wer Selbstzweifel zugibt, verkündet schon damit sein Scheitern« (S. 25). Es ist doch paradox, daß die Haltung unerschütterlicher Selbstsicherheit gerade unter den Menschen so verbreitet ist, die gelernt haben, anderen Menschen bei der Lösung ihrer Probleme zu helfen.

Millon, Millon und Antoni (1986) beschäftigen sich mit dem Zusammenhang zwischen der Abneigung von Therapeuten, ein Scheitern einzugestehen, und dem Anteil der Klienten an dieser Abwehr: »Weil Selbstvertrauen und berufliche Autonomie so sehr im Zentrum der Aufmerksamkeit stehen, gibt es die unausgesprochene Erwartung, daß die Heilenden selbst keine Heilung brauchen. Diese stillschweigende Übereinkunft wird durch eine parallel verlaufende, gleichermaßen unrealistische Erwartung auf Seiten des Patienten verstärkt. Die Selbst- und Fremdeinschätzung als Maßstab ihrer psychischen Gesundheit hält hilfsbedürftige Psychologen davon ab, ihre Schwäche einzugestehen und Hilfe zu suchen« (S. 131).

Allem Anschein nach existiert eine stillschweigende Übereinkunft in den helfenden Berufen, den eigenen Ruf zu schützen, indem man die Schuld auf andere schiebt. Es ist eine Dokumentation der Abwehr, wenn Arbeitsberichte eher dazu bestimmt sind, die Kompetenz des Therapeuten zu beweisen, als sinnvolles Material für die zukünftige Arbeit zu liefern. Zum Beispiel:

> »Der Patient ist über seine Rechte belehrt worden und hat freiwillig auf sie verzichtet.«
> »Die Eltern wurden von den suizidalen Phantasien der Patientin in Kenntnis gesetzt. Sie erklärten sich bereit, die Verantwortung

für die Überwachung ihres Verhaltens zu übernehmen.«
»Die Symptome wurden von den früher konsultierten Ärzten
anscheinend nicht genau diagnostiziert. Zukünftige Kompensa-
tionsstörungen sind deshalb nicht auszuschließen.«

Ein Bericht, der z.B. wiedergibt, was wirklich geschehen ist, ohne
Abwehr oder Rationalisierungsversuche, läßt sich nur schwer vorstellen: »In dem Augenblick, als der Klient wirklich Bestätigung von mir
gebraucht hätte, träumte ich gerade vor mich hin und bekam nicht mit,
was er mir als Hilfeschrei signalisierte. Ich hab's versaut.«
    Graziano und Bythell (1983) zitieren in ihrem Aufsatz über die
Verschwörung des Schweigens bei Therapeuten, die sich weigern, ein
Scheitern zu bewältigen, die Autoren eines Buches über Fehler in der
Verhaltenstherapie: »Wir Amerikaner reagieren traditionell auf Versagen mit Ablehnung, wir werfen es, metaphorisch oder real, auf den
Abfallhaufen, wo es wie der übrige Müll verrotten und in unserer
duldsamen Umwelt verschwinden soll.«
    Klienten haben Angst davor, sich einzugestehen, daß ihre Therapie
nicht hilft, weil das den Verlust ihrer letzten Hoffnung bedeuten
würde. Therapeuten weigern sich, ein Scheitern zuzugeben, um vor
sich selbst und anderen ihr Gesicht bewahren zu können. Verwal-
tungen arbeiten mit kreativen Prüftechniken, um sicherzustellen, daß
die Fehlerrate gering bleibt. Wir sind also in einer Situation, in der
jeder glauben möchte, daß die Therapie besser läuft, als es den Anschein hat. Es gibt ja nur wenig Leichen oder greifbare Beweise für
einen verpatzten Fall, warum also nicht das Beste annehmen? Alle
sind zufrieden: die Klienten, die zumindest eine Zeitlang glauben
können, sie verlören nicht mit jeder Sitzung ein Stückchen mehr
Boden unter den Füßen und ihr Zustand würde doch nicht schlechter,
die Therapeuten, die sich mit ihren Fehlern und Fehlurteilen nicht
konfrontieren müssen, und die Verwaltung, die für ihre hohe Erfolgsrate gelobt wird, auch wenn die Daten verzerrt sind.

Die großen Fragen

Das stillschweigende Versäumnis einer Konfrontation mit dem Scheitern zeigt sich nicht nur in der Psychotherapie selbst, sondern auch bereits in der beruflichen Entwicklung der Psychotherapeuten. In den verschiedenen Lebensaltern und beruflichen Stationen gibt es unterschiedliche Krisen. Hier handelt es sich allerdings um eine komplexe Struktur, und obwohl wir einzelne Stadien in diesem Prozeß benennen können, gibt es doch beträchtliche Überschneidungen. Aber wie auch immer die Angst der Therapeuten vor dem Scheitern beschrieben, welches Modell zur Erklärung der Ursachen und der Reaktionen darauf herangezogen wird, es bleiben wichtige Fragen, die Bestandteil des beruflichen Verhaltens und der Gefühlswelt jedes Therapeuten sind.

Bin ich überhaupt für den Beruf geeignet?
Diese Angst taucht während des Studiums und in der Ausbildung immer wieder auf. Das heißt nicht, daß diese Unsicherheit nicht schon vor der Berufswahl eine bedeutende Rolle gespielt hätte. Es gibt eine Vielzahl von Gründen für die Wahl dieses Berufs (vgl. Kap. 1). Stoltenberg und Delworth (1987) beschreiben die meisten Ausbildungskandidaten als »neurotisch gebunden«, weil es unter ihnen so viele Ängste im Zusammenhang mit ihrer Beurteilung durch die Ausbilder gibt. Was sie sagen, wird auf Tonband aufgenommen, was sie tun, auf Video aufgezeichnet, die therapeutischen Sitzungen werden kritisch auseinandergenommen. Sie streben nach Unabhängigkeit und Kompetenz, fühlen sich aber gleichzeitig unsicher und verwirrt und haben schreckliche Angst vor dem Scheitern. Die ständige Bewertung der beruflichen Eignung während der Ausbildung schafft eine Atmosphäre andauernder Angst. In dem pausenlosen inneren Dialog der Ausbildungskandidaten schwingt immer die Frage nach der Eignung mit: Bin ich denn eigentlich für den Beruf geeignet? Vielleicht

sage ich etwas ganz Dummes im Seminar, und dann wissen alle, daß ich keine Ahnung habe. Was mache ich, wenn ich mein Praktikum verpatze? Wenn ich den Druck nicht aushalte? Wer stellt mich dann ein? Ich begreife ja gar nicht, was ich mache!

Natürlich ist nicht jeder für den Beruf des Therapeuten geeignet, aber die, die es schaffen, haben eine sehr harte Prüfung durch Ausbilder und Kollegen überstanden und beginnen ihre berufliche Laufbahn bereits mit der Angst vor Ablehnung und Fehlern.

Anderson (1987) beschreibt diese Anfangszeit als eine Suche nach Helden, motiviert durch ein überwältigendes Bedürfnis nach Antworten. Aus diesem Bedürfnis entsteht ein interessantes Phänomen: Fähige Studenten werden übermäßig gelobt, ihre weniger guten Kollegen heftigst kritisiert. Die Angst vor dem Scheitern treibt die Studenten dazu, sich eng an Freunde und Lehrer anzuschließen und sich immer an diesem oft unrealistischen Standard zu messen. Diese erste Stufe der Angst wird erst dann überwunden, wenn man aufhört, sich negativ mit Lehrern und Freunden zu vergleichen, und erkennt, daß Theorie und Praxis nicht dasselbe sind. Nicht nur das Wissen zählt, sondern die Art, in der man die Klienten begleitet. Die besten Studenten sind nicht unbedingt die besten Therapeuten, und wenn man sich wirklich bemüht, genügend Anteil nimmt und sich selbst gegenüber ehrlich ist, fühlen sich die Klienten in der Therapie sicher und akzeptiert, und man sieht allmählich ein, daß man mehr kann und weiß, als man zuerst gedacht hat.

Wer so an die Analyse, Bewertung und Beurteilung seiner therapeutischen Reaktionen gewöhnt ist, findet es zunächst merkwürdig, daß sogar die ungeschicktesten Angebote in den Augen des Klienten glatt durchgehen und alle Überlegungen oder Deutungen so ernst genommen werden. Klienten schlagen eben praktisch nie vor, doch lieber tiefergehende Interventionen einzusetzen oder sich kürzer zu fassen. Nach einer Weile rechnet man dann nicht mehr mit Konfrontationen oder Korrekturen und sieht ein, daß die Klienten es anscheinend nicht merken, ob man dem Ideal aller therapeutischen Eigenschaften und Ausbildungsrichtlinien nun entspricht oder nicht. So erkennt und akzeptiert man allmählich die eigenen Mittel und Stärken.

Als ich (D.B.) kurz nach dem Tode meiner Mutter meine Praxis wiederaufnahm, stand mir ein voller Arbeitstag bevor. Ich war einige Wochen weggewesen, und da ich diese Zeit aufholen wollte, hatte ich eine Stunde nach der anderen verplant, ohne Zeit für wirkliche Pausen. Bereits beim zweiten Klienten spürte ich, daß meine Konzentrationsfähigkeit nachließ. Es kostete mich ungeheuer viel Kraft, auch nur aufmerksam zu bleiben. Ich wünschte, ich könnte sagen, daß ich dann meinen Terminplan meinen Bedürfnissen entsprechend geändert hätte, aber statt dessen quälte ich mich durch den Tag und hielt zwanghaft an der ursprünglichen Planung fest.

Mich hat bei dieser Erfahrung wohl am meisten überrascht, wie gut die Klienten trotz meiner mangelnden psychischen Anwesenheit gearbeitet haben. Und auch in den folgenden Wochen, in denen ich mit dem Prozeß des Trauerns und seinen Auswirkungen auf meine Arbeit beschäftigt war, entwickelten sie sich ausgezeichnet. Obwohl ich psychisch nicht in dem Maße anwesend war, wie ich es meiner Meinung nach hätte sein sollen, stellte sich heraus, daß mein Angebot ausreichte, um die Klienten zu fördern. Kompetenz ist eben nicht gleichbedeutend mit Perfektion.

Was soll ich nur tun?

Das zweite Stadium der Angst vor dem Scheitern folgt aus diesen anfänglichen Unsicherheiten: die Angst, hilflos vor bestimmten Problemen oder Klienten zu stehen. Diese Angst ist bei Berufsanfängern weit verbreitet, aber auch der erfahrenste Therapeut ist gegen den Rückfall in diese Symptome nicht gefeit.

Vor einigen Wochen wurden mir (J.K.) zwei gerichtsnotorische Exhibitionisten überwiesen. Ich hatte mir bis dahin eingebildet, mit so gut wie allen Spielarten von Depression und Angst vertraut zu sein, hatte aber noch nicht mit Exhibitionisten gearbeitet und wußte noch von meiner Ausbildung, daß Therapie bei Triebstörungen selten Erfolg hat. So geriet ich in Panik: »Oh nein! Ich habe keine Ahnung, wo ich überhaupt anfangen soll! Exhibitionisten wollen doch gar nicht behandelt werden, sie stellen sich doch gerne zur Schau. Und die Prognose ist miserabel, jedenfalls nach dem, was dazu veröffentlicht wurde und was die früheren Therapeuten der beiden sagen. Soll ich sie nicht besser zu jemandem schicken, der sich damit auskennt?«

Über solchen Ängste vergißt man leicht die eigene Kompetenz und betrachtet neue Klienten nur noch als Träger von Symptomen, die man noch nicht behandelt hat: »Anorektiker«, »Manisch-Depressive«, »Borderline«. Diese Etikettierung führt zu Angst und Selbstzweifeln. Hat man dann aber die Klienten leibhaftig vor sich und sieht den Menschen selbst und nicht mehr nur den »Fall«, verschwinden die Ängste, und Selbstvertrauen und Kompetenz kehren zurück.

Aber solche Selbstzweifel hat man natürlich schon früher erlebt, z.B. beim ersten Klienten mit Selbstmordneigung oder Halluzinationen, mit einer unheilbaren Krankheit oder in schlechtem Zustand. Solche Krisen lassen sich, zumindest für eine Weile, durch die Überlegung lösen, daß man nicht alles wissen muß, was passiert, solange man nur entschlossen genug nach Antworten sucht; oder man ruft sich ähnliche Situationen in Erinnerung, die zunächst genauso ungewiß waren, aber durch Einsatz und unter Heranziehung sämtlicher Hilfsmittel schließlich gut ausgingen. Andernfalls müßte man ja jeden neuen Klienten an jemanden anderen überweisen, nicht nur die, deren Symptome außerhalb der eigenen Sachkenntnis liegen oder für die der eigene Stil nicht angemessen ist.

Kann meine Behandlung dem Klienten schaden?

Die Frage, ob man sich auf das Unbekannte einlassen soll oder nicht, führt zur dritten Stufe: der Befürchtung, einem Klienten durch Nachlässigkeit oder Inkompetenz zu schaden. Obwohl diese Befürchtung einerseits sehr gesund ist, weil man dadurch die Möglichkeit immer mitbedenkt, zu schaden statt zu heilen, kann sie auch lähmend wirken. Das gilt besonders für Therapeuten, die sich ständig durch Selbstvorwürfe zensieren und glauben, wenn sie etwas »Falsches« tun oder sagen, könnten sie versehentlich Selbstmorde oder Zusammenbrüche verursachen.

In einer Ausbildungsgruppe, die ich (J.K.) seit einiger Zeit leite, bleiben die Teilnehmer hartnäckig bei den ungefährlichsten aller möglichen Interventionen. Die Interaktionen strotzen nur so vor gutem Willen: stützende Kommentare, anteilnehmende Spiegelung von Gefühlen, abgesicherte Deutungen. Konfrontationen fehlen so gut wie ganz, was seltsam anmutet in einer Gruppe, die sich seit über einem Jahr trifft. Schließlich thematisierte eine Teilnehmerin ihre Frustration: Es hätte im Laufe der Gruppe nur sehr wenige offene Konflikte oder Ärger gegeben, und ihr sei aufgefallen, daß die Gruppenmitglieder anscheinend nicht bereit seien, einander mit offensichtlich dysfunktionalen Verhaltensweisen zu konfrontieren. Warum sei niemand bereit, direkt, ehrlich und authentisch mit den anderen umzugehen?

Die meisten dieser Berufsanfänger erklärten ihre mangelnde Bereitschaft zur Konfrontation damit, daß sie niemanden verletzen wollten. Es schien ihnen besser, jemanden endlos weiterreden und sich in Widersprüche verwickeln zu lassen, als zu riskieren, ihn zu verletzen. Dahinter stand die typische Angst des Anfängers, schon eine einzige schlecht getimte Intervention oder ungeschickt formulierte Konfrontation könne den Klienten zerstören. Auch im Praktikum, bei ihren eigenen Klienten, hörten sie eigentlich nur aufmerksam zu und boten höchstens ein wenig Ermutigung an. Mit zunehmender Erfahrung und Selbstvertrauen wird dieser Arbeitsstil natürlich reifer.

Nach Jahren der Praxis lernt man dann allmählich, wie groß der Spielraum für effektive Therapie oder »korrekte« Interventionen wirklich ist. Klienten sind zäher, als man zunächst glaubt, und es braucht mehr als eine Deutung zur falschen Zeit oder eine ungeschickte Geste, um die Welt eines Klienten zu zerstören. Man lernt, daß für Klienten weniger der Inhalt der Aussagen des Therapeuten wichtig ist als seine echte Anteilnahme an ihrem Wohlergehen. Trotzdem bleibt die Sorge, einen Klienten zu verletzen, und das ist auch gut so.

Mit genau dieser Besorgnis läßt sich die Spreu vom Weizen trennen. Hoff (1982, S. 44) zeigt anhand eines Beispiels aus dem Kinderbuch »Pu der Bär« von A. Milne die Gefahr auf, die entsteht, wenn man die eigenen Grenzen nicht erkennt: »Die beiden machten sich also auf, und unterwegs gab Tiger Ruh über alles Auskunft, wozu ein Tiger imstande war. 'Können Tiger fliegen?' wollte Ruh wissen. 'Jawohl', antwortete Tiger, 'Tiger sind sehr gute Flieger - sie fliegen ganz vorzüglich.' 'Ooh!' staunte Ruh, 'so gut wie Eule?' 'Ja', wiederholte Tiger, 'sie tun es bloß nicht.' 'Und warum nicht?' erkundigte sich Ruh. 'Ach, sie haben irgendwie keine Lust dazu.'«

Es liegt eine gewisse Ironie darin, daß gerade das Akzeptieren der eigenen Schwäche, also das Eingeständnis der Angst, Schaden anzurichten, die kompetenten von den weniger gewissenhaften Kollegen unterscheidet, die sich nie Gedanken darüber machen, ob ihre Arbeit vielleicht auch negative Wirkungen haben könnte. Manche Therapeuten besitzen Abwehrmechanismen, die Gewissensprüfung und innere Zweifel nicht zulassen. Sie können nicht zugeben, daß sie bei der Arbeit manchmal unsicher sind, und sie verachten die Kollegen, die ihre Unsicherheiten eingestehen. Ein Psychiater meint dazu: »Wir sollten uns weniger um die Therapeuten Sorgen machen, die glauben, nicht alles genau zu wissen, sondern um die, die nie unsicher sind« (Williams, persönl. Mitteilung, 1984).

Und wenn ich bei einem Fehler ertappt werde?

Je größer die Erfahrung wird, desto größer wird auch die Bereitschaft, etwas auszuprobieren - mit allen dazugehörigen Risiken. Der Arbeitsstil wird lockerer, flexibler. Gleichzeitig wachsen aber häufig auch das Einkommen und das berufliche Ansehen und damit die Sorge um den eigenen Ruf. Die vierte Stufe ist die Angst, bei einem Fehler ertappt zu werden.

Wenn ein Klient auf eine Enttäuschung im Leben übermäßig reagiert und ihre Bedeutung über das für normal gehaltene Maß hinaus personifiziert, nennt man das einen »narzißtischen Verlust«. Dabei wird zuviel in das eigene Image investiert und der Meinung anderer zuviel Bedeutung zugeschrieben. Lowen (1983) beschreibt weitere Eigenschaften der narzißtischen Charakterstruktur, die man aus den eigenen Reihen nur allzu gut kennt: die Verleugnung von Gefühlen, die sich hinter dem Bedürfnis verbirgt, in Beziehungen die Kontrolle zu behalten, Hilfeleistung für andere als Mittel, um Macht und Unabhängigkeit zu gewinnen, Arroganz, übertriebenes Zur-Schau-stellen von Selbstvertrauen, Ansehen, Würde und Überlegenheit. Auch wenn sich nicht jeder selbst in diesem Bild wiedererkennt, so kennt er wohl doch einen Kollegen, der ihm entspricht. Und weil alle Therapeuten für narzißtischen Verlust anfällig sind, kritisieren sie sich auch selbst so heftig. Schwere Fehler dürfen nicht vorkommen, sie könnten öffentlich ausgespielt werden. Dabei geht es nicht nur um die Bewahrung des schönen Scheins, sondern um die legitime Sorge, daß schon ein einziger Fehler eine Karriere zerstören kann. Wer zittert nicht manchmal bei dem Gedanken, verärgerte Klienten könnten die Presse einschalten, um einem ein mehr oder weniger schweres Fehlurteil anzulasten? Täglich kann eine Abmahnung des Berufsverbandes zu einem tatsächlichen oder eingebildeten Regelverstoß in der Post sein.

Es gibt auch die Angst, eines Tages die Grenze zu überschreiten und die Beherrschung zu verlieren. Dieser Alptraum kann verschiedene Formen annehmen: »Ansteckung« durch die Symptome des Klienten und verrückt werden, sich von einer Klientin oder einem Klienten verführen lassen, zu vertraulich werden, in einem Wutanfall die Beherrschung verlieren.

All die Spielarten der Angst zu scheitern, weil man die Beherrschung verliert, lassen sich besonders deswegen so schwer betrachten, weil sie das Allerheiligste der Psychotherapie bedrohen. Das Erschreckende an den Trieben ist die Tatsache, daß sie plötzlich, sozusagen aus dem Nirgendwo, aufzutauchen scheinen. Niemand, und sei er noch so beherrscht, ist gegen den Sog eines irrationalen Antriebs gefeit. Man muß weder ein Psychopath noch unmoralisch sein, um einem inneren Anstoß nachzugeben, der jeder Vernunft widerspricht.

Manchmal spürt man den starken Wunsch, die verletzenden Eltern eines Klienten zu ohrfeigen oder vor lauter Frustration einen trotzigen Klienten anzubrüllen. Und manchmal, vielleicht nur einen Augenblick lang, ist man stark versucht, einen attraktiven Klienten oder eine attraktive Klientin zu umarmen. Natürlich ist das alles ganz falsch, das weiß man ja. Und man würde so etwas selbstverständlich nie tun. Aber der Kollege oder die Kollegin weiß das alles auch und hat es doch getan. Tag für Tag sitzt man in der Praxis, durchaus kompetent, moralisch einwandfrei, bis man dann, an einem ganz normalen Tag in einer ganz normalen Sitzung bei einem ganz normalen Klienten total die Beherrschung verliert. Eben noch konzentriert und aufmerksam dabei, zwei Minuten später dann voller Reue über die Tat eines Fremden, der sich des eigenen Körpers bedient zu haben scheint. So etwas passiert wahrscheinlich nie. Aber ist es wirklich unmöglich?

Ein ganz besonders ausgeglichener Psychiater z.B., der seit einem Jahr einen trotzigen Jugendlicher psychoanalytisch behandelte, verlor eines Tages die Beherrschung. Er tobte vor Wut und Frustration. Er fühlte sich manipuliert. Er drückte diese Wut klar und unzweideutig aus, setzte seinen ganzen Scharfsinn ein, um diesen arroganten, manipulierenden Burschen in seine Schranken zu verweisen. In dem Augenblick, als der Klient aus der Praxis gestürmt war, kam die Reue. Er rief mehrmals an, um sich zu entschuldigen, aber der Schaden war nicht mehr gutzumachen. Schlimmer als die Fassungslosigkeit über den katastrophalen Verlust eines Klienten, der sich jetzt gedemütigt fühlte und vielleicht nie mehr Vertrauen zu einem Therapeuten fassen konnte, war die Erkenntnis, welches Ausmaß an explosiver Wut er in sich trug.

Nur kontinuierliche Supervision und eigene Therapie lindern diese Ängste und ermöglichen therapeutische Beziehungen ohne die Angst, sich gehen zu lassen. Aber trotz kontinuierlicher Analyse der eigenen neurotischen Impulse bleibt immer ein Rest von Impulsivität unberührt.

Wie groß der berufliche Erfolg und das Ansehen bei den Kollegen auch sein mag, ein einziger Fehler genügt, und man findet sich vor Gericht wieder und verteidigt seine berufliche Integrität. Das ist keine paranoide Wahnvorstellung oder Übertreibung. Es reicht, das Ausmaß eines Borderline-Syndroms oder das Selbstmordrisiko eines verzweifelten Kindes zu unterschätzen, und schon kann die eigene Welt zusammenbrechen. Die Entfremdung eines wütenden Gatten, eine zu energische Konfrontation, die vergessene Notfallnummer auf dem Anrufbeantworter, ein schlampig geschriebener Behandlungsplan oder ein allzu ehrliches Gutachten können durchaus vor dem Richter enden.

Behandlungsansätze, in denen der Therapeut eine eher passive Rolle einnimmt, sind deshalb so attraktiv, weil man dabei kaum riskiert, daß Interventionen ins Auge gehen. Spiegelung von Gefühlen, sanfte Interventionen, Schweigen und verbale Bestätigung sind weniger eindringlich, dramatisch und gefährlich als Konfrontation, Setzen von Zielen oder paradoxe Interventionen. Solche aktiveren Ansätze haben zwar ein viel höheres Risiko, andererseits ist die Behandlungszeit in der Regel kürzer. Im Idealfall entscheidet der Klient als »mündiger Verbraucher«, ob er eine sichere, aber lange Therapie vorzieht oder einen konfrontativen Stil, der schnellere Resultate bringt, aber auch mehr Risiken beinhaltet. Trotz aller Minimierung der Risiken durch defensiv formulierte Stundenprotokolle, konservative Praktiken und sorgfältige Überwachung der eigenen emotionalen Reaktionen fordert doch unsere Verantwortung für das Wachstum des Klienten ständig dazu heraus, Neues zu wagen. Manchmal ist es einfach nötig, die eigenen Schwächen zu akzeptieren und darauf zu vertrauen, daß man sein Bestes gibt.

Tue ich eigentlich wirklich etwas?

Der fünfte Punkt ist fast das Gegenteil der Angst, jemanden zu verletzen, indem man zuviel tut. Hier geht es um Angst, in Wirklichkeit gar nichts zu tun. Trotz aller Erklärungsversuche, daß und wie Psychotherapie wirkt, führen Augenblicke schmerzlicher Aufrichtigkeit immer wieder zu der Einsicht, wie wenig wir darüber wissen, warum Gespräche mit Therapeuten das Verhalten von Klienten verändern.

Wenn ein Patient über ständige Müdigkeit und Atemnot klagt, kann der Arzt anhand der Herztöne mit ziemlicher Genauigkeit eine Herzklappenstörung diagnostizieren und die Diagnose durch ein EKG bestätigen. Dann wird operiert: der Chirurg öffnet das Herz, entfernt ein Stück der verkalkten Arterie und ersetzt es durch ein Stück Plastik. In dem sicheren Wissen, daß das Problem gelöst ist, können Arzt und Patient aufatmen. Aber menschliches Verhalten ist zu komplex, als daß selbst Fachleute es vollkommen begreifen könnten. Der Arzt kann die verkalkte Arterie untersuchen und bestätigen, daß sie die Symptome tatsächlich verursacht hat, aber es gibt keinen vergleichbaren Test, mit dessen Hilfe Therapeuten die Ursache einer Störung und die Art der Heilung eindeutig feststellen können.

Selbst ein verhältnismäßig einfacher Fall von Depression nach einer Scheidung kann sich als trügerisch komplex erweisen. Bei der Behandlung dieses Zustands liegt der Fokus auf dem Verlust des Selbstbewußtseins, auf der Anpassung an die neue Situation des Alleinlebens, auf der Wut auf den Ex-Partner. Aber niemand kann je sagen, warum es dem Klienten wirklich besser geht. Es kann sein, daß eine hormonelle oder neurologische Störung mit dem Zusammenbruch der Ehe zusammenfiel, es kann sein, daß nicht die genau geplanten Interventionen, sondern spontane, mittlerweile vergessene Bemerkungen verantwortlich waren. Wenn ehemalige Klienten nach erfolgreich abgeschlossener Therapie darüber sprechen, was ihrer Meinung nach zu der Veränderung geführt hat, kommt man aus dem Staunen nicht heraus. Sie zitieren nach Jahren, sogar nach Jahrzehnten eine flüchtige Bemerkung, die alles verändert habe - und an die man sich oft genug selbst überhaupt nicht mehr erinnert.

Gerade diese Unklarheit führt zu vorsichtigem Vorgehen. Der Therapeut hört zu, stellt ein paar Fragen, hält inne, um dem Klienten (und sich selbst) die Chance zu geben, herauszufinden, wie es weiter gehen soll, fordert ihn auf, weiterzusprechen, nickt. »Fühlen Sie sich schon besser?« Dann wieder abwarten, was als nächstes auftaucht.

Selbst wenn man bekannt, stabil und sicher geworden ist, besteht immer die Möglichkeit, daß keine neuen Klienten mehr kommen, alte keine Fortschritte mehr machen und die Praxis ohne sichtbare Erklärung schwindet. Was passiert, wenn niemand mehr überwiesen wird? Das ist keineswegs unmöglich. Eine Therapeutin hat plötzlich keine Lust mehr, sich immer wieder dieselben Beobachtungen formulieren zu hören. Sie fühlt sich erschöpft und verbraucht. Sie glaubt nicht mehr an die Macht ihrer Versprechungen. Sie hat keine Lust mehr, Leute zu überreden, ihren Groll aufzugeben, sich nicht mehr zu verletzen, zu wachsen, Risiken einzugehen, Entscheidungen zu treffen. Sie fühlt sich wie eine Schauspielerin, die Tag für Tag, Vorstellung für Vorstellung ihren Text vor einem Ein-Personen-Publikum spricht. Und mit geringer werdendem Vertrauen klingt ihr einst so eindrucksvoller Monolog jetzt so monoton, als würde er von einer lustlosen Schülerin abgelesen. Weil sie ja schon alles kennt, hört sie den Klienten nicht mehr richtig zu. Es ist sowieso immer dasselbe. Jammern. Klagen. Ausreden.

So etwas kann zwar passieren, ist aber unwahrscheinlich. Man erkennt früh das Auf und Ab der Arbeit - Herausforderung, wenn der Terminkalender zu voll ist, Erleichterung, wenn es eine zeitweilige Flaute gibt. Man lernt, daß wie alles andere auch die Überweisungen einem natürlichen, an- und abschwellendem Rhythmus folgen. Die Stimme der Vernunft erinnert immer wieder daran, daß das, was man weiß, nie verlorengeht. Die Zeit kann zwar das Gedächtnis aushöhlen, aber diesem Alterungsprozeß steht ein Gewinn an Erfahrung und Weisheit gegenüber. Und wenn man das ganze Leben dem Lernen und Wachsen gewidmet hat, wird das zum wertvollsten Besitz. In Alpträumen oder Zeiten der Verzweiflung, wenn die Abwehrmechanismen nicht mehr funktionieren, taucht die Angst auf, das Wertvollste zu verlieren: die Kraft zu heilen. Mit der Gegenwart, Stimme, Intuition des Therapeuten ist ein unerklärlicher Zauber assoziiert. Was aber, wenn man eines Tages aufwacht und tiefschürfende Gedanken ausbleiben? Wenn niemand mehr über die eigenen Witze lacht? Wenn man einfach nicht mehr sensibel für andere ist?

Das Gefühl, ein Hochstapler und Betrüger zu sein, löst sich aber auf, sobald man verblüfft erkennt, daß, selbst gesetzt den Fall, man sei wirklich nicht mehr als ein mitleidiger Freund, der nach Stunden bezahlt wird, die Frage bleibt, wo der Klient so jemanden sonst finden könnte. Nichts ist schwieriger und erschöpfender als wirklich hilfreich zuzuhören - unabhängig von der Höhe des Honorars. Und wer sagt eigentlich, daß ein anderer Beruf (z.B. Chirurgie) nützlicher ist als die Förderung der natürlichen Heilung der menschlichen Psyche?

Zählt mein Lebenswerk überhaupt?

Es ist unvermeidlich, daß ein Psychotherapeut irgendwann ernüchtert, gelangweilt, ausgebrannt ist. Mit der Berufserfahrung wächst die schmerzliche Erkenntnis, daß manche Klienten trotz des umfassenden Wissens, der Erfahrung und des Engagements des Therapeuten ihr Leben nicht neu ordnen können. Die Angst, die ursprünglich Auslöser für die Berufswahl war, entzündet aufs neue die Befürchtung, trotz lebenslanger Bemühungen nichts bewirkt zu haben. Für das unpersönliche Auge des Universums ist nichts wirklich wichtig, was man getan hat.

Man denkt über die Menschen nach, deren Leben man berührt hat, und fragt sich, ob man wirklich Einfluß darauf gehabt hat. Das ist das sechste Stadium der Angst vor dem Scheitern. Was einst so bedeutend schien, ist jetzt langweilig und unwichtig. Es trägt zu den Zweifeln und Fragen bei, daß man nicht weiß, wie es den Menschen, in die man soviel Energie und Hoffnung investiert hat, heute geht. Klienten, die mit denselben Symptomen wiederkommen, bieten Anlaß zum Nachdenken. Mit zunehmender Erfahrung ändern sich Perspektiven, Werte und Erwartungen. Man sieht die vielen Klienten, die in die Praxis kamen, durch eine neue Brille und wundert sich. Diese Selbstzweifel können zu Veränderungen in der Arbeit führen, andere Fragen werden wichtig, und man begibt sich erneut auf die Suche nach dem Sinn des Lebens. Anderson (1987) hat bestätigt, daß die Meisterung der Praxis in dieser mittleren Phase der beruflichen Entwicklung ihr die Freiheit gelassen hat, Werte, Prioritäten und Bezugsrahmen neu zu prüfen. Dadurch hat sie letztlich gelernt, ihre Stärken und, wichtiger noch, ihre Grenzen zu akzeptieren.

Auch wenn die Beschäftigung mit der Bedeutung der eigenen Arbeit das Bewußtsein aufwühlt und die Frage des Scheiterns von Zeit zu Zeit die Grundlagen der Existenz erschüttert, kommt doch immer wieder einmal ein Klient, der erneut die Neugierde weckt, den Einsatz aller Kräfte provoziert, neue Energien und neuen Mut stimuliert und wieder daran erinnert, daß die eigene Arbeit doch der Mühe wert ist.

Neulich hat eine Klientin nach sechs Monaten ihre Therapie bei mir (D.B.) beendet. Wir hatten an ihrer Selbstachtung gearbeitet und einige Probleme von Ehe und Elternschaft angesprochen, die mir ziemlich unkompliziert erschienen. Beim Abschied zählte sie auf, was sie alles erreicht hatte, umarmte mich tränenüberströmt und sagte nachdrücklich, wie wichtig die Therapie für sie gewesen sei. Bei all meinen großen Erwartungen hatte ich versäumt, die Erfahrung aus ihrer Perspektive zu betrachten. Was für mich zur Routine geworden war, war für sie von größter Bedeutung.

Diese sechs Fragen bieten einen Verständnisrahmen für die Einschätzung der eigenen Person und der Arbeit innerhalb des Berufslebens, für die Bereiche, mit denen man sich konfrontieren und umgehen muß. Und sie zeigen, wie leicht es ist, die Selbstkonfrontation zu vermeiden. Denn diese Fragen sind erschreckend und legen die tiefsten Befürchtungen offen. Die Beschreibung der Bedeutung des Scheiterns in der Entwicklung eines Therapeuten kann erklären helfen, warum das Thema so beharrlich vermieden wird. Man vermeidet die Analyse der eigenen Fehler eben nicht nur auf dem Spielfeld oder in der Umkleidekabine, sondern macht sich auch dann noch gern etwas vor, wenn man mit sich selbst allein ist.

Selige Unwissenheit hat einiges für sich. Wenn man die Konfrontation mit dem Scheitern vermeidet, schützt man sich und die eigenen Unsicherheiten. Das verhindert die Lähmung der Willenskraft, die aus der Erkenntnis entstehen könnte, wie primitiv die Theorie und wie ineffektiv die Interventionen eigentlich sind. Die Macht der Modellfunktion, die ein Therapeut hat, wächst, wenn er seine Schwächen herunterspielt und ein Image von Allmacht kultiviert. Wer es vermeiden kann, sich Gedanken über die Möglichkeit des Scheiterns zu machen, behält den übertriebenen Optimismus, der das Glaubenssystem der Klienten durchaus positiv beeinflussen kann. Wer die Möglichkeit des Scheiterns erst gar nicht in Betracht zieht, kann sich um so stärker auf den Erfolg konzentrieren.

Möglichkeiten, ein Versagen zu überspielen

Bei vielen Selbstverteidigungstechniken wird die Kraft des Gegners gegen ihn gewendet. Das läßt sich am besten erreichen, wenn man Bewegungsabläufe so lange übt, bis sie zum Reflex werden. Durch die Beherrschung einfacher Abwehrgriffe, unaufdringlicher Bewegungen und Gewichtsverlagerung greift der Gegner ins Leere, wird entnervt und gerät aus dem Gleichgewicht. Unter Therapeuten gibt es viele geniale Methoden, mit deren Hilfe wenn nicht das Scheitern selbst, dann doch zumindest der Gedanke daran vermieden werden kann. Es gibt unzählige Wege, sich darüber hinwegzutäuschen. Der bekannteste entspricht der amerikanischen Regierungspropaganda im Vietnamkrieg: Egal wie groß die Niederlage, tu immer so, als würdest du siegen. Und wenn sich die zeitlichen und finanziellen Kosten im Verhältnis zur Anzahl der Toten nicht mehr rechtfertigen lassen, greift man eben auf eine andere Alternative zurück und entlaubt den Dschungel mit Napalm. Therapeuten, die so tun, als liefe die Therapie besser, als es den Anschein hat, folgen dabei Richtlinien, die einem militärisch-taktischen Handbuch entnommen sein könnten:

- Ist die Lage schlecht, lächle und benimm dich, als sei alles   unter Kontrolle.
- Benutze für die Antwort auf die Frage, ob sich die Lage verschlechtert hat, Formulierungen, die implizieren, daß die Frage absolut lächerlich sei.
- Erwischt man dich bei einer klaren Lüge oder Täuschung, stelle klar, daß dafür Faktoren außerhalb deiner Kontrolle verantwortlich sind (z. B. die Pathologie des Klienten oder die Beleuchtung im Raum).
- Formuliere Niederlagen positiv um; so wie eine Flucht zum »taktischen Manöver« wird, wird ein psychotischer Schub zum »zeitweiligen Rückzug«.

- Halte ein Dementi bereit oder sage einen Rückfall voraus, bevor du eine Intervention beginnst, deren Erfolg zweifelhaft ist.
- Wenn ein Klient trotz all deiner Bemühungen immer noch die Mitarbeit verweigert und kein Wunder geschieht, bestehe darauf, daß er nicht bereit für eine Besserung sei.

Viele Klienten wissen genau, wie vorteilhaft es ist, wenn man sich weigert, die Verantwortung für sein Leiden zu übernehmen. Es ist nicht ihre Schuld, daß sie unglücklich sind; die Schuld hat Gott, die Vererbung, die unglückliche Kindheit, falsche Sauberkeitserziehung, Pech, Mami oder »jemand, der es auf mich abgesehen hat«. Aber auch Therapeuten finden gute Gründe für ihr Scheitern. Hier eine kleine Auswahl der gängigsten Externalisierungsversuche eigener Schuld:

- »Sie strengen sich ja gar nicht an.«
- »Sie strengen sich viel zu sehr an.«
- »Sie glauben nur, daß sie sich anstrengen.«
- »Als ich Ihnen sagte, daß..., wußte ich nicht, daß...«
- »Es muß da irgendetwas geben, was Sie mir nicht sagen.«

Und wenn ein Klient die Integrität oder Kompetenz eines Therapeuten angreift, dann gibt es eine Reihe sehr wirkungsvoller Gegenschläge:

- »Die Therapie kann nicht wirken, weil Sie sich von den Auswirkungen der Veränderung bedroht fühlen.«
- »Oberflächlich betrachtet, arbeiten Sie sehr kooperativ bei der Behandlung mit, aber in Wirklichkeit sabotieren Sie den Prozeß.«
- »Sie lassen uns nicht genügend Zeit.«
- »Das gehört alles zur Übertragung.«
- »Das ist ein Bestandteil Ihres ungewöhnlichen Verleugnungs- und Abwehrmusters.«

- »Was soll denn das! Die Therapie wirkt nicht? Natürlich wirkt sie! Sonst hätten Sie doch gar nicht den Mut, mich mit diesem Thema zu konfrontieren.«

Solche Abwehrbehauptungen sind schwer zu bestreiten und noch schwerer zu beweisen. Trotzdem erfüllen sie ihren Zweck: der Therapeut beibt relativ schuldlos und ungeschoren. In seiner Parodie über Therapeuten, die ängstlich jeden Anschein von Inkompetenz zu vermeiden suchen, schlägt Haley (1980) vor, in den Sitzungen am besten so wenig wie möglich zu tun: Wer wenig sagt, dem wird später nicht widersprochen. Und wenn man schon unbedingt intervenieren muß, sollte man zumindest so tun, als sei das Ergebnis genau das, was man ursprünglich geplant hatte.

Auch wenn die Beschreibung der Tricks zur Vermeidung des Scheiterns ironisch zugespitzt sind, haben wohl die meisten Therapeuten doch ähnliche Sätze irgendwann schon einmal geäußert. Auf einer ernsthafteren Ebene hält uns die folgende Zusammenfassung von Martin und Schurtman (1985) den Spiegel vor. Sie beschreiben einige Abwehrmanöver zur Bewältigung der Ängste im Zusammenhang mit Therapieabbrüchen und der Vermeidung der Konfrontation mit dem Scheitern:

- Affektumschwung: Bei dieser Form der Reaktionsbildung maskiert der Therapeut seine Wut-, Ablehnungs- und Frustrationsgefühle, indem er oberflächlich resigniert. Der Klient läßt sich durch diese Verstellung nur selten täuschen und bricht die Therapie häufig mit anhaltenden Schuld- und Unsicherheitsgefühlen wegen seiner Entscheidung ab. »Vielleicht ist es am besten, wenn Sie aufhören. Sie haben Recht - wir haben eigentlich nicht mehr viel zu tun.«
- Projektion: Der Therapeut verwandelt seine Verlassenheitsgefühle in eine aggressive Haltung, bei der Konfrontation als Entschuldigung für eine bestrafende Haltung eingesetzt wird. Oder, subtiler,

er zieht sich zurück und nimmt eine unnahbare Haltung ein, um sich vor der Ablehnung zu schützen und die Verletzung zurückzugeben. »Wie ich ihre Entscheidung finde, nicht mehr zu kommen? Ich glaube, Sie laufen einfach vor Ihren Problemen davon. Aber offen gesagt, ich habe sowieso keine Termine mehr frei.«

• Verallgemeinerung: Die Therapeutin distanziert sich von dem Schmerz, den die Trennung und das Versagen hervorrufen, indem sie rationalisiert. Sie führt dann ein allgemeines Prinzip der Praxis an, um die Intensität ihrer Gefühle zu leugnen. »Das ist eine gute Gelegenheit für Sie, eine Beziehung verantwortlich und erwachsen zu beenden.«

• Wenden gegen die eigene Person: Fühlt sich der Therapeut verletzt, negiert und herabgesetzt, gerät er in Panik und wendet seine Wut nach innen. Dabei kommt es zu Selbstanklagen, Selbstzweifeln und Selbstentwertung. In einem verspäteten Versuch zur eigenen Rettung wird dann besonders hart daran gearbeitet, irgendeinen Lerneffekt beim Klienten aus den Trümmern zu holen. »Sie werden ja wohl irgendetwas von den Sitzungen gehabt haben!«

• Wenden gegen den anderen: Bei der direktesten und aggressivsten Abwehrreaktion provoziert der Therapeut den Klienten. Dieser Ärger kann auch auf ein Familienmitglied des Klienten geschoben werden. »Ich begreife, daß das sehr schwer für Sie ist. Aber wirklich, wenn Ihr Ehemann etwas befiehlt, dann springen Sie eben.«

Ziele definieren - oder nicht

Therapeuten, die nicht streng behavioristisch orientiert sind, weichen der Frage nach Ablauf und Dauer der Behandlung leicht aus, zum Teil, um Voraussagen oder Urteile zurückzuhalten, bis sie ein Gefühl für die Situation, den Klienten und seine Störungen entwickelt haben. Aber ein Teil dieser Strategie des Schweigens kommt daher, daß man nicht für etwas verantwortlich gemacht werden will, was sich nicht kontrollieren läßt.

Wenn man sich in bezug auf Ablauf und Dauer festgelegt hat, erwartet der Klient, daß diese Voraussagen eintreffen. In gewissem Sinne kann ein Therapeut nicht gewinnen, wenn er sich auf einen bestimmten Weg festlegt. Wenn alles planmäßig läuft, ist der Klient in Maßen zufriedengestellt - schließlich hat er genau das Produkt bekommen, für das er bezahlt hat. Darüber hinaus wird er solche präzisen Lösungen auch für zukünftige Probleme erwarten. Und warum auch nicht? Wer unter Schlaflosigkeit, Erregung und innerer Unruhe leidet, zieht eine Fachkraft zu Rate, die diesem Zustand einen Namen gibt und sagt, was zu tun und wann mit einer Besserung zu rechnen ist. Tritt alles wie vorhergesagt ein, erwartet man ähnliche Resultate, wenn man wegen Berufs- oder Partnerschaftsproblemen oder bei einem Gefühl der Sinnlosigkeit wieder einen Psychotherapeuten konsultiert. Und wehe dem Therapeuten, der die Erlösung von dem Übel nicht ein zweites, drittes oder viertes Mal bewerkstelligen kann.

Wenn der Prozeß aber länger (oder kürzer) wird als vorausgesagt, verlieren die Klienten möglicherweise den Glauben an die Fachkenntnis ihres Therapeuten. Sie fühlen sich verraten, betrogen, irregeführt. Sie halten ihn für einen Scharlatan und verlangen Bestrafung. Es scheint also vernünftiger, die ganze ärgerliche Angelegenheit zu umgehen und sehr wenig zu versprechen. Dann kann man nicht scheitern, weil man nicht definiert hat, was im Einzelfall den Erfolg ausmacht. Man kann vielleicht nicht garantieren, daß die Symptome vollständig verschwinden, aber man kann versichern, daß der Klient begreift, wo sie entstanden sein und welche Funktion sie haben könnten. Und wenn sich die Störung nicht beseitigen läßt, kann man doch eventuell erreichen, daß der Klient sie nicht mehr so stark wahrnimmt.

Ein Therapeut z.B. hatte jahrelang eine Art dynamische, einsichtsorientierte existentielle Therapie mit bescheidenem, gleichmäßigen Erfolg betrieben. Nach sechs Monaten, ein oder zwei Jahren beendeten die meisten seiner Klienten die Therapie mit mehr Selbstbewußtheit, sie fühlten sich besser und waren handlungsfähiger. In ungefähr einem von zehn Fällen gab es selbst nach mehrjähriger Behandlung wenig Besserung, aber da es keine explizit definierten Ziele gab, fielen sie einfach still aus der Behandlung heraus. Andere blieben endlos, zufrieden mit dem wöchentlichen Kontakt zu einem liebevollen Zuhörer.

Wie so viele andere fragte sich nun auch dieser Therapeut, ob er seine »Heilungsrate« nicht verbessern könnte, wenn er seinen therapeutischen Stil um eine der neuen Techniken, die gerade in Mode waren, ergänzte. Der gerade herrschende Trend war die Hypnose, und viele Therapeuten drängten in Workshops, um diese geheimnisvolle, aber anscheinend hilfreiche Interventionsmethode zu erlernen. Unser Therapeut arbeitete hart, um den Umgang mit diesem neuen Handwerkszeug zu lernen, und integrierte allmählich hypnotische Methoden in seine Arbeit. Er hoffte, seinen Klienten damit größere Kontrolle über Symptome zu ermöglichen, die seinen üblichen Methoden nicht zugänglich waren. Er probierte aus, ob sich manche Klienten darüber leichter das Rauchen abgewöhnen oder abnehmen konnten. Und tatsächlich stellte er überrascht fest, daß mehr als zwei Drittel der Klienten das Gefühl hatten, ihr Leben besser in den Griff zu bekommen. Trotzdem war er nicht recht zufrieden mit den vielen Klienten, die von ihrem nunmehr rauch- oder fettfreien Leben begeistert waren. Stattdessen konzentrierte er sich auf das eine Drittel, bei dem Hypnose nicht half.

Da es ja nur noch zwei Möglichkeiten gab - die Klienten nahmen entweder ab oder blieben dick, hörten auf zu rauchen oder rauchten weiter - war sofort sichtbar, wo die Hypnose versagte.

Konsterniert sah sich der Therapeut dem Zorn der Klienten ausgesetzt, bei denen sich eindeutig nichts verbessert hatte. Sie waren entrüstet. Sie bestätigten seine schlimmsten Befürchtungen und sagten ihm, er sei ein Scharlatan. Einige verlangten ihr Geld zurück, und eine besonders enttäuschte Klientin drohte ihm sogar mit einer Klage.

Obwohl er nie eine Heilung garantiert hatte, war es für die Klienten sehr leicht, den Erfolg oder Mißerfolg zu messen. Also versuchte er, mit Deutungen und Umdeutungen (reframing) die Enttäuschung zu mildern und die Verantwortung für das Versagen zu leugnen: »Ich nehme an, Sie sind noch nicht bereit zur Veränderung« oder »Daß die hypnotische Suggestion nicht funktioniert hat, heißt nicht, daß sie nicht in Ihnen arbeitet. Sie wird erst dann aktiv, wenn die Zeit reif ist.«

Dann begann er, sich in den hypnotischen Sitzungen sprachlich abzusichern: »Wenn Sie bereit dazu sind, werden Sie seltener nach ... verlangen.«

Und schließlich gab er diese Techniken ganz auf. Er konnte einfach nicht mit den Konsequenzen einer Berufspraxis leben, in der seine Fehlschläge dermaßen sichtbar waren. Er zog das übliche Grau dem klaren Schwarz und Weiß vor. In der beruflichen Welt, an die er sich gewöhnt hatte, schien es nur so, als ginge es den Klienten besser oder schlechter. Da keiner sicher sagen konnte, was passiert war, brauchte er sich dem Scheitern nur selten zu stellen.

Ein Klient kann die Therapie auch deshalb abbrechen, weil sie allzu gut funktioniert hat. Die Autoren einer Untersuchung über Therapieabbrüche bieten folgende Erklärung an: »Es stellt sich also heraus, daß die Auseinandersetzung mit dem Therapeuten selbst in einer abgebrochenen Therapie das Wohlbefinden des Klienten fördert. Vielleicht sollten Therapeuten den Abbruch der Therapie dann nicht als schweres Versagen begreifen, wenn die Ursache des Abbruchs in der Interaktion mit dem Klienten liegt« (Levinson, McMurray, Podell, Weiner 1978, S. 829).

Ein Klient, der sich über mangelnde Fortschritte beklagt, gibt also der Wirkung der Therapie nur nicht genug Zeit - es braucht eben manchmal Jahre, bis eine Erkenntnis durchdringt. Die Wahrheit ist: Wenn man nur vorsichtig genug ist und sich ganz allgemein ausdrückt (»Viele Leute meinen...«), wenig verspricht (»Ich kann nichts versprechen«), direkten Fragen ausweicht (»Was denken Sie denn?«)

und klar definierte Ziele vermeidet (»Wir wollen mal abwarten und sehen, was sich ergibt«), dann kann man das Etikett des Scheiterns ganz vermeiden und jedes Ergebnis auf dem Hintergrund eines relativen Erfolgskontinuums betrachten. Allerdings lassen sich manche Klienten durch diese vieldeutige Haltung auch daran hindern, sich schwierigere Ziele zu setzen.

So päppeln wir unser Ich auf, schützen uns vor der Erfahrung des Versagens und halten den Mythos unseres Berufsstands aufrecht, daß im Falle des Scheiterns die anderen schuld sind. Für den unwahrscheinlichen Fall, daß wir doch nicht unfehlbar sein sollten, braucht es wenigstens niemand zu erfahren, am allerwenigsten wir selbst.

Im nächsten Kapitel werden wir die einzelnen Möglichkeiten, mit denen Therapeuten ihr Scheitern in Grenzen halten, näher untersuchen.

3. Kapitel

Unproduktive Abwehr

Trotz aller Bemühungen, die Konfrontation mit dem Scheitern zu vermeiden, ist es unmöglich, ihr völlig auszuweichen. Sie durchdringt jeden wachen Augenblick und schleicht sich selbst in die Träume. Und trotzdem tun Therapeuten alles nur Menschenmögliche, sich von den eigenen Schwächen zu distanzieren. Sie leugnen ihre Existenz und kleiden sie in eine andere Form. Sie therapieren den Schmerz weg und entwickeln distanzierte oder schützende Einstellungen. Sie entziehen sich möglicher Kritik. Sie arbeiten zuviel und setzen sich so unter Druck, daß nur noch wenig Zeit bleibt, sich zu überlegen, was schiefgelaufen ist. Aber letztlich sind diese Abwehrstrategien nicht erfolgreicher als die der Klienten.

Erfolg um jeden Preis

Seit sieben Monaten war eine Frau bei einer Psychiaterin in Behandlung, die als Assistenzärztin in einer Klinik arbeitete. Die Ärztin stammte aus einer ostindischen Familie und hatte während ihrer Ausbildung immer wieder gegen die unzweifelhaft vorhandenen Vorurteile ihre männlichen Kollegen und Vorgesetzten ankämpfen müssen. Sie war daran gewöhnt, härter zu arbeiten als andere, und bewies in schwierigen Situationen sehr viel Ausdauer. Die Patientin, die unter Panikanfällen, Angst und Schlaflosigkeit litt, war zunehmend mutlos und frustriert, weil sich ihre Symptome verschlechterten. Seit sieben Monaten war sie zwei- bis dreimal in der Woche in Einzelsitzungen bei der Ärztin, aber die Symptome waren stärker als alle Bemühungen.

Als sich herausstellte, daß eine therapeutische Arbeit auf der Basis passiven Zuhörens nichts brachte, warf sich die Ärztin mit neuem Mut in die Schlacht, entschlossen, diesen Fall siegreich abzuschließen. Sie verschrieb diverse angstlösende und beruhigende Medikamente, aber auch die erwiesen sich als unwirksam. Frustration und Ängste steigerten sich bei der Patientin wie bei der Ärztin, die sich aber nach wie vor weigerte, den Fall aufzugeben oder sich um eine Beratung zu bemühen, was ihrer Meinung nach Schwäche verraten hätte. Sie war sicher, den Fall bewältigen zu können, wenn man ihr nur genügend Zeit ließe.

Aber die Patientin war mittlerweile sehr frustriert und wütend. Als ihr ein Freund vorschlug, einen anderen Arzt aufzusuchen, war sie sofort einverstanden. Diesem anderen Therapeuten sagte sie dann nach der ersten Sitzung: »In sieben Monaten hat sie doch wohl genug Zeit gehabt, oder? Natürlich ist sie nett, und sie bemüht sich wirklich, mir zu helfen, aber es geht mir einfach nicht besser, und ich weiß immer noch nicht, was eigentlich los ist. Sie haben mir in dieser einen Sitzung mehr erklärt als sie in sieben Monaten. Und die Entspannungsübung, die Sie mir gezeigt haben, hat mir schon geholfen, ruhiger zu werden. Ich werde mit ihr reden. Mal sehen, was sie dazu sagt.«

Nach dieser Sitzung bei dem anderen Therapeuten kehrte die Patientin zu ihrer Ärztin zurück, um einige noch offene Fragen zu klären und ihr zu sagen, daß sie nicht wiederkäme. Obwohl die Ärztin mittlerweile ihre Assistenzzeit abgeschlossen hatte und jetzt nur für diese eine Patientin durch die ganze Stadt fahren mußte, war sie keineswegs erleichtert bei der Aussicht, den Fall zu verlieren. Als die Patientin ihr Einzelheiten der Sitzung bei dem anderen Therapeuten erzählte und sagte, sie könne aus finanziellen Gründen nicht wiederkommen, bot sie ihr an, den Stundensatz zu senken.

Die Patientin rief den neuen Therapeuten an und teilte ihm ihre Entscheidung mit: »Sie haben mir ja wirklich geholfen und mir Hoffnung gegeben. Ich würde sehr gerne mit Ihnen arbeiten, aber sie läßt mich niemals gehen, glaube ich. Und ich kann sie nicht verlassen, das wäre zu mies. Ich weiß ja, daß sie mir nicht geholfen hat, aber sie sagt immer wieder, ich solle ihr mehr Zeit geben.«

In ihrem verzweifelten Bemühen, nicht zu scheitern, hat sich diese Ärztin geweigert, die Patientin loszulassen. Trotz des Leidens der Patientin konnte sie nicht zugeben, daß sie nicht vollkommen war. Solange die Patientin wiederkam, gab es immer noch eine Chance zum Erfolg. An dieser Überzeugung hielt sie starr fest und hielt sich so den Anschein des Scheiterns vom Leibe.

Ausblenden des Versagens

Eine Umfrage bei bekannten Psychologen und Gespräche mit Hunderten von Therapeuten haben ergeben, daß viele die Erfahrung des Scheiterns nicht kennen. Es läßt sich nur spekulieren, ob dieses Maß an Perfektion tatsächlich oder nur eingebildet vorhanden ist. Einer der Befragten war sogar ausgesprochen beleidigt, als wir ihn baten, ein Beispiel eigener Schwäche beizusteuern.

Andere, die sich keineswegs für vollkommen halten, können laut eigener Aussage aber deshalb nicht scheitern, weil sie sich keinem Beurteilungsrahmen verpflichtet fühlen. Sie sehen keinen Sinn darin, eine Beurteilungsskala von Erfolg/Mißerfolg zu benutzen, und versuchen statt dessen, bei der Arbeit sämtliche Bewertungen aus ihrem Kopf zu verbannen. Es mag sein, daß man besser zuhören und auf das jeweilige Problem fokussieren kann, wenn man sich nicht mit der Frage »Arbeite ich gut oder schlecht?« beschäftigt. Tatsächlich spricht einiges für diese Haltung, selbst wenn es schwer vorstellbar scheint, daß ein Therapeut jedes wertende Denken wirklich völlig vermeiden kann, wo er doch ständig das Verhalten seiner Klienten beurteilt. Es ist mit Sicherheit wünschenswert, die Neigung, sich an einem absolut gesetzten Standard zu messen, so weit wie möglich zu überwinden.

Aber wenn man im Grunde immer dasselbe tut, sind Mißerfolge unvermeidlich, und alle Versuche, sie nicht wahrhaben zu wollen, sind ebenfalls zum Scheitern verurteilt. Das heißt, es gibt Therapeuten, die ihre Fehler ausblenden, die behaupten, Klienten, die die Therapie abgebrochen haben, geheilt zu haben, und die eine Perfektion vortäuschen, die sich durch nichts beweisen läßt. Bei jedem Therapeuten gibt es vermutlich Anzeichen für solche Ausblendungen, die sich z.B. darin zeigen, daß die folgenden Einsichten übergangen werden:

- Der Klient ist unendlich dankbar für alles, was ich für ihn getan habe, aber diese übertriebene Ehrerbietung zeigt, daß ich die Abhängigkeit in der Beziehung zu stark gefördert habe.
- Ich habe korrekt vorausgesagt, was geschehen würde, aber gleichzeitig auch viele Anzeichen für einen anderen Ausgang übersehen.
- Die Klientin hat die Therapie zufrieden beendet, aber ihr Verhalten ist so dysfunktional wie vorher.
- Die Scheidung ist wohl tatsächlich das beste, aber wenn ich ein Arbeitsbündnis mit dem einen Partner hätte etablieren können, hätte die Paartherapie vielleicht doch geholfen.
- Der Klient hat wohl wirklich sein Trauma durchgearbeitet, aber meine eigene Angst hat den Prozeß gehemmt.
- Es stimmt, daß es der Klientin bereits nach wenigen Sitzungen deutlich besser ging, aber das lag nicht so sehr an unserer Arbeit, sondern einfach daran, daß ihr Kind nicht mehr so krank war.

• Sicher, in dieser Situation hätte jeder dasselbe getan, aber falsch war es trotzdem.

Scheitern zieht Scheitern nach sich, wenn man sich stur weigert, negative Ergebnisse zur Kenntnis zu nehmen. In einem Roman von Conroy (1986) sagt eine der Figuren über die wiederholt erfolglosen Geschäfte des Vaters: »Er hat nichts aus seinen Fehlern gelernt. Jeder Mißerfolg, und es gab Dutzende, bestärkte ihn nur in der Überzeugung, daß seine Zeit schon noch kommen würde und seine Lehrzeit im harten Milieu des Handels ihrem Ende zugehe. Er hat uns immer wieder gesagt, alles, was er brauche, sei ein bißchen Glück« (S. 243).

Ein Therapeut, der nie scheitert, steht zwangsläufig unter dem ungeheuren Druck, diese Perfektion aufrechtzuhalten. Jeder Fall muß sorgfältig ausgewählt werden; Fälle mit schlechter Prognose werden an jemand anderes überwiesen. Er darf keine Fehler oder Fehleinschätzungen riskieren und kann nur absolut abgesicherte Interventionen benutzen; Strategien, die auch nur ansatzweise kreativ oder experimentell sind, muß er unbedingt vermeiden. Jede Sitzung wird zum Testfall für die eigene Kompetenz und den makellosen Ruf. Schon der kleinste Ausrutscher muß versteckt werden.

Für solche Therapeuten ohne Fehl und Tadel stellen Klienten, die scheitern, oft eine Bedrohung dar. Wer so viel Energie in die eigene Vollkommenheit investiert hat, muß den Erfolg an die Spitze seines persönlichen Wertsystems setzen. Aber die meisten Klienten beginnen die Therapie in einer Lebensphase, in der sie sich wohl kaum erfolgreich fühlen, und so gibt es zwischen beiden Seiten eine tiefe Kluft in der Erfahrung. Der Klient ist unsicher, hat zuwenig Selbstvertrauen, kämpft mit dem alles beherrschenden Gefühl des Versagens, während der Therapeut vor Selbstvertrauen und Erfolg geradezu trieft. Wenn je zwei Menschen sich nicht ebenbürtig auf gemeinsamem Boden treffen können, dann diese beiden. Es gibt in dieser Beziehung nicht den geringsten Zweifel daran, wer das Sagen hat und wer nicht.

Ob der Klient sich je aus dieser untergeordneten Position befreit, sich von dem offensichtlich erfolgreichen Vorbild inspirieren läßt und sich aus seinem Loch herausarbeitet, hängt stark davon ab, wie der Therapeut mit der Situation umgeht. Aber wenn der Helfer so eindeutig vermittelt, daß nur der Erfolg zählt, kann sich der Klient nur eingeschüchtert fühlen.

Konsequenzen gescheiterter Bewältigungsversuche

Wer seine Fehler nicht akzeptieren kann, ist dazu verurteilt, sie zu wiederholen. Therapeuten, die nicht willens oder fähig sind, ihre Defizite und Schwächen zu erkennen, hemmen ihre Entwicklung. Wenn sie einen Klienten durch Fehleinschätzung oder falsche Beurteilung verlieren, können sie ihre Rolle in dem Desaster nicht zugeben und wiederholen den Fehler in ähnlichen Situationen, ohne es zu begreifen.

Zur Leistungssteigerung, egal auf welchem Gebiet, gehört, daß man sich bewußt macht, wieweit jede einzelne Handlung dazu beiträgt, das gewünschte Ziel zu erreichen. Wer beim Tennis z. B. einfach zuschlägt und jede Spieltechnik außer acht läßt, wird nie ein guter Tennisspieler. Und bei komplexeren Tätigkeiten, also z.B. der Psychotherapie, ist eine ehrliche Selbsteinschätzung noch wesentlich entscheidender für die Weiterentwicklung.

Durch die Verleugnung des Versagens entstehen blinde Flecken. Eigene Konflikte werden verdrängt, Befürchtungen verschwinden im Untergrund, tauchen aber in den verschiedenen Formen der Gegenübertragung wieder auf und sabotieren die Behandlung. Die Klienten leiden nicht nur unter der Stagnation ihres Therapeuten, sondern auch unter seinen neurotischen Fehlleistungen. Es gibt nichts Gefährlicheres als einen angeschlagenen Therapeuten, der glaubt, im Vollbesitz seiner Kräfte zu sein.

Laut Ellis (1985) haben Therapeuten zum Teil dieselben irrationalen Überzeugungen wie die Klienten. Sie führen zu blinden Flecken, unrealistischen Erwartungen und unnötigem inneren Druck und unterlaufen die Behandlungsbemühungen. Die folgenden Aussagen deuten in der Regel auf Versagen:

- »Ich muß bei allen Klienten Erfolg haben.«
- »Ich bin schuld, wenn nicht alles so läuft, wie es der Klient gern hätte.«
- »Meine Diagnosen und Deutungen müssen immer stimmen.«
- »Weil ich Therapeut bin, darf ich keine eigenen emotionalen Probleme haben.«
- »Alle Klienten müssen mich lieben und mir dankbar sein.«
- »Meine Klienten sollen bei der Bewältigung von Konflikten genauso hart, verantwortlich und motiviert arbeiten wie ich.«
- »Meine Klienten sollen auf mich hören, meinen Vorschlägen keinen Widerstand entgegensetzen und kooperieren.«
- »Der Fortschritt in der Therapie sollte problemlos und störungsfrei verlaufen.«
- »Ich muß mir all meiner irrationalen Überzeugungen und blinder Flecken bewußt sein und sie unter Kontrolle halten können.«

Goleman (1985) hat über die blinden Flecken geschrieben, die die Angst verringern. Allein und im geheimen Einverständnis mit anderen werden Illusionen festgeschrieben und stillschweigend ignoriert. Es gibt deswegen auch nichts Destruktiveres, als in seiner selbstgeschaffenen, fiktiven Welt zu verharren, in der man nur sieht, was man sehen will, und alles verleugnet oder verzerrt, was nicht in dieses leistungsorientierte Skript paßt. Je gefährdeter der Erfolg, desto starrer hält man an dem schützenden Panzer fest, bis man sich am Ende von allen zurückzieht, die das Image, das es zu schützen gilt, in Frage stellen.

Laut Scott (1982) ist die Definition der eigenen Person bei solchen Menschen so starr, daß sie keinerlei Information an sich heranlassen, die ihr widersprechen könnte, und deshalb »nicht bereit sind, sich den ungeheuer vielfältigen Gegensätzen und Besonderheiten zu stellen, aus denen das Menschsein besteht. ... Wer den Ereignisreichtum des eigenen Seins negiert, ist prädestiniert dafür, Offenheit und Entfaltungsmöglichkeiten in allen Bereichen der eigenen Existenz zu blockieren. Der Darm muß dann genauso beherrscht werden wie die eigenen Kinder. In Beziehungsbereichen, in denen es nicht um eindeutige Absichten oder Macht geht, taucht sofort die Gefahr von Verschmelzung und Identitätsverlust auf« (S. 68).

Die Klienten orientieren sich am Therapeuten. Dessen Unbehagen steigert ihre Unsicherheit, unrealistische Anforderungen veschärfen Frustration und Angst. Sicherheit und Vertrauen schwinden, zentrale Themen bleiben unbeachtet. Zu starke Gefühle müssen gedämpft werden, ohne daß man je erkennen könnte, daß das eine tiefere Exploration des Klienten verhindert. Wer Probleme mit Aggression hat, unterdrückt sie unabsichlich bei den Klienten. Die eigene Verlustangst kann dazu führen, daß Klienten ihre Trauer nicht ausdrücken. Sie bekommen schnell ein Taschentuch in die Hand gedrückt, um ihre Tränen zu trocknen, aber auch, damit man seinen eigenen Kummer nicht verrät. Doch wer nicht bereit ist, die subtilen Grenzen zur Kenntnis zu nehmen, die er den Klienten setzt, und sich weigert, nach innen zu blicken, verlängert den Zyklus von Rigidität und Stagnation. Der Zwang, sich emotional über Wasser zu halten, hindert die Klienten unmerklich, Wellen zu schlagen, die dieses fragile Gleichgewicht stören könnten.

Rigidität und Burnout-Syndrom

Zunächst mag diese Abneigung vieler Therapeuten gegen das Eingeständnis ihrer Niederlagen als durchaus erfolgreiche Strategie erscheinen. Schließlich sind Menschen, die sich hinter den schützenden

Glaubenssätzen ihrer Theorie verstecken können, gegen Kritik, Enttäuschung und Niederlagen immun. Unerwartete Handlungen der Klienten werden zu »Widerstand«, abgelehnte Interventionen zu »Abwehrmechanismen«, Therapieabbruch zur »Flucht in die Gesundheit« und Feindseligkeit zu »Übertragung«. Scheitern kann man nur, wenn man von den rigiden Regeln und Rollen abweicht.

Aber Rigidität und Verleugnung, das übliche Rezept zur Bekämpfung möglicher Konfrontationen mit eigenen Fehlern, haben Nebenwirkungen. Hellman, Morrison und Abramowitz (1987) haben die Rigidität bei psychodynamisch orientierten Therapeuten untersucht und festgestellt, daß Therapeuten mit der Affinität zu Dogmatismus, Verschmelzung mit dem sozialen Umfeld, Intoleranz gegen Mehrdeutigkeiten und zu Rigidität stärker unter Streß leiden als ihre flexibleren Kollegen. Demnach macht also ein intoleranter therapeutischer Stil anfälliger für persönlichen Streß und negative Auswirkungen der Konfrontation mit den Selbstmorddrohungen, Widerständen und psychopathologischen Symptomen der Klienten.

Die Autoren schließen daraus auf die Anfälligkeit von Therapeuten für Burnout. Persönliche Rigidität macht Therapeuten nicht nur anfälliger für Streß, sondern ist mit zunehmender Frustration und Demoralisierung verbunden, die lt. Untersuchungen anderer Wissenschaftler wie Farber (1983) und Maslach (1982) das Burnout-Syndrom fördern können. Deutsch (1984) hat Ursachen für Streß untersucht, der Burnout auslösen kann, und festgestellt, daß gerade die Therapeuten dafür besonders anfällig sind, für die die bereits genannten irrationalen Überzeugungen gelten wie: »Ich muß bei allen Klienten Erfolg haben.« Und für die meisten der 264 befragten Therapeuten hatten die schlimmsten Erfahrungen bei der Arbeit mit dem Scheitern zu tun.

Das Burnout-Syndrom spiegelt ein geschlossenes System mit geringen Optionen. Der Informationsaustausch ist eingeschränkt, es wird wenig mitgeteilt und noch weniger aufgenommen. Die Rigidi-

tät verfestigt sich und gibt die Illusion von Sicherheit und Berechen-
barkeit. Fehler, Enttäuschungen, Entmutigung und enttäuschte Erwartungen verstärken den Rückzug in ein geschlossenes System mit
den Merkmalen Wiederholung und Entpersönlichung. Jeder Gefährdung der vorgeblichen Sicherheit wird Widerstand entgegengesetzt;
es entsteht eine Atmosphäre von Langeweile und Zynismus. Die
tückischsten Folgen des Burnout sind stumpfe Lethargie und Unaufmerksamkeit, am Ende steht schließlich ein lebloses menschliches Wesen.

Fine (1980) hat sich mit der Verzweiflung in der Lebensmitte
auseinandergesetzt, die gerade bei Therapeuten so häufig auftritt.
Nachdem ein gewisser Standard an Erfolg, Produktivität und Fachkenntnis erreicht ist, zeigt sich oft ein Verschleiß der Willenskraft.
Dazu kommen noch gewisse andere Symptome: eine zunehmend
zynische Einstellung zum eigenen Fachgebiet und mehr Lust an Ironie, häufige Geplänkel mit Kollegen, Langeweile bei Langzeitfällen
und der dringende Wunsch, sie loszuwerden, Müdigkeit, Leere und
Depression. Pessimismus, Distanz, Mangel an Engagement und
Selbstzweifel charakterisieren die erschöpfte Psyche des ausgebrann-
ten Therapeuten. »Sokrates hat im Sterben vor der größten aller
Gefahren gewarnt, die darin besteht, die Schuld nicht bei sich selbst,
bei der eigenen Unfähigkeit zu denken zu suchen, wenn man intellektuell scheitert, sondern das Denken an sich verantwortlich zu machen
und die eigene Fähigkeit und Pflicht zum Denken in Zweifel zu ziehen
oder sogar abzulehnen« (Fine 1980, S. 395).

Mit dieser Einstellung nimmt das Scheitern leicht überhand. Der
Therapeut sperrt sich gegen jegliches Risiko, Improvisation und
Kreativität und bleibt starr bei seinem eingeschränkten Behand-
lungskonzept. Veränderung bedroht ihn, und so klammert er sich an
das Berechenbare. Unaufmerksamkeit läßt ihn Hinweise übersehen,
woraus dann Überkompensation resultiert. Der therapeutische Prozeß läuft aus dem Ruder, das Bedürfnis nach Kontrolle steigt, was

aber die Rigidität nur verstärkt und den tödlichen Kreislauf beschleunigt: das Burnout-Syndrom wird stärker, Scheitern zur Gewißheit.

Isolierung

Die erfolgloseste Strategie zur Vermeidung oder Verleugnung des Versagens und diejenige mit den wohl schlimmsten Auswirkungen für Klienten wie Therapeuten ist der Versuch, sich zu isolieren. Abgrenzung, Distanz und Unabhängigkeit mögen zwar auf den ersten Blick ausgezeichnete Möglichkeiten sein, sich von der Belastung kritischer Beurteilung zu befreien, nehmen aber letztlich nur die schlimmsten Auswirkungen gerade des Zustands vorweg, den sie verhindern sollten. Denn Scheitern bedeutet Rückzug in die Einsamkeit, Flucht vor Nähe und Leugnung des Selbst.

Wer eine vereinzelte Existenzform wählt, ist nur sich selbst für seine Handlungen verantwortlich. Die Einschätzung seiner Leistungen durch andere berührt ihn nicht, er kontrolliert seine alltäglichen Lebensumstände ausschließlich selbst. Diese Isolierung erlaubt es Therapeuten, ohne Einmischung von außen ihre eigenen Schlüsse über den Stand der Dinge zu ziehen. Selbst die Unzufriedenheit von Klienten läßt sich wegrationalisieren, wenn niemand anderes beschwichtigt werden muß.

Der Begriff der Isolierung hat nichts damit zu tun, ob man in einer Einzel- oder Gruppenpraxis arbeitet. Er bezieht sich darauf, wie ein Therapeut seine Arbeit strukturiert. Es gibt Therapeuten, die in Gemeinschaftspraxen arbeiten, aber jede Supervision ablehnen, grundsätzlich nie Kollegen zu Rate ziehen, wenn sie nicht mehr weiterwissen, und es ablehnen, selbst eine Therapie zu machen, wenn sie das Bedürfnis danach verspüren. Andere führen ihre Praxis allein, haben aber weitgespannte soziale und berufliche Netzwerke aufgebaut, die ihnen Fallberatung und emotionale Unterstützung garantieren.

Es gibt viele Gründe dafür, daß der Weg der Isolierung für Therapeuten, die dem Scheitern entkommen möchten, sinnlos ist. Die Erfahrungen mit vielen Klienten in diesem Zustand haben gezeigt, daß chronisches Alleinsein mit Depression, Langeweile, Selbstzweifeln, Entfremdung, Schlafstörungen, neagtiven Einstellungen, Rückzug und geringer Selbstachtung verbunden ist. Diese Eigenschaften fördern nun wirklich nicht den Erfolg in der therapeutischen Praxis, sondern im Gegenteil gerade den Mißerfolg.

Mit den Auswirkungen der Isolierung hat sich Guy (1987) beschäftigt. Eine gutgehende Praxis erfordert einen vollen Terminkalender, was den Kontakt zu Kollegen, Freunden, ja sogar der Familie oft ausschließt. Die meisten Therapeuten sitzen von morgens bis abends in ihrem Büro, in intensiver Interaktion mit Menschen in einer psychischen Notlage. Sie müssen ihre Gefühle zurückhalten und eine akzeptierende Haltung aufrechterhalten. Ein Arbeitstag, der durch keinerlei Bestandteile alltäglicher Realität, z.B. Nachrichten, Wetterbericht oder eine nicht beruflich bedingte Unterhaltung unterbrochen wird, bedeutet eine stark eingeschränkte Form der Existenz. Man hat mit Klienten zu tun, die klammern oder angreifen, Forderungen stellen oder Widerstand leisten, und immer wieder mit dem Abschied von Menschen, die man sehr mag. Solche Abschiede können Freude machen, weil man ein unabhängiges Wesen in die Welt entläßt, aber auch tragisch sein, wenn sich ein Klient das Leben nimmt.

Von allen Belastungen der therapeutischen Arbeit treibt der Selbstmord eines Klienten den Therapeuten wohl am meisten in die Isolation. Diese endgültige Geste der Niederlage betrifft nicht nur den Klienten, sondern auch alle die, die zurückbleiben und die Scherben neu zusammensetzen müssen. Die Familie ist natürlich am stärksten betroffen, sie muß Schuld, Verantwortung, Erleichterung oder Trauer verarbeiten. Aber auch für den Therapeuten sind die Auswirkungen tief verstörend und treiben ihn in die Isolation. Das endgültige Scheitern des Klienten wird häufig zum größten Scheitern des Therapeuten.

Wenn er es nur kommen gesehen, mehr Vorsorge getroffen oder mehr Geschick besessen hätte, wäre dieser Mensch heute vielleicht noch am Leben. Die Frage nach der eigenen Schuld ist allerdings nicht die erste, unmittelbare Reaktion. Davor steht zunächst die Abspaltung der Gefühle, *aller* Gefühle: Verlust, Traurigkeit, Furcht, Schuld, Unzulänglichkeit, Frustration und Wut.

In einem "Das Herz der Dunkelheit" überschriebenen Kapitel seines Buches trauert Hobson (1985, S. 271) um eine Klientin, die sich umgebracht hat. Er versucht erfolglos, seine unendliche Einsamkeit und Verlassenheit nach ihrem Selbstmord abzuspalten, so wie er sich dagegen gewehrt hatte, sich auf ihre Einsamkeit einzulassen, als sie noch lebte. Aber die Erlösung kam erst, als er die Gefühle zuließ: »Als Psychiater und Analytiker, als Freunde, Ehepartner und Eltern tun wir alles Menschenmögliche, um die Konfrontation mit den erschreckenden Tiefen der Einsamkeit zu vermeiden. Bei der Ausbildung zum Psychiater lernen wir Techniken, machen Fingerübungen, studieren Psychodynamik, aber wir müssen wenigstens ein paar Schritte (mehr sind sowieso nicht erreichbar) in Richtung Selbstbewußtheit gehen. Das bedeutet, in Kontakt zu bleiben mit dem Zustand des Abspaltens und, wichtiger, mit der Bedrohung durch das Nicht-Sein.«

Wer sich auf das Geben fixiert und das Bedürfnis, etwas zu empfangen, abtötet, endet oft in einem Zustand der Erstarrung. Die einseitige Nähe, die gegenseitige Liebe verbietet, führt zu einer zwischenmenschlichen Verarmung, die sich noch zusätzlich verschlimmert, wenn man sich auch außerhalb der Sitzungen isoliert. Es ist so leicht, die Realität zu verzerren. Schlimmstenfalls unterstützt die Isolation ein falsches Selbstgefühl und eine verzerrte Sichtweise der Fortschritte der Klienten. Mangelnde Überprüfung durch Informationen, die andere geben könnten, fehlende Befriedigung durch den Mangel an gesundem menschlichem Kontakt führen zur Abschottung gegen alles, was zur persönlichen Entwicklung beitragen kann.

Es gibt aber auch die entgegengesetzte Strategie, mit der man vor dem eigenen Scheitern in die Gesellschaft anderer flieht. Solche Therapeuten fürchten die Einsamkeit und die dazugehörige Introspektion. Anstatt sich gegen den unerwünschten Einfluß der Außenwelt abzuschotten, halten sie in Gesellschaft anderer, die einer Konfrontation mit dem eigenen Ich ebenfalls ausweichen, Distanz zu sich selbst. So wird ein Bündnis geschlossen, das die Atmosphäre von Aktivität und Beschäftigung aufrechterhält. Berufliches Engagement und wissenschaftliche Arbeit lassen dann Gott sei Dank keine Zeit mehr zum Nachdenken.

In beiden Extremen ist Isolierung tödlich. Aber sie bleibt ein Paradox im Therapeutenleben, weil sie wie jede Form der Abwehr und jedes widersprüchliche Verhalten im Kampf gegen das Scheitern Vorteile hat. Ein gewisses Maß an Alleinsein ist geradezu notwendig für das gesunde Überleben von Therapeuten. Aber wie immer schadet auch hier das Extrem nicht nur dem Therapeuten, sondern auch dem Klienten.

Sucht

Häufig genug greifen Therapeuten, die durch die ständige Konfrontation mit Angst und Schmerz ihrer Patienten unter dem Druck stehen, zu helfen und zu heilen, und verzweifelt gegen die Angst ankämpfen, dabei zu versagen, zu suchtbildenden Mitteln, um diese intensiven Gefühle zu betäuben. Erfolgsstreben, verbunden mit der leidenschaftlichen Entschlossenheit, auf keinen Fall zu versagen, fördert die Verleugnung, die charakteristisches Merkmal der Suchtpersönlichkeit ist. Durch die Leugnung eigener Beeinträchtigungen und den Widerstand gegen jegliche Hilfe wird die Verstellung perpetuiert. Mythen von Vollkommenheit, Allmacht und Beherrschung tragen zu einem verzerrten Selbstbild bei. Nur Klienten geben Probleme zu und suchen Hilfe; manche Therapeuten sind felsenfest davon überzeugt, sie könnten notfalls mit jedem eigenen

Problem fertigwerden. Und die Kollegen tragen unabsichtlich zu dieser Täuschung bei, wenn sie eindeutig schädliches Verhalten nicht konfrontieren.

Ein Beispiel dafür ist der halbherzige Versuch der amerikanischen psychologischen Vereinigung (APA), Krankheiten, speziell Suchtkrankheiten, von Therapeuten zu thematisieren. 1980 wurde eine Resolution eingebracht und ein vorbereitender Ausschuß eingesetzt, aber die Erarbeitung eines Programms stieß auf starken Widerstand. 1986 hat die APA das Buch "Therapeuten in Not" ("Professionals in Distress", Kilburg, Nathan, Thoreson 1986) herausgebracht, um über dieses vernachlässigte Gebiet zu informieren. Aber konkrete Maßnahmen stoßen immer noch auf breite Ablehnung. Programme für suchtkranke Psychologen gibt es nur in wenigen Staaten der USA, und erst in jüngster Zeit kamen Anstöße, diese Bemühungen auf nationaler Ebene zu koordinieren (Denton 1987). Die alte Illusion, Therapeuten, diese erfahrenen Helfer, könnten sich selbst heilen, sabotiert diese dringend nötigen Projekte. So konstruieren Therapeuten geschickt einen Puffer zwischen sich und den harten Realitäten der klinischen Arbeit.

Die Flucht in Alkohol und Drogen fördert die Illusion von Vollkommenheit und versperrt den Weg zu Selbstprüfung und beruflichem Fortschritt. Wohl jeder Therapeut hat während seiner beruflichen Laufbahn schon mit einem Kollegen zu tun gehabt, dessen Arbeit durch Alkohol- oder Drogensucht beeinträchtigt war. Letztendlich ist die Konfrontation mit den eigenen Grenzen oder mit dem Scheitern bei einem Klienten weniger verlustreich als das, was man durch Alkohol und Drogen verliert: Achtung, Beziehungen, eventuell sogar die Lizenz.

Rita ist eine brillante klinische Psychologin. Sie kann zu praktisch allen fachlichen Fragen ausführlich und umfassend Auskunft geben. Über die Unmenge von Daten und Fakten, die sie aus dem Ärmel schüttelt, kann man nur staunen. Ihre Antworten sind so flüssig, daß man glaubt, zu Füßen einer weisen Mentorin zu sitzen. Aber dann taucht ein leiser Verdacht auf. Sie sieht manchmal so unordentlich aus: ungekämmtes Haar, verkrumpelte Kleidung, verrutschtes Make-up. Sie spricht manchmal so schnell, daß es ein wenig wie Lallen klingt. Manchmal kommt sie zu spät zu Mitarbeiterversammlungen, und die Klienten im Wartezimmer erwähnen nebenbei, daß sie schon seit dreißig oder vierzig Minuten auf sie warten. Aber trotzdem beklagt sich niemand, und keiner scheint etwas zu merken. Beeindruckt von ihrem Wissen, tolerieren Kollegen und Assistenten ihr sprunghaftes und unkonventionelles Verhalten. Die Klienten, dankbar für die Sitzungen bei ihr, erwähnen höchstens nebenbei, daß sie sich oft verspätet. Die Studenten, die bei ihr so viel gelernt haben, zucken die Achseln und zwinkern sich zu, warten aber geduldig weiter auf sie.

Dann verschlimmert sich ihr unberechenbares Verhalten. Versammlungen finden ohne sie statt, Klienten warten vergeblich, Studenten sitzen ohne die Leiterin im Seminar. Plötzlich dämmert es den anderen: Rita ist Alkoholikerin. Mit dieser Erkenntnis wird die destruktive Natur der vorangegangenen Ereignisse sichtbar: falsch behandelte Klienten, Studenten, die sich allein und unsicher mit unbekannter Materie auseinandersetzen müssen, Ausbildungskandidaten, die ohne Anleitung neue Techniken an ahnungslosen Klienten üben.

Aber niemand ist bereit, zuzugeben, daß Ritas Verhalten immer schlimmer wird. Die ersten Enthüllungen werden nur geflüstert. Als sich das Problem wirklich nicht mehr ignorieren läßt, erstrecken sich die Auswirkungen schon auf ihre sämtlichen Arbeitsbereiche, und jetzt wird gehandelt. Die Fakultät der Universität, an der sie so beliebt war, kündigt ihr. Der Leiter der Klinik, an der sie arbeitet, erteilt ihr Hausverbot. Aber der Schaden ist damit nicht behoben. Da sie immer noch viele Klienten hat (die ja besonders loyal sind), ist sie auch immer noch nützlich für Kliniken, die sie kurzfristig anstellen und das zusätzliche Einkommen einstreichen.

Die unausgesprochene Vereinbarung, so zu tun, als sei der Kollege gesund, führt dazu, daß schädliche Verhaltensweisen aufrechterhalten werden, die unter allen anderen Umständen unentschuldbar wären. Gerade Therapeuten können sich in erschreckendem Ausmaß trotz offensichtlicher Alarmsignale taub stellen.

Eine andere Art von Sucht

John arbeitet viel. Seine Klienten kommen im Dreiviertelstunden-Rhythmus, auch früh morgens und spät abends. Es ist nichts Ungewöhnliches, wenn er seine Praxis erst um zehn oder elf Uhr abends verläßt. Er ist fest davon überzeugt, daß er so arbeiten muß, wenn er eine volle Praxis haben will. Abgesehen von der Teilnahme an einer Konferenz hat er seit Jahren keine Ferien mehr gemacht. Er möchte seine Klienten nicht allein lassen und keine neuen Aufgaben verpassen. Außerdem hat er zusätzliche berufliche Verpflichtungen übernommen: Er ist Ausbilder, leitet Seminare und Workshops, arbeitet in diversen Kommitees mit. Er sagt so gut wie nie Nein, wenn es um seinen Beruf geht, und hat so gut wie nie Zeit für sich selbst, zum Nachdenken oder für außerberufliche Dinge. Er beschreibt sich stolz als »zu beschäftigt« und lädt sich immer mehr Arbeit auf.

Bei diesem Prototyp des übermäßig engagierten Therapeuten, der entschlossen nach Anerkennung und Erfolg strebt, zeigen sich Aspekte, die wohl jeder Therapeut bei sich selbst kennt. Vertiefung in die Arbeit kann unglaublich belebend sein, es macht Freude, anderen zu helfen, mit ihrem Leben besser zurechtzukommen, und Produktivität ist befriedigend, aber man kann alles übertreiben.

Im Zusammenhang mit den Bewältigungsmethoden, mit denen Therapeuten die Konfrontation mit dem Versagen und mit ihrer inneren Getriebenheit vermeiden, sagt Hobson (1985, S. 270f): »In gewissem Sinne sind die meisten von uns 'süchtig'. Wir geben uns Zwangshandlungen hin, die letztlich der eigenen Integrität schaden: Essen, Beruhigungs- und Schlafmittel, Bilder auf dem Fernsehschirm, Wissenschaft, Kommitees, Abhängigkeit von Freunden, Ehepartnern, Analytikern, Aufschreiben von Träumen, 'Religionen', sei es das Christentum oder Golfspielen. Und wir erleben 'Entzugssymptome', wenn man uns an diesen Beschäftigungen hindert, mit denen wir den Schrecken der Nicht-Existenz, die Leere des Nichtseins verleugnen.« Ständige Aktivität und berufliche Verpflichtungen halten ständig in Bewegung; die Erschöpfung ersetzt die Gelegenheit, die Ereignisse des Tages zu verarbeiten. Und der nächste Tag bringt mehr: mehr Klienten, mehr Anrufe, mehr Versammlungen, mehr Aktivität.

Auch wenn man sich für einen Experten auf dem Gebiet der Selbsttäuschung hält, macht sich die Realität doch von Zeit zu Zeit bemerkbar und erschüttert die Selbstbeherrschung. Manchmal wird die Stimme der Wahrheit so laut, daß sie die starr aufrechterhaltenen Mythen übertönt. Rita baut nach mehreren Entziehungskuren ihre berufliche Existenz wieder auf, aber John erkennt das negative Muster und die Destruktivität seines arbeitssüchtigen Lebensstils noch nicht.

Eingeständnis des Versagen

Überraschenderweise lassen sich die Probleme des Versagens auch dadurch umgehen, daß man die Fehler und Fehlurteile zugibt und sagt: »Ich habe versagt.« Bei dieser Variante der Selbsttäuschung legt man ein Geständnis ab und schließt dann mit Aussagen wie: »Das war zu hoch für mich« oder »Ich wußte nicht, was ich tun sollte« oder »Ja, ich habe den Fall falsch eingeschätzt«. Dann ist das Gespräch schnell zu Ende. Ein Lippenbekenntnis verhindert Selbsterkenntnis manchmal genauso effektiv wie der Versuch, die eigene Verantwortung völlig zu verleugnen. In beiden Fällen findet keine weitere Selbstprüfung statt; man meidet das Risiko. Niemand sieht das Eingeständnis der Niederlage als geeignete Vorbereitung auf das nächste Fußballspiel, die nächste Wahl, das nächste wissenschaftliche Experiment an. Aber es legt die Kritik lahm und lenkt die Gefühle ab. Der Angeklagte kann sich damit aus der Schlinge ziehen, sich aus der Verantwortung stehlen und in Sicherheit wiegen.

Es gibt so viele Möglichkeiten, die Konfrontation mit dem Scheitern zu vermeiden, wie es Therapeuten gibt. Und sie dienen alle dazu, einen Mythos aufrechtzuerhalten: den Mythos von Allmacht, Erfolg, Vollkommenheit. Mit ihrer Hilfe kann man im Dunkeln bleiben, an einem selbst gewählten Ort, an dem man sich sicher fühlen und alle Informationen herausfiltern kann, die das kostbare Selbstbild bedrohen. Selbst wenn man noch so sehr versucht, sich vor dem drohenden Unwetter des Scheiterns zu schützen, vermeiden kann es niemand, denn auch die Selbsttäuschung ist irgendwann zum Scheitern verurteilt. Man kann sämtliche Beweise unterdrücken, aber verschwunden ist es deshalb nicht. Es wird nur stärker und verstärkt so auch die Entschlossenheit, es zu vernichten.

Erst wenn man diesen Kampf aufgibt, braucht man das Scheitern nicht mehr als den Feind zu betrachten, den es zu zerstören gilt, sondern sieht es als Verbündeten, mit dem man sich beraten kann. Einen Kampf aufzunehmen, der nicht wert ist, gekämpft zu werden und den man am Ende auf jeden Fall und mit Schmerzen verliert, ist nichts als sinnlose Energieverschwendung.

4. Kapitel

Vorteile der Konfrontation
mit dem Scheitern

Versagen ist die Basis für Entwicklung, Reflexion, erneutes Überdenken, für Veränderung, Risiken und Imagination. Neue Ideen entstehen nicht aus der Wiederholung, sondern aus dem Risiko, aus neuer Integration, aus sich verändernden Faktoren und Variablen, die Raum für Neues bieten. Der Mensch besitzt ein fast unbegrenztes Potential an Kreativität, an Möglichkeiten zur Entdeckung besserer, tieferer, sinnvollerer Arten zu leben, das Selbst zu stärken, sich von der Niederlage zu erholen.

Hammer (1972, S. 14) betont, daß im therapeutischen Prozeß »jedem echten Fortschritt und Wachstum immer die Regression vorangeht«. Die Therapie geht gerade dann äußerst stockend voran, wenn »ein Klient sozusagen einen Schritt zurückgeht und sich damit vollen Kontakt zu den verdrängten und schmerzhaften Aspekten gestattet, wodurch dann der Schritt nach vorne, verstanden als stärkeres Gefühl integrativer Ganzheit, Befreiung oder Wachstum, erst wirklich möglich wird.«

Der Sinn der Niederlage

Die Geschichte der Menschheit ist eine Geschichte des Scheiterns. Alle wichtigen Fortschritte im Bereich der Kultur und der Technik wurden durch immer neue Versuche und Irrtümer erkämpft. Jeder große Schriftsteller, Maler, Architekt, Politiker, Sportler und Wissenschaftler ist immer wieder gescheitert. Mehr als ein Drittel aller amerikanischen Präsidenten wurde zunächst nicht gewählt und kandidierte dann erneut für das Amt, das ihnen vorher versagt blieb. Erst die Niederlage führte bei Jefferson, Jackson, Adams, Roosevelt und vielen andere zu der Entschlossenheit, beim nächsten Mal zu gewinnen. Die totale Ablehnung der Kritiker führte zu van Goghs Rückzug in Verzweiflung und Einsamkeit, aber auch zu seinen einzigartigen, leidenschaftlichen Werken. Herabsetzende zeitgenössische Kritik, Gefangenschaft und Exil brachten Schriftsteller wie Dostojewski und Solschenizin dazu, ihre beeindruckenden Portraits von Entfremdung und Angst zu schreiben.

Erfahrungen sind weder positiv noch negativ. Sie fordern einzig dazu heraus, zu lernen, offen zu sein für neue Ideen, Informationen aufzunehmen und durch die eigene Wahrnehmung zu filtern. Lektionen bieten die Chance, Risiken einzugehen, sich zu verändern, zu wachsen, kreativ zu werden, mit der Gegenwart verbunden zu bleiben. Sie machen es möglich, flexibel zu sein, ohne die Wurzeln des eigenen Wissens abzuschneiden. Sie verlangen nicht, daß man etwas »richtig« macht oder »die Antwort« findet. Wir nehmen Informationen auf, sichten und sortieren, destillieren, integrieren, synthetisieren, implementieren, praktizieren und schätzen sie immer wieder neu ein. Es geht um den Prozeß und weniger um das Produkt.

Die sachliche Beschäftigung mit dem Scheitern kann dazu führen, es als Teil des Lebens zu akzeptieren, der so unvermeidlich ist wie der Tod. Schließlich ist sogar der Tod, das endgültige Scheitern, in der Evolution als die bessere Idee von Lebewesen entstanden, deren Körperzellen zu spezialisiert waren für die Unsterblichkeit, die durch eine fortdauernde Mitose garantiert wäre. In den Worten eines Biologen: »Der Tod wurde so zum Werkzeug für Veränderung und Evolution. Denn alle die vielzelligen Strukturen, die ihn nicht übernahmen, sind ausgestorben« (Murchie 1987, S. 526). Für einige Soziobiologen hat sogar der Selbstmord, das endgültige Scheitern des Willens, eine sinnvolle soziale Funktion, weil er psychisch instabile Menschen aus der Welt aussondert. Eine solche Ausschaltung eines potentiell geschädigten Gen-Pools verbessere die Reproduktionseignung der Gattung (Wenegrat 1984). Tatsächlich haben suizidale Menschen häufig die Phantasie, sie seien eine Last für andere.

Diese Beispiele, die den Tod funktional umdeuten, treiben die Vorteile organischen Versagens auf die Spitze. Trotzdem gilt in aller Regel, daß die Interpretation eines Ereignisses seine Bedeutung bestimmt, eine Tatsache, auf die Therapeuten ihre Klienten häufig hinweisen. Diese Untersuchung des Versagens sollte deswegen als Hilfe, nicht als Bedrohung verstanden werden. Es geht nicht darum, Fehler zu rationalisieren und sich das Leben leichter zu machen, auch nicht um das Akzeptieren der eigenen Fehler als schlichter Bestandteil des Menschseins. Jeder hat lieber Erfolge als Mißerfolge, und auch van Gogh hätte sich lieber bewundern als verachten lassen. Man muß vielmehr das Versagen genau untersuchen, den negativen Kontext, in dem es gesehen wird, umdeuten und es als Ausgangspunkt für Lernen und Entwicklung benutzen, um in Zukunft besser arbeiten zu können.

Mißerfolg als Hilfsmittel

Mißerfolg signalisiert, daß etwas nicht so läuft wie geplant. Er ist Teil einer Feedback-Schleife, die Informationen über die Auswirkungen eigenen Handelns vermittelt. Nimmt man diese Informationen zur Kenntnis, kann man sein Verhalten so ändern, daß sich die negativen Ergebnisse nicht wiederholen. Laut Haley (1980), Madanes (1981) und Fisch, Weakland und Segal (1982) kommt es nicht darauf an, ob ein strategisch arbeitender Therapeut weiß, welche Interventionen bei einem Klienten zu Veränderungen führen, solange er auf das achtet, was nicht funktioniert oder nicht funktioniert hat. Bei einem Therapieansatz, in dem Fehler genauso wichtig sind wie Erfolge, spielt es keine Rolle, ob der Therapeut zu Beginn der Arbeit mit einem Klienten richtig liegt oder nicht. Die Beachtung des Prozesses, der Glaube an die eigenen Mittel des Klienten, die Überzeugung, daß Heilung das Ergebnis von Anstrengung und Experiment ist, all das fördert eine geduldige und gegenüber Fehlern tolerante therapeutische Haltung.

Der vergebliche Versuch, die widerspenstige Tochter im Teenageralter zu bändigen, hatte die Eltern an den Rand der Scheidung gebracht. Sie hatten ein halbes Dutzend wohlmeinender Therapeuten und Berater aller Richtungen zu Rate gezogen und waren demoralisiert, wütend, verwirrt und hilflos. Nur zögernd hatten sie sich schließlich einer Therapeutin anvertraut, für die Fehler Bestandteil der Arbeit waren. In den ersten Sitzungen ging es einfach darum, sämtliche Interventionen und Disziplinierungsstrategien der Eltern und die Ratschläge von Experten aufzulisten, die bereits erfolglos ausprobiert worden waren. Sie machte auch selbst ein paar Vorschläge.

Das junge Mädchen allerdings beherrschte die Kunst der Abwehr meisterhaft und fand immer einen Weg, sämtliche Pläne zu hintertreiben. Grenzen setzen, Familienkommunikation, Verstärkungsprogramme, selbst paradoxe Interventionen, bei denen man ihr vollkommene Handlungsfreiheit ließ, alles endete unweigerlich in der Katastrophe. Aber die Therapeutin, die Mißerfolge zulassen konnte und die Eltern darauf vorbereitet hatte, keine schnellen Ergebnisse zu erwarten, sah noch vieles, was sie probieren konnte. Als sie den Eltern riet, sich gegenseitig zu trösten, sich um ihre Ehe zu kümmern und nicht um ihr aggressives Kind, flog die Tochter prompt ein weiteres Mal von der Schule. Mittlerweile hatte die Therapeutin eine lange Liste von therapeutischen Interventionen zusammengestellt, die versagt hatten: praktisch alles von Familientherapie und Ritalin[1] bis zu Gruppen für die Behandlung von Kontaktstörungen. Sie war sich zwar nicht sicher, was genau eine Veränderung zuwegebringen könnte, aber ihr war klar, was alles nicht wirkte, so daß sie nichts zu wiederholen brauchte. Durch Versuch und Irrtum fand sie nach und nach eine Kombination von Lösungen, die sich als effektiv erwiesen (wobei natürlich durchaus denkbar ist, daß der Tochter einfach die vielen an ihr gescheiterten Therapeuten leid taten und der Widerstand ihr zu langweilig geworden war). Dieses Beispiel für den Umgang von Therapeutin und Klienten mit dem Scheitern zeigt, daß hier Anstrengungen erwartet wurden und so keine Frustration, sondern eine Haltung von Akzeptanz und Ausprobieren entstand.

Sobald man den Mißerfolg genauso ernst nimmt wie den Erfolg, liefert er wichtige Informationen über die Welt und die in ihr interagierenden Kräfte. Jeder Pfeil, der das Ziel weit verfehlt, liefert wichtige Informationen für den nächsten Versuch. Und wenn der Bogenschütze innerlich ruhig ist und sich von selbstkritischen Urteilen und einem von außen vorgegeben Leistungsstandard frei macht, schießt er den Pfeil einfach ab, nimmt das Ergebnis zur Kenntnis und zielt beim nächsten Mal genauer.

Die Bedeutung der Ausdauer

Versagen und Mißerfolg liefern nicht nur Informationen über die Wirkung bestimmter Verhaltensweisen. Unsere ganze Kultur ist von Philosophien geprägt, die ursprünglich als Mißerfolge galten. Die Beharrlichkeit, mit der sich Aristoteles, Bacon, Galileo, Descartes, Newton und Locke gegen die zu ihrer Zeit vorherrschenden Auffassungen gestellt haben, hat letztlich zur Entdeckung der Natur geführt, wie wir sie heute begreifen (Hayward 1984). Dasselbe gilt für das Gebiet der Psychotherapie, wo Freud auf so viel Widerstand stieß und sein Leben lang um seine Anerkennung als Wissenschaftler kämpfen mußte. Gerade seine Isolation und die allgemeine Ablehnung ließen ihn an seiner eigenen Auffassung festhalten, unabhängig von der traditionellen Neurologie seiner Zeit.

Dasselbe gilt für einen seiner Zeitgenossen, Albert Einstein. Er bekam als junger Mann keine akademische Stellung, die ihm Kontakt mit Kollegen, Zugang zu Bibliotheken und Forschungseinrichtungen und finanzielle Unterstützung eingebracht hätte. Statt dessen arbeitete er sieben Jahre in untergeordneter Position im schweizerischen Patentamt. Gleichzeitig bot ihm das öde Lesen von Patentanträgen die Gelegenheit, sich seine eigenen Gedanken zu machen, sein Verständnis für technische Beschreibungen zu schärfen und sich präzise auszudrücken. Einstein war zwar ein exilierter Forscher und gescheiterter Wissenschaftler, entwickelte aber sein Denkvermögen weit über das Niveau erfolgreicher, aber in Normen denkender Professoren hinaus. »Einsteins Isolation erklärt seine fachübergreifende Betrachtung spezifischer naturwissenschaftlicher Probleme - er ignorierte die detaillierte Argumentation der anderen, weil er nichts von ihnen wußte. Darin zeigt sich auch ein Mut, der über die wissenschaftliche Pflicht hinausgeht, eine Unterwerfung unter den inneren Zwang, der ihn sein Leben lang antrieb und für den er alles zu opfern bereit war« (Clark 1971, S. 86).

Natürlich sollen sich Therapeuten nicht isolieren, das Denken der Zeit und den Forschungsstand ignorieren und einen Lebensstil wählen, der von der Ablehnung durch andere geprägt ist. Wir wollen aber zeigen, wie berühmte Forscher und Denker ihr Scheitern zu ihrem Vorteil eingesetzt haben. Viele bahnbrechende Psychotherapeuten haben ihr Leben lang entschlossen und unabhängig von anderen nach der Wahrheit gesucht; sie waren offen für konstruktive Hinweise von Klienten und Kollegen, ließen sich aber von direkter Ablehnung nicht beeinflussen. Ob Freud oder Adler, Skinner oder Rogers, Wolpe oder Frankl, Ellis oder Haley, keiner ist mit seinen Ideen problemlos akzeptiert worden. Sie wurden ignoriert, lächerlich gemacht, kritisiert, verfolgt und nur zögernd akzeptiert. Für C. G. Jung z.B., der aus der Wiener Psychoanalytischen Gesellschaft ausgeschlossen und von seinem Mentor Freud als Häretiker abqualifi-

ziert wurde, wurde dieses Scheitern zum Wendepunkt seiner Entwicklung: »Nach dem Bruch mit Freud fielen alle meine Freunde
und Bekannten von mir ab. Mein Buch wurde als Schund erklärt.
Ich galt als Mystiker, und damit war die Sache erledigt ... Doch ich
hatte meine Einsamkeit vorausgesehen und mir keine Illusionen
über die Reaktion meiner sogenannten Freunde gemacht. Das war
ein Punkt, den ich mir gründlich überlegt hatte. Ich wußte, daß es
ums Ganze ging, und daß ich für meine Überzeugung einstehen
mußte« (C. G. Jung, 1967, S. 171).

Für die eigene Überzeugung eintreten - und mit den Konsequenzen zu leben - das wird wohl jeder Therapeut seinen Klienten vermitteln wollen. Das Wissen um die Unmöglichkeit, immer von allen
Beifall zu bekommen, jedem Klienten helfen zu können, aus jeder
Herausforderung als Sieger hervorzugehen, bereitet auf den Mißerfolg vor und führt zur Achtung vor seiner positiven Bedeutung. Therapeuten genauso wie Klienten können aus dem Mißerfolg lernen,
mehr Engagement und Energie zu mobilisieren, um das gesetzte
Ziel zu erreichen.

Mißerfolg als Anreiz

Es scheint eine Art Ironie des Schicksals, daß so viele Therapeuten
aus dysfunktionalen Familien stammen. Kinder von Alkoholikern,
mißbrauchenden Eltern, aus zerbrochenen Familien wachsen aus
dem Amateurstatus des Familienhelfers in die Rolle des Profis hinein. Viele spätere Therapeuten fanden den Weg zu ihrem Beruf,
während sie sich von einem Mißerfolg erholten. Durch den Prozeß
der Verarbeitung von Unzulänglichkeitsgefühlen im Verlauf der
Ausbildung oder durch das Durcharbeiten persönlicher Themen in
der eigenen Therapie haben sie gelernt, wie sie durch Überwindung
des eigenen Versagens anderen ebenfalls dabei helfen können. Die-

ses Phänomen ist übrigens nicht auf das Gebiet der Psychotherapie beschränkt. Vier von zehn der ca. dreihundert berühmtesten Personen des vergangenen Jahrhunderts hatten Väter, die Versager waren. Imaginative und ehrgeizige Väter, die häufig scheitern, fördern bei ihren Kindern eine Haltung von Innovation, Kreativität und ausdauerndem Streben nach Erfolg (Goertzel, Goertzel und Goertzel 1978). Der spektakuläre Erfolg der Nachkommen erklärt sich aus dem Scheitern der vorherigen Generation.

Wenn John Shakespeare nicht unehrenhaft von seinem Bürgermeisteramt hätte zurücktreten müssen, wäre William nicht nach London geflohen, entschlossen, dem Namen seiner Familie wieder Ansehen zu verschaffen. Und die treibende Kraft für C. G. Jungs ehrgeiziges Streben nach Ruhm und Wohlstand war seine Verachtung für den kränklichen, ruinierten, depressiven Vater. Die Risikobereitschaft, die Experimente mit dem Unbekannten und die Immunität gegenüber Kritik machen Väter, die immer wieder gescheitert sind, zum Modell für ihre erfolgreichen Kinder. Aber diese Kinder konnten auch aus den Fehlern ihrer Väter lernen und den entscheidenden Schritt zum Erfolg tun. Weil sie mit Enttäuschungen vertraut waren, konnten sie Selbständigkeit entwickeln. Durch das schwankende Einkommen der Väter haben sie gelernt, mit Instabilität und Unsicherheit zu leben. Sie haben das Bedürfnis entwickelt, nützlich zu sein, einzuspringen und der Familie zu helfen. Die Reaktionen Charles Dickens' auf die Einweisung seines Vater ins Schuldgefängnis, Tolstois auf die Spielschulden seines Vaters und der Produktionsdrang von Einstein, dessen Vater keinen Arbeitsplatz behalten konnte, sind dafür nachdrückliche Beispiele.

Wir wollen hier nicht behaupten, die Mehrzahl der Therapeuten käme aus dysfunktionalen Familien oder hätte Väter, die ständig scheiterten. Es geht vielmehr um die Tatsache, daß sogar ein solchermaßen belastetes Umfeld den Erfolg der Kinder nicht verhindert hat. Frühe Konflikte, Spannungen in der Familie und die

Begegnung mit dem Versagen müssen den Charakter nicht zerstören, sie können im Gegenteil Einfallsreichtum und Findigkeit der Kinder fördern.

Innehalten und Introspektion

Mißerfolg läßt abrupt innehalten. Es ist einfach nötig, eine Pause zu machen und zu überlegen, was falsch gelaufen ist und warum. Wenn man Mißerfolge hatte, gibt es zwangsläufig eine Phase, in der man nachdenkt und die Dinge neu bewertet, sich neu orientiert, sich Fragen stellt und anfängt, neu zu planen.

Nehmen wir z. B. das amerikanische Raumfahrtprogramm: Vor der im Fernsehen übertragenen Challenger-Explosion war die NASA gezwungen, einen ungeheuer engen Zeitplan von 24 Raumflügen jährlich mit einem minimalen Budget einzuhalten; eine große nervliche Belastung für alle Beteiligten. Das hat sich nach der Untersuchung des Unglücks, die das Ausmaß von Inkompetenz und Mißwirtschaft sichtbar machte, sehr verändert. So sagt ein Fachmann: »Manchmal ist der Mißerfolg der größte Gewinn... Nach ein paar pflichtgemäßen Rücktritten bekommt die NASA jetzt ihre Belohnung. Seit 19 Monaten ist keine Raumfähre mehr gestartet, und zumindest noch für ein Jahr oder sogar länger ist ein Start nicht in Sicht; der Plan für Raumfähren ist um die Hälfte reduziert worden. Niemand beklagt sich, wenn ein Raumflug verschoben wird. Und die Agentur hat 35 Prozent mehr Geld in der Tasche« (Martz 1987, S. 34).

Ab und zu sind Katastrophen wohl nötig, um uns aufzurütteln. Nichts zwingt einen Therapeuten schneller als ein wütender Klient, sich zu fragen, ob sein Verhalten provokativ sein könnte. Ein drohender Rechtsstreit ist die beste Motivation für korrekte Sitzungsprotokolle, ein Selbstmordversuch der beste Anlaß zur Überprüfung von Sensibilität und diagnostischen Fähigkeiten, und ein Therapieabbruch sorgt schnell für größere Flexibilität. Zwar gibt es zunächst Phasen tiefen Zweifels, auf die aber allmählich der Entschluß folgt, neu anzufangen. Ergebnis dieser inneren Reise ist ein bewußterer und aufgeklärterer Mensch. Therapeuten, die sich in Frage stellen, werden klüger und kompetenter, akzeptieren leichter eigene und fremde Fehler.

Ein Arzt läßt bei einer Patientin, die seit Wochen Anzeichen für eine Schwangerschaft zeigt, vier verschiedene Urintests machen. Obwohl die Frau sagt, sie fühle sich schwanger, sind alle Ergebnisse negativ. Der Arzt leitet die Abtreibung des toten Fötus ein, muß aber feststellen, daß der Fötus durchaus lebendig war. Er gesteht der Patientin verzweifelt seinen Fehler ein und denkt später über seine Verantwortung und sein Menschsein nach: »Fehler gehören unvermeidlich zum Leben eines Menschen. Es gibt sie, sie verursachen Leid - bei uns selbst wie bei anderen. Sie machen unsere Fehlbarkeit deutlich. Wenn man uns auf die Fehler hinweist und sie vergibt, können wir wachsen, vielleicht ein wenig bessere Menschen werden. So verstanden, sind Fehler Prozesse, ein Weg, mit anderen und mit dem eigenen tiefsten Selbst in Verbindung zu treten« (Hilfiker 1984, S. 60).

Anerkennung des Zufallsfaktors

Die Achtung vor den eigenen Fehlern führt auch zu der Einsicht, daß Zufall genauso wichtig ist wie Planung. Das gilt nicht für das, was man zufällig aus spontanen oder unbeabsichtigten Erfahrungen lernen kann, nein, das ganze Weltall hat Zufallscharakter. Eine unvoreingenommene, urteilsfreie, kritik- und vorurteilslose Haltung, die Weigerung, Etiketten wie Erfolg oder Versagen zu benutzen, machen offen für Unbekanntes oder Unsichtbares.

Durch solche Unvoreingenommenheit konnten innovative Wissenschaftler Katastrophen in wichtige Fortschritte verwandeln. Das Prinzip des Heißluftballons z.B. wurde erfunden, als die Frau von

Jacques Montgolfier ihren Unterrock zum Trocknen über ein Feuer hing und ihn damit ruinierte. Wilhelm Konrad von Roentgen verdarb seine Negative, indem er in Eile einen Schlüssel darauf warf, nahe bei einer Kathodenstrahlröhre, die einen Strom von Elektroden ausstrahlte. Als er aus der Mittagspause zurückkam, entdeckte er auf den verpfuschten Fotos das Bild des Schlüssel. Und Alexander Fleming schließlich vergaß, in seinem biochemischen Labor eine Bakterienkultur abzudecken, so daß sie über Nacht offen stehenblieb und Schimmelteile in die Schale fallen und die Bakterien zerstören konnten, die er untersucht hatte - ein weiterer Fall, in dem ein Fehler zufällig zu einem wissenschaftlichen Durchbruch führte. Später isolierte er diesen antibakteriellen Schimmel und experimentierte mit seinen Wirkungen auf andere Bakterien. Ohne diesen glücklichen Zufall, verbunden mit der Mißachtung simpelster wissenschaftlicher Vorsichtsmaßregeln, wäre das Penicillin vielleicht nie entdeckt worden. Natürlich war Fleming durch seine zwanzigjährige intensive Forschungsarbeit in diesem Bereich und durch seine Aufgeschlossenheit auch der ideale Kandidat dafür, den Fehler zu erkennen und aus den Konsequenzen zu lernen.

Ob im Labor oder in der psychotherapeutischen Praxis, es ist immer die genaue Beobachtung, die es möglich macht, Fehler in spektakuläre Erfolge zu verwandeln. Der Rat an eine hypochondrische Klientin, Medizin zu studieren, damit sie sich selbst behandeln kann, oder der Vorschlag, die überfürsorgliche Mutter solle ihr Kind sofort aus der Schule nehmen, damit sie ständig mit ihm zusammen sein kann, erwachsen aus dem Scheitern konventionellen Denkens, Deutens und Intervenierens und entstehen zufällig, als kreativer, situationsbedingter Geistesblitz. Kommentare wie diese verändern die Wahrnehmung und schließlich auch den Menschen. Es kann sein, daß so die paradoxen Interventionen entdeckt wurden, bei denen das präsentierte Problem gelöst wird, indem der Klient Verhaltensanweisungen bekommt, gegen die er sich sofort wehrt. Auch Freuds Entdeckung des

Unbewußten, des Werts der Katharsis und des Übertragungsbegriffs in der therapeutischen Beziehung läßt sich vielleicht ähnlich erklären.

Wir können hier die tatsächlichen Ereignisse, die ausschlaggebend dafür waren, daß sich Perls, Rogers, Frankl, Ellis etc. von ihrer psychoanalytischen Ausbildung abwandten (und von denen sie vielleicht selbst nichts wissen), nicht rekonstruieren, aber es ist durchaus vorstellbar, daß auch hier Zufall und Versagen eine große Rolle gespielt haben. Victor Frankl hätte wahrscheinlich die Grundlinien der Logotherapie nicht entwickelt, wenn er nicht im Konzentrationslager gewesen wäre, nicht mit Entsetzen die Vernichtung seiner Familie und Freunde und den Zusammenbruch seines Menschenbilds erlebt hätte. Und genauso kamen wohl auch bei Ellis Erfahrungen mit seiner Ineffektivität als Analytiker, sein Bedürfnis nach stärkerer eigener Beteiligung und Aktivität in den Sitzungen und viele zufällige Ereignisse zusammen, die sich schließlich zu einer auf Kognition basierenden Therapie verbanden, in der sich sein eigenes Sein spiegelte.

Für einen Therapeuten, der mit dem Unerwarteten rechnet, sind negative Ergebnisse Anstoß für die weitere Untersuchung noch unbegriffener Phänomene. Das Versagen lenkt die Aufmerksamkeit auf ein Ergebnis, das der Erklärung bedarf; es fordert Kreativität und Experimente.

Erkennen der eigenen Grenzen

Leistung läßt sich nur durch die Arbeit an den eigenen Schwächen verbessern. Kramer sagt über den Nutzen von Irrtümern in der psychiatrischen Praxis:

>»Irrtümer sind wichtig für die empathische Diagnose. Wenn sich der Therapeut vom Hysteriker reizen läßt, nimmt er eine Haltung zum Patienten ein, die normalerweise bei einem Arzt

nicht akzeptabel ist. Dasselbe gilt, wenn er mit Depression auf depressive Klienten reagiert. Solche Fehler führen, wenn man sie erkannt hat, zum jeweiligen Behandlungsplan.

Die Gegenübertragung im engeren Sinne, also Wahrnehmungen des Therapeuten, die durch die Übertragung des Patienten hervorgerufen werden, ist ein Fehler. Man will den Klienten ohne Verzerrungen betrachten, scheitert dabei aber immer wieder. Statt dessen wird die eigene Sichtweise durch die Erwartungen des Patienten getrübt, was, gemessen an normalen Maßstäben, ein Fehler ist, und die Grundlage eines großen Teils der therapeutischen Arbeit besteht darin, sich bei diesem Fehler auf die Schliche zu kommen.« (1987, S. 18)

Wer in einer Sackgasse steckt, kann die eigene Frustration für Scheitern halten, aber auch zu dem Schluß kommen, daß seine Weltsicht zu beschränkt, seine Theorie nicht umfassend genug ist. Die Quantenphysik z.B. hat die Newtonsche Physik nicht ersetzt, sondern trotz ihrer Begrenztheit eingeschlossen. »Es ist nur die eine Seite der Medaille, wenn wir sagen, wir hätten eine wesentliche neue Erkenntnis über die Natur gefunden. Die andere Seite ist die Einsicht in die Grenzen unserer bisherigen Theorien« (Zukav 1979, S. 19). Das ist aber kein Grund zur Sorge, sondern im Gegenteil zur Freude. Eigentlich müßte man sich freuen, wenn man die Ausnahme von der Regel entdeckt oder feststellt, daß eine nachgewiesene Methode nicht zur vorausgesagten Reaktion führt. Jedes negative Ergebnis führt zu mehr Wissen, Weiterentwicklung der Theorie und verbesserter Leistung. Für Albert Einstein bot die Entdeckung von Grenzen die Möglichkeit, seine Ideen weiter zu entwickeln. Seiner Meinung nach »ist die Entwicklung einer neuen Theorie keineswegs so, als würde man eine alte Scheune abreißen und an ihrer Stelle einen Wolkenkratzer bauen. Es ist eher wie eine Bergbesteigung, auf der sich neue und erweiterte Ausblicke und unerwartete Bezüge zwischen dem Ausgangspunkt und der mannigfaltigen Umgebung bieten. Aber der Ort, von dem man ausgegangen ist, existiert noch immer, und man kann ihn sehen, auch wenn er kleiner wirkt und nur einen winzigen Teil des Panoramas darstellt, das sich durch die Überwindung der Hindernisse auf dem abenteuerlichen Weg nach oben jetzt bietet« (Einstein und Infeld 1938, S. 31).

Auf dem Feld der Psychiatrie und Psychopharmakologie wimmelt es von Beispielen, in denen ein Wissenschaftler nach einer bestimmten Komponente suchte, scheiterte und schließlich Möglichkeiten klinischer Anwendungen auf ganz anderen Gebieten entdeckte. Chlorpromazine, ein antipsychotischer Wirkstoff, wurde nicht von einem Psychiater, sondern von dem Chirurgen Laborit entdeckt, der nach einem Mittel gegen Schock suchte. Bei dem Versuch, das vegetative Nervensystem zu blockieren, um die Belastungen bei Operationen zu verringern, erkannte er, daß der beruhigende Effekt viel wirkungsvoller zur Behandlung von Erregungszuständen psychiatrischer Patienten eingesetzt werden konnte. Ähnlich ging es Roland Kuhn, der die Wirkung von Imipramine auf Schizophrenie untersuchen sollte, aber zu keinen befriedigenden Ergebnissen kam. Allerdings führte ihn diese Sackgasse zu Versuchen mit den antidepressiven Eigenschaften des Medikaments.

Auch im Bereich der Psychotherapie führen Ergebnisse, die zunächst nichts weniger als vielversprechend scheinen, zur Erkenntnis der Grenzen des Verstehens. Erst das Überdenken der eigenen Hypothesen und die Formulierung neuer Annahmen führen zu umfassenderen und sinnvolleren Theorien. Das Problem stellt sich z.B. regelmäßig, wenn man von einem Workshop zurückkommt, auf dem eine neue therapeutische Methode vorgestellt wurde. Der Trainer hat eine bestimmte Strategie elegant vorgeführt, aber wenn man versucht, sie zu kopieren, bleibt das Ergebnis hinter den Erwartungen zurück. Workshop-Teilnehmer stellen häufig fest, daß sie in der eigenen Praxis die Interventionen, die Virginia Satir, Jay Haley oder Richard Bandler auf dem Podium vorgeführt haben, nicht wirklich beherrschen. Erst wenn man die vorgeschriebenen Abläufe immer wieder ausprobiert hat, kann man die notwendige Anpassung leisten, die die jeweils eigene Persönlichkeit, der jeweilige therapeutische Stil und die Klientel erfordern. Jeder erfolglose Versuch, neue Interventionen anzuwenden, führt zu größerer Einsicht in die eigenen Grenzen, eröffnet aber in diesem Prozeß gleichzeitig neue Möglichkeiten.

Risiko und Scheitern

Keyes (1985) hat in seiner Untersuchung über Risiken einige Zitate über das Verhältnis von Risikobereitschaft und Scheitern gesammelt. So sagt der Sportpsychologe Bruce Ogilvie: »Die großen Sportler, die ich interviewt habe, halten sich nicht bei ihren Mißerfolgen auf, sondern konzentrieren sich auf das, was sie am vollen Einsatz ihrer Fähigkeiten gehindert hat.« Die aufstrebende Komikerin Lorretta Colla über die Stärke, die sie aus Mißerfolgen bezieht: »Hat man mir erst mal gesagt: 'Jetzt verschwinde aber verdammt noch mal von der Bühne', kann nichts mehr schief gehen«. Woody Allen, dessen Filme sich wie besessen mit dem Scheitern auseinandersetzen, meint: »Mißerfolge sind der beste Beweis dafür, daß man nicht auf Nummer Sicher geht, daß man immer noch experimentiert, kreative Risiken eingeht ... Wer zuviel Erfolg hat, macht etwas falsch.«

So betrachtet, ist der Mißerfolg einfach eine Form der Ermutigung, entweder seinen Überzeugungen weiter zu folgen oder total die Richtung zu ändern. In beiden Fälle schließt jedes Handeln das Risiko des Unbekannten ein. In der Psychotherapie kann jede einzelne Reaktion beim Klienten Verleugnung, Regression, Feindseligkeit oder Ablehnung hervorrufen. Und je spektakulärer die Intervention, desto größer die Möglichkeit für schnelle Besserung.

Konservative Therapiemethoden führen meist zu stetigen, allmählichen Fortschritten. Die Behandlung dauert in der Regel lange, ist kalkulierbar und unter Kontrolle. Das ist vor allem bei impulsiven Klienten angebracht oder bei solchen, die an der Grenze zum Kontrollverlust stehen. Solche Therapiemethoden scheitern dann, wenn der Therapeut sich nicht an die vorgegebenen Abläufe hält oder der Klient ungeduldig auf schnelle Erfolge dringt.

Am anderen Ende des Behandlungskontinuums stehen provokative oder direktive Therapiemethoden, die sehr viel schneller zu Veränderungen führen können. Schnell wirkende strategische Ansätze, Konfrontation, verhaltenstherapeutische Techniken, Hypnose oder andere Methoden, die das Symptom direkt angehen, können zu spektakulären Erfolgen führen, aber dem Klienten auch sehr viel direkter schaden als die konservativeren Behandlungsformen. Die Möglichkeit des Scheiterns ist also proportional zu den Risiken der Behandlung. Die meisten Therapeuten versuchen, diese beiden Faktoren ihrer Persönlichkeit entsprechend ins Gleichgewicht zu bringen. Für den einen ist die Vorstellung, z.B. mit Bioenergetik zu arbeiten, undenkbar, weil er fürchtet, unkontrollierbare Emotionen freizusetzen oder relativ wenig erprobte Techniken anzuwenden; für den anderen dagegen wäre es absolut unakzeptabel, sich auf die seiner Meinung nach zu primitive und langsame konventionelle »Rede-Kur« zu verlassen.

Es geht nicht darum, Psychotherapeuten in »mutige« und »unflexible« einzuteilen. Jeder einzelne muß das für ihn akzeptable Risiko in seiner Praxis wählen. Abhängig davon, wie man Enttäuschungen verkraftet, wie hoch die persönliche Verletzbarkeit ist, wie gut man sich verteidigen kann, welchen Wert man dem Risiko zumißt, letztlich von der ganzen Persönlichkeit reichen die Möglichkeiten von der konservativsten Arbeitsweise bis zur Grenze des Erlaubten.

Die Furcht vor dem Scheitern macht vorsichtig und schützt so die Klienten vor schlecht geplanten Interventionen. Gleichzeitig kann die Furcht, kalkulierte Risiken einzugehen, den Therapeuten davon abhalten, im Interesse der Klienten zu handeln. So muß man z.B. ein Rollenspiel auch dann riskieren, wenn dazu eigene Hemmungen überwunden werden müssen. Und man muß manchmal einfach innere Befürchtungen und Unsicherheiten hintanstellen, wenn es darum geht, die Überzeugungen eines Klienten oder die irrige Einschätzung eines Kollegen in Frage zu stellen. Zum Scheitern kommt es dann, wenn das Risiko größer ist als der mögliche Gewinn. Dieses Verhältnis läßt den Raum, Unbekanntes zu erkunden, ohne den Rahmen sicherer Parameter aufzugeben.

So tun als ob: Fehler simulieren

Der legendäre Wildwestler Daniel Boone hat einst ein Scheitern simuliert, um seine Feinde zu täuschen. Er wurde daraufhin wegen Hochverrats in zahlreichen Fällen angeklagt, und ihm drohte der Tod durch den Strang. Captain Boone hatte sich mit seinen Männern den Shawnee-Indianern und ihren britischen Alliierten kampflos ergeben. Er gab zu, daß er den Feind zu seinem Lager geführt, über die Aufgabe verhandelt und seiner Adoption durch den Häuptling Schwarzer Fisch zugestimmt hatte und freiwillig zu dem britischen Stützpunkt gereist war, wo er mit den Generälen gegen die amerikanischen Streitkräfte konspiriert hatte. Boone verteidigte sich während des Prozesses kaum, ließ sich nicht von einem Anwalt vertreten und hörte zu, als die Bevölkerung in Boonesborough nach dem Todesurteil rief. Freunde und Feinde waren einhellig von seiner Schuld überzeugt, jede Zeugenaussage und alle Beweise sprachen gegen ihn, und der Tod schien ihm sicher.

Erst am Ende des Prozesses, als Boone selbst in den Zeugenstand trat und seine Version der Geschichte erzählte, wurde deutlich, daß er einen umfassenden Plan entwickelt hatte, um den Feind zu täuschen. Boone wußte, daß ein Angriff gegen seine erst halb befestigte Stellung unmittelbar bevorstand. Er ergab sich mit seiner Patrouille, um den Feind von seinem Hauptquartier abzulenken. Sein Bündnis mit den Indianern diente dazu, ihre Pläne herauszufinden und ihre Waffen unschädlich zu machen. Er ging nach Fort Detroit und gab den Engländern falsche Informationen, so daß sie Boonesborough mit zu geringen Mitteln angriffen. Durch diese Täuschung gelang es dem angeblichen Verräter von Freunden und Vaterland, den Angriff monatelang zu verzögern. Und als er dann tatsächlich erfolgte, waren die Bewohner Boonesboroughs mehr als bereit, den Angriff abzuwehren. Die Gewehre der Indianer versagten. Die Engländer hatten durch die falschen Informationen ihre Artillerie zurückgelassen und waren auf einen schweren Kampf nicht vorbereitet, weil sie die schnelle Aufgabe erwarteten, die Boone ihnen versprochen hatte. Was aussah wie das tragische Versagen eines einzelnen, hat also zum Überleben einer ganzen Gemeinde beigetragen (Allen Eckert 1973).

Die Simulation des Versagens ist manchmal auch Bestandteil einer erfolgreichen Therapie. Damit der Klient sein Gesicht wahren oder bei einer Auseinandersetzung Sieger bleiben kann, geben manche Therapeuten klein bei und machen absichtlich einen Fehler. Zu zahlreichen paradoxen Interventionen z.B. gehört, daß der Therapeut etwas voraussagt, was nicht eintreten wird, oder eine Forderung stellt, die nicht erfüllt werden soll. Und zu Zeiten muß man auch Boones Strategie folgen und sich zum Besten des Klienten geschlagen geben, in der Regel dann, wenn man die Unterstützung der Eltern gewinnen muß, um einem Kind helfen zu können.

So stand z.B. ein Vater dem Therapeuten seines Sohnes besonders kritisch gegenüber. Er wurde wütend, sobald der adoleszente Sohn die Weisheit oder Güte des Therapeuten erwähnte, und nahm ihn schließlich aus der Behandlung heraus, weil er eifersüchtig war und sich bedroht fühlte. Der Therapeut wollte dem Jungen sehr gerne helfen. Also überwand er seinen Stolz und rief den Vater an. Er entschuldigte sich für die schlechte Handhabung des Falles, gab bereitwillig eine

Anzahl Fehler zu, die der Vater ihm aufzeigte, ließ zu, daß er Dampf abließ und die Behandlung kritisierte. Er akzeptierte jede Anklage und bat um seine Unterstützung und seinen Rat. Der Vater ließ sich schließlich einen Termin geben, um dem Therapeuten ausführlicher erklären zu können, was er alles falsch gemacht hatte. Das führte natürlich zu einem tragfähigeren Bündnis. Der Vater hatte in den Augen des Sohnes sein Gesicht gewahrt, der Junge konnte, vom Vater eifrig unterstützt, die Therapie fortsetzen, und der Therapeut hatte eine Menge über den Wert des Versagens gelernt. Sobald er auf seine Macht verzichtet hatte und nicht mehr unbedingt in jeder Konfrontation mit dem Vater Sieger bleiben mußte, brachte seine »Niederlage« allen Beteiligten nur Gewinne.

Ein menschliches Modell

Die historischen Beispiele in diesem Kapitel sollten die Bedeutung zeigen, die dem Scheitern für die Fortschritte in Wissenschaft, Kultur und Lebensqualität zukommt. Wir haben versucht, das Scheitern in ein positives Licht zu rücken, als Möglichkeit, den Behandlungsprozeß und das Wachstum von Therapeuten und Klienten zu fördern. Wenn man sich in Erinnerung ruft, daß Freud zuerst bekannt wurde, weil er Kokain als Wundermittel für das Wohlbefinden anpries, oder daß Henry Ford sein erstes Auto auf der Grundlage von Sojabohnen konstruierte und kein einziges davon verkaufen konnte, kann man sich die eigenen Mängel vielleicht leichter verzeihen.

Mésalliancen zwischen Therapeuten und Klienten sind normal. Das Ziel für Therapeuten liegt laut Langs (1978) darin, ihre Fehler zu erkennen und mit den Klienten zu explorieren. Diese Analyse »hat unbedingten Vorrang vor jeder anderen therapeutischen Arbeit, denn sie trägt wesentlich zur Wiederherstellung eines angemessenen therapeutischen Bündnisses bei« (S. 153). Die Person des Therapeuten ist für die Veränderung des Klienten genauso wichtig wie die therapeutischen Methoden. Die Modellwirkung ist oft stärker, wenn ein Therapeut nicht nur als stark, nährend und kompetent gesehen wird, sondern auch als Mensch mit eigenen Schwächen und Problemen. Jourard hat in seiner Untersuchung über die offene Selbstäußerung (self-disclosure) von Therapeuten in der Therapie nachgewiesen, wie stark sie die Klienten im therapeutischen Prozeß ermutigt, offener und freier die Schatten und Probleme des eigenen Lebens aufzudecken. In diesen Kontext gehört sicher auch der Erfolg der Anonymen Alkoholiker und der Therapien, in denen der Berater selbst ehemaliger Alkoholiker ist.

Therapeuten setzen die »Self-disclosure« meist ein, um zu zeigen, daß sie ähnliche Probleme wie die Klienten erlebt haben. Zu dieser Methode gehört auch das Eingeständnis von persönlichem Versagen: »Sie sind jetzt entmutigt, weil sie wegen Ihrer Lernschwierigkeiten nicht mit Erfolg rechnen können. Es ist natürlich hart, daß Sie nicht gut lesen können oder Zahlen nicht verstehen, und Sie haben recht, es ist nicht fair, daß Sie mit diesen Handicaps geschlagen und im akademischen Bereich zum Scheitern verurteilt sind. Aber Sie sind nicht der einzige, der Schwächen hat. Ich habe mein Abitur nur mit Mühe geschafft und bin nur probeweise aufs College gekommen. Bis heute machen mir Mathematik und Naturwissenschaften Angst, obwohl ich meinen Abschluß auf Biegen und Brechen machen wollte, mir zusätzliche Hilfen suchte und mit allen möglichen Tricks versuchte, die Themen zu umgehen, die ich nicht bewältigen konnte. Ich habe mir verziehen, daß ich Mängel habe und, ja, daß ich in manchen Gebieten einfach dumm bin. Und daß Sie sich an der Uni als Versager fühlen, heißt nicht, daß Sie auf anderen Gebieten keinen Erfolg haben können. Wir sind uns ähnlich, weil wir beide unsere Grenzen haben, aber die lassen sich überwinden, wenn Sie Geduld mit sich haben und gleichzeitig auf das hinarbeiten, was Sie erreichen wollen.«

Aber man modelliert das Menschsein nicht nur durch die Offenlegung vergangener Fehler und Schwächen und ihre Überwindung, sondern auch in gegenwärtigen Interaktionen. Die Methode der »Unmittelbarkeit« wird oft benutzt, wenn ein Therapeut über Gefühle oder Ereignisse in der augenblicklichen Situation spricht, um die Aufmerksamkeit auf ein spezifisches, erwähnungsbedürftiges Verhalten zu fokussieren. Über die Beschreibung des unmittelbaren Verhaltens eines Klienten hinaus können solche Interventionen auch eingesetzt werden, um die Schwächen im Therapeutenverhalten zu akzentuieren. Denn auch ein Therapeut ist kein perfektes Musterexemplar ohne Fehl und Tadel, er schätzt eine Situation keineswegs immer richtig ein und liegt auch schon mal mit einer Aussage daneben. In solchen Fällen muß man den Fehler unbedingt zugeben:

• »Ich habe vielleicht nicht richtig zugehört. Lassen Sie uns das noch einmal durchgehen.«
• »Das, was ich bei Ihnen vermutet habe, war wohl von meiner eigenen Erfahrung gefärbt.«
• »Diesmal habe ich aber schwer danebengelegen, oder?«

Und es braucht Mut und Demut, auf die Fragen eines Klienten zu antworten: »Das weiß ich nicht.«
Das Eingestehen von Fehlern, Irrtümern und falschen Einschätzungen kann manchmal zum Wendepunkt der Behandlung werden. Der Therapeut wird plötzlich nicht mehr als Experte, sondern als Mensch wahrgenommen, der dem Klienten sehr ähnlich ist, von Ausbildung, Motivation und Beruf einmal abgesehen. Diese Einsicht wirkt sich nicht nur in den Sitzungen sehr stark aus, sondern auch im Alltagsleben: Versagen erinnert an die eigene Fehlbarkeit. Das macht bescheidener und ist somit ein Gegenmittel gegen die narzißtischen Tendenzen, die unter Psychotherapeuten so häufig sind. Ein Therapeut, der sein gelegentliches Versagen als Anzeichen

dafür akzeptieren kann, daß er ein unvollkommener, um Entwicklung bemühter Mensch ist, kann zum Modell für die Annahme des Selbst werden, ohne seine Kompetenz anzweifeln zu müssen.

[1] Ritalin ist ein sehr starkes Medikament, daß bei hyperaktiven Kindern und Jugendlichen eingesetzt wird. Es fällt in der Bundesrepublik unter das Betäubungsmittelgesetz.

5. Kapitel

Häufige Irrtümer und Anfängerfehler

Scheitern kann hilfreich sein, jedenfalls dann, wenn man es unter dem Aspekt künftiger Leistungen betrachtet. Es ist unsere These, daß für die Entwicklung eines Therapeuten weniger die Erfolge als die Einsicht in die Ursachen der Mißerfolge wichtig sind. Die Fehleinschätzungen, das schlechte Timing oder übertriebene Tempo, die falsch eingesetzten Methoden oder Interventionen von Berufsanfängern sind dabei ganz besonders lehrreich, weil fundamental. Für erfahrenere Therapeuten sind die typischen Fehler der Anfänger eine ständige Mahnung, den Wert grundlegender therapeutischer Strategien nicht zu ignorieren.

Was man von Anfängern lernen kann

Lehrtherapeuten und Supervisoren können bestätigen, wie aufschlußreich Transkripte oder Tonbandmitschnitte der ersten Sitzung von Berufsanfängern sind. Man stößt auf offensichtliche Fehler, z.B. ein Kreuzfeuer von geschlossenen Fragen, oder nervöses Gerede, um jede Form des Schweigens zu vermeiden. Zwar sind solche Übertretungen bei erfahrenen Therapeuten selten, aber auch bei ihnen tauchen gelegentlich ähnliche Fehler auf, wenn auch meist nicht so krass. Gerade deshalb sind so viele Therapeuten bereit, mehr Zeit für Supervisionen aufzuwenden, als die Verpflichtung zur Ausbildung erfordert: Es läßt sich eben viel aus den Fehlern der Anfänger lernen, ihre Begeisterung wirkt ansteckend, und durch ihre Wißbegierde, Unbeholfenheit und eklatanten Fehler wird Psychotherapie sehr viel verständlicher.

Therapeuten, die Einführungskurse geben, wissen, daß auch die eigene therapeutische Arbeit durch die erneute Konzentration auf die fundamentalen Fähigkeiten, also Zuhören, Nachdenken, das einfache Miteinander mit dem Klienten, sehr viel präziser wird. Die Überprüfung der abschweifenden Sprache der Studenten führt zu größerer Präzision der eigenen Ausdrucksweise. Wenn man auf die Ungeduld hinweist, mit der Anfänger auf Mitarbeit des Klienten in den Sitzungen dringen, bemerkt man auch eher, wo man selbst ausweicht. Die Mißerfolge von Anfängern sind also wichtige Erfahrungen für alle Therapeuten.

Für Zukav (1979) ist es wichtig, sich mit der Einstellung von Anfängern zu befassen, insbesondere im Hinblick auf die naive Haltung, die »die Welt so sieht, wie sie ist, und nicht so, wie sie je nach dem eigenen Wissen über sie erscheint« (S. 117-118). Er hebt die Bedeutung einer simplifizierenden Sichtweise hervor, die mit zunehmender Erfahrung häufig verloren geht. Anfänger sind unbefangen, haben noch keine Gewohnheiten entwickelt, sind noch unschlüssig und neugierig.

Robertiello und Schoenwolf (1987) sehen bei Anfängern zwei Kategorien von Fehlern. Technische Fehler, die erste Kategorie, sind in den ersten Jahren der Praxis häufig und entstehen meist durch falsche Methoden, Fehldiagnosen, mangelnde Ableitung des latenten aus dem manifesten Inhalt und eine nicht adäquate Einstellung. Die zweite Kategorie umfaßt die heimtückischen Fehler, die dem Therapeuten nicht bewußt sind, u.a. Gegenübertragung und Gegen-Widerstand. Die Autoren zeigen in mehreren Beispielen die Schwierigkeiten auf, die durch intensive Gefühle wie Erotik, Aggression, Abwehr, Konkurrenz, Verachtung, Furcht, Ablehnung, Scham hervorgerufen werden können.

Jenkins, Hildebrand und Lask (1982) beschäftigen sich mit Beispielen, in denen Therapien nicht durch hyperaktive Imagination oder ungelöste Ängste des Therapeuten, sondern durch Inkompetenz oder Fehlurteile gescheitert sind. Besonders Anfänger haben Schwierigkeiten beim Umgang mit Widerstand und Übertragung. Aber in diesen Fällen ist die Furcht vor dem Versagen konstruktiv, weil sie einen gesunden Widerwillen und vorsichtigen Umgang provoziert, wenn man mit dem Leben anderer Menschen arbeitet. Andere Beispiele beziehen sich auf therapeutische Arbeit, die unabsichtlich die Abhängigkeit von Klienten fördern (Van Hoose und Kottler 1985). Anfänger unterschätzen leicht ihre Macht und ihren Einfluß in der therapeutischen Beziehung.

Aber nicht nur Anfänger fallen Gefühlen von Unsicherheit und Unzulänglichkeit zum Opfer. Die Furcht vor dem Versagen ist auch den von ihnen so hoch angesehenen Supervisoren keineswegs unbekannt, die oft genug von Ängsten vor der Supervision geplagt werden und aus Furcht um ihren guten Ruf zögern, einen Kollegen zu Rate zu ziehen, wenn Probleme auftauchen (Jackel 1982, S. 16-17). Dem frischgebackenen Supervisor gehen die gleichen Fragen durch den Kopf, die die Studenten quälen: »Was mache ich, wenn ein Student eine ganz einfache Frage stellt und ich sie nicht mal ansatzweise beantworten kann? Was soll ich tun, wenn er die Supervision bei mir abbricht? Wird er mich mögen? Verdiene ich seinen Respekt auch wirklich? Kann ich zu der Entwicklung dieses Therapeuten beitragen?« (Alonso 1985, S. 57)

Alonso (1985, S. 88) zeigt, welche Bedürfnisse des Mentors, vergleichbar den zu Anfang dieses Kapitels beschriebenen Erfahrungen von Anfängern, die Supervision behindern: das Bedürfnis, bewundert zu werden, zu »retten«, die Kontrolle zu behalten, zu konkurrieren, geliebt zu werden. Außerdem können in der Supervision wie in der Therapie Reste von Streß im Berufs- oder Privatleben des Supervisors zu Störungen führen. So wie ein Therapeut in der Ausbildung Supervision zur Bewältigung der vielen Schwierigkeiten seiner Arbeit braucht, so brauchen Supervisoren die Beratung durch Kollegen und eigene Therapie.

Auf die Frage: »Woher weißt du, daß du versagt hast?« antworten Anfänger in der Regel: »Weil sich meine Erwartungen nicht erfüllt haben.« Diese Anwort zeigt, daß es feste Erwartungen gibt in bezug auf das Ziel des Klienten, die Zeit und die Effektivität, mit der ein Therapeut dieses Ziel erreichen soll. Anfänger sind gefangen in Erwartungen von sofortigem Erfolg und unmittelbarer Kompetenz und neigen eher zu einer engen Auffassung von Therapie. Ausgerüstet mit einem Arsenal von Methoden und einer festumrissenen Theorie sind sie fest davon überzeugt, daß sie einfach Erfolg haben müssen, wenn sie nur einsetzen können, was sie in der Ausbildung gelernt haben.

Die Beschäftigung mit den Fehlern von Anfängern erinnert an die eigenen Fehler im Laufe der beruflichen Entwicklung. Man kehrt zu einem Gelände zurück, das man durchreist hat, und erkennt die Hindernisse, mit denen man konfrontiert war. Dadurch steigt die Bewußtheit, und die Selbstzufriedenheit schwindet. Das Wiedererleben der eigenen frühen Fehler läßt den gegenwärtigen Standort erkennen und weckt die Spannung und Leidenschaft der Arbeit aufs neue.

Der Kampf mit der Verantwortung

Das wohl häufigste Motiv in der Anfangszeit ist die Übernahme der vollen Verantwortung für die »Heilung« der Klienten. Der Therapeut hört sich die anfänglichen Probleme der Klienten an und glaubt dann zu wissen, was zu tun ist. Dann setzt er einen ganzen Prozeß von Ereignissen in Gang, um dieses Ziel zu erreichen. Anstatt dem Klienten die Gelegenheit zum Handeln zu geben, handelt er selbst. Er telefoniert mit Institutionen, gibt dem Klienten Adressenlisten für mögliche Kontakte und Bücher zu wichtigen Themen. Er zeigt ihm sozusagen nicht nur die Speisekarte, sondern sagt ihm auch, was er essen soll. June z.B., die nach ihrer Ausbildung in klinischer Psychologie ihre erste Stelle in einer gemeindepsychiatrischen Einrichtung angetreten hatte, beriet eine junge schwangere Frau, die sich überlegte, ob sie abtreiben sollte. Sie strukturierte das Gespräch so, daß der Frau die Abtreibung als die beste Lösung erschien, und leitete in ihrem inbrünstigen Wunsch zu helfen auch noch alles in die Wege, um den Abbruch schon am nächsten Tag zu ermöglichen!

»Ich habe ihn dazu gebracht, den Beruf zu wechseln«, »Ich habe sie schließlich davon überzeugt, ihren Freund zu verlassen«, »Ich habe sie nach dem Tod ihrer Mutter am Leben gehalten« - solche Aussagen spiegeln die Selbstüberschätzung des Anfängers und die inhärente Gefahr, eine Abhängigkeits-Beziehung zu etablieren. Hand in Hand mit diesem Konzept übereifriger Verantwortungsübernahme geht die Beklommenheit, mit der Anfänger eine Intervention durchführen, die nicht in Einklang mit ihrem Ausbildungsmodus steht. Ein falsches Wort, so fürchten sie, kann unwiderruflichen Schaden anrichten, und sie stellen sich vor, der Klient würde bei der ersten unangemessenen oder schlecht getimten Formulierung zusammenbrechen.

Wenn es das Bedürfnis des Therapeuten ist, einem Klienten zum Erfolg zu verhelfen, dann übernimmt er im Endeffekt zuviel von der Arbeit des Klienten. Erfahrene Ausbilder betonen immer wieder, daß etwas falsch läuft, wenn der Therapeut härter arbeitet als der Klient. Aber diese Botschaft gerät schnell in Vergessenheit, wenn Anfänger sich alle möglichen Verantwortlichkeiten aufladen, und das nicht nur,

weil sie Erfolge brauchen, sondern auch weil sie den Klienten nicht
zutrauen, daß sie ihre Probleme selbst lösen können. Sie glauben, sie
müßten allwissend und allmächtig sein, und übernehmen so die Verantwortung für die Heilung der Klienten.

Was geht im Anfänger vor?

Die psychische Befindlichkeit eines Berufsanfängers - und das Ausmaß, in dem er sich für das Ergebnis verantwortlich fühlt - werden in
den bitteren Worten einer jungen Frau deutlich, deren Herzenswunsch
es war, eine hervorragende Therapeutin zu sein. Die im 2. Kapitel
vorgestellten sechs Fragen, die einen Therapeuten belasten, sind hier
sämtlich präsent:

»Die Klientin war ein kleines Mädchen, deren Vater tödlich
verunglückt war. Die Mutter brachte sie zu mir, weil sie so
schlecht in der Schule war. Sie hatte sehr wenig Vertrauen, und
es hat sehr lange gedauert, bis ich Kontakt zu ihr herstellen
konnte. Sie ließ sich von mir nicht anfassen und ließ nicht zu,
daß ich mit ihr spielte. Nach ziemlich langer Zeit kamen wir in
Kontakt, und die Sitzungen wurden für uns beide sehr viel
angenehmer. Ihre Schulleistungen allerdings verbesserten sich
leider nur wenig.
Schließlich schrieb mir die Lehrerin einen Brief und teilte mir
darin im Prinzip mit, ich hätte unglaublich schlecht gearbeitet:
das Kind könne immer noch nicht lesen und ginge allen, die
mit ihr zu tun hätten, entsetzlich auf die Nerven. Für sie wie für
die Mutter war alles mein Fehler, sie taten so, als gäbe es da
etwas, das ich tun könnte, aber einfach nicht tat. Ich bin schon
ziemlich unsicher, ich arbeite noch nicht lange in diesem Beruf.
Aber diese Kritik hat mich wirklich getroffen.

In der nächsten Sitzung unterließ ich das mittlerweile Routine gewordene gemeinsame Spielen. Ich glaubte, ich müsse jetzt stärkere Interventionen mit unmittelbaren Ergebnissen einsetzen, um mir die Mutter und die Lehrerin vom Hals zu schaffen. Also versuchte ich ein paar verhaltenstherapeutische Methoden, mit denen ich zwar nicht allzu vertraut war, die mir aber von einem Kollegen wärmstens empfohlen worden waren. Ich hatte einfach Angst davor, daß man das Mädchen aus der Behandlung herausnehmen würde, wenn ich nicht irgendein Wunder vollbrachte.

Es wurde schnell deutlich, daß durch diese neuen Methoden alles, was ich in so harter Arbeit bei dem Kind erreicht hatte, auseinanderbrach. Ich fühlte, wie sie sich von mir zurückzog und all das Vertrauen verlor, das wir zusammen aufgebaut hatten. Es hat mir so leid getan. Ich versuchte, mich zu entschuldigen, aber sie sah mich nur mit ihren traurigen Augen an, als wenn sie sagen wollte: 'Wie konntest du nur? Du bist genauso wie die anderen.'

Danach ging es mir furchtbar schlecht, schlechter noch als nach dem Brief. Ich fing an, meine gesamte Arbeit mit den Kindern in Frage zu stellen. Half ich Ihnen überhaupt? Vielleicht spielten sie mir in den Sitzungen ja nur Theater vor, und in Wirklichkeit veränderte sich gar nichts. Und jetzt dieses nette Kind - die Mutter ist unglücklich, die Lehrerin ist unglücklich, und jetzt ist auch sie noch unglücklich.

Ich habe unglaubliche Gewissensbisse gehabt und mich als völlige Versagerin gefühlt. Ich bin nicht sensibel und fähig genug. Ich hätte wissen sollen, was ich hätte tun müssen. Ich hätte mehr Vertrauen zu mir haben müssen. Ich hatte nicht nur das Mädchen im Stich gelassen, sondern mich selbst verraten. Ich hätte besser sein können. Ich hätte besser sein müssen. Mein ganzes Leben lang war mir eine Eins nie gut genug gewesen, es mußte Eins plus sein. Mir geht es gut, solange ich allein bin. Wenn ich mich von anderen beurteilt fühle, fühle ich mich als Versager. Ich weiß, daß ich alles viel zu persönlich nehme. Ich fühle mich einfach für alles und jeden verantwortlich.«

Die Art, in der diese unerfahrene Therapeutin ihren Fall verarbeitet, ihr Verhalten betrachtet und mit sich selbst ins Gericht geht, ist nicht nur für Anfänger typisch, sondern auch für erfahrene Therapeuten, für die nicht mehr klar ist, auf was sie Einfluß nehmen können und auf was nicht.

Technische Fehler

Die Fehler der Anfänger betreffen nicht nur mangelndes Vertrauen in die eigene Intuition, sondern auch die grundlegenden therapeutischen Fähigkeiten. Anfänger führen die meisten Interventionen ganz anders durch als erfahrene Therapeuten. Zu Beginn der beruflichen Laufbahn verliert man die meisten Klienten durch ungeschickte, ungeschliffene Bemühungen, aber im Laufe der Jahre führt die Übung fast zu Perfektion.

Es ist immer lohnend, Ausbildungskandidaten bei einem Erstgespräch zu beobachten, nicht nur, weil es zeigt, wie weit man selbst schon gekommen ist, sondern weil es daran erinnert, wie wirkungsvoll sogar die allereinfachsten Interventionen sein können. Trotz der ungenauen Sprache, der gekünstelten, nervösen Stimme, trotz allen Zögerns und des ungenauen Fokus können Anfänger, Laien, ja sogar Eltern nach nur ein paar Ausbildungsstunden in der Methode des aktiven Zuhörens bemerkenswert effektiv sein. Und wenn man beobachtet, wie nützlich einfaches Spiegeln von Gefühlen sein kann, stellt man wieder einmal fest, daß man durch die

Entwicklung raffinierterer Strategien vielleicht gerade die wirkungsvollsten Methoden aufgegeben hat.

In den asiatischen Kampfsportarten lernen Fortgeschrittene am meisten, indem sie Einführungskurse geben, in denen die Grundlagen von Balance, Haltung, Atmung, Konzentration, Wirkungskraft und Genauigkeit der Bewegungen geübt werden. Diesen Prinzipien des Tai Chi oder Taek Won Do entspricht in den ersten Jahren der psychotherapeutischen Praxis das Fokussieren auf den eigenen inneren Zustand (Stimmung, Einstellung, Konzentration) und auf die äußere Form und teilnehmendes Verhalten.

Richtet man die Aufmerksamkeit erneut auf die spezifischen therapeutischen Techniken und die Unbeholfenheit, mit der Anfänger sie anwenden, fängt man auch wieder an, die eigenen elementaren Verhaltensweisen zu kontrollieren. Aus den meisten Abschriften und Mitschnitten von Ausbildungskandidaten ließe sich leicht ein nützliches »Fehlerverzeichnis« zusammenstellen:

- Ablenkende Manierismen oder Gesichtsausdrücke.
- Wenig anteilnehmende Techniken und schwacher Blickkontakt.
- Schwierigkeiten, der Richtung der Aussagen des Klienten zu folgen und auf sie zu fokussieren.
- Geschlossene Fragen und ein Interview-Stil, der den Klienten in die Defensive treibt.
- Ständiges Unterdrücken des natürlichen Ausdrucksflusses des Klienten.
- Kenntnisnahme von Oberflächenbotschaften im verbalen Ausdruck des Klienten und Vernachlässigung tiefer liegender Botschaften.
- Ausschließlicher Bezug auf den Kommunikationsinhalt, nicht auf den Affektgehalt oder den Prozeß.
- Zuviel Selbstöffnung und unangemessenes Fokussieren auf die eigene Person.
- Übertrieben passiver therapeutischer Stil.

- Schwierigkeiten, Schweigen zu ertragen.
- Ungebührlich kalte, distanzierte und steife Erscheinung.
- Übermäßig freundliche, verführerische und informelle Erscheinung.
- Aggressiver oder strafender Stil bei Konfrontationen.

Wenn ein Anfänger sich dieser grundlegenden Schnitzer bewußt ist, kann er in Sitzungen mit Klienten wachsam bleiben und Verhaltensweisen korrigieren, die den therapeutischen Prozeß offensichtlich behindern.

Timing

Komödienschauspieler behaupten, alles hinge vom Timing ab. Für die therapeutische Praxis gilt dasselbe. Berufsanfänger haben noch nicht das richtige Gespür für Rhythmus und Tempo des therapeutischen Prozesses entwickelt, sie machen Fehler in beiden Richtungen, d.h. sie intervenieren zu früh oder zu spät.

Der Klient Ray z.B. beschrieb in seiner ersten Sitzung bei Sue seine Depression und Verzweiflung. Eifrig bemüht, eine Ursache (und damit eine Lösung) für seine Depression zu finden, ermutigte sie ihn, ihr seine Lebensgeschichte zu erzählen. Dabei erwähnte er, seine Mutter habe früher viel getrunken, und er habe sich in der Familie und später in der Schule als Außenseiter gefühlt. Er war geschieden und hatte wieder geheiratet... aber Sue hörte schon nicht mehr zu. Sie hatte sich während ihrer Ausbildung auf die Behandlung von Drogenmißbrauch spezialisiert und war ganz sicher, daß die Ursache von Rays Depression in seiner Alkoholikerfamilie begründet lag. Ray konnte seine Geschichte nicht zu Ende erzählen, weil sie begeistert an ihrer Diagnose feilte. Am Ende der Sitzung versicherte sie ihm, er würde sich bestimmt besser fühlen, sobald sie am Thema Alkoholismus gearbeitet hätten. Aber zum nächsten Termin eschien Ray nicht mehr. Sue hatte voreilige Schlüsse gezogen, statt abzuwarten, bis er seine Geschichte zu Ende erzählt hatte. Sie konnte nicht einschätzen, was für den Klienten selbst das wichtigste war.

Für Jack war sehr wichtig, daß die Klienten ihn mochten und sich in der Therapie wohlfühlten. Seine Klientin, Mary Ann, kam in die Therapie, weil sie Schübe von intensiven Angstzuständen hatte, mit Hyperventilation, Schwindel, Schweißausbrüchen und Panik. Jack wollte ihre ganze Geschichte erfahren und stellte die ersten vier Sitzungen hindurch Fragen nach ihrem Leben. Er war sicher, daß sie ihn mochte, denn sie machte ihm jedesmal Komplimente und erschien zu jedem Termin früher als nötig. Dann erhielt er früh morgens einen Anruf von ihrem Mann, der ihn verzweifelt fragte, was er tun solle. Mary Ann lag zitternd und klappernd im Bett und konnte sich nicht bewegen. Jack war zu spät auf ihr Hauptproblem aufmerksam geworden.

Beide Anfänger haben sich in ihrem Zeitplan verfangen. Sie haben falsche Prioritäten gesetzt und konnten deshalb nicht mehr auf das hören, was die Klienten gesagt hatten. Voreiliges Diagnostizieren, ohne daß man die ganze Geschichte kennt, oder das Vernachlässigen der dringendsten und wichtigsten Probleme des Klienten sind extreme Beispiele auf dem Kontinuum falsch getimter Interventionen. Die Schwierigkeit für alle Therapeuten, nicht nur für Berufsanfänger, liegt nicht so sehr darin, was, sondern wann man etwas sagen muß.

Angst vor Konfrontation

Es ist für Anfänger oft sehr wichtig, daß ihre Klienten sie mögen. Denn Klienten, die vom Therapeuten begeistert sind, kommen garantiert Woche für Woche wieder, was wiederum den Erfolg des Anfängers beweist. Das Bemühen um Zustimmung führt dann dazu, daß man den Klienten keine Grenzen setzt. Einige Beispiele:

Bobs Klient hatte die ersten paar Sitzungen nicht bezahlt. Bob wollte den Klienten damit nicht konfrontieren, weil er Angst hatte, er könnte die Therapie abbrechen. Also ermutigte er ihn, weiter zu kommen, und sagte, sie könnten das Finanzielle später regeln. Er argumentierte damit, es sei für den Klienten wichtiger, daran zu arbeiten, seine Kokainsucht zu überwinden, als für ihn, das Thema Geld anzusprechen. Als der Klient die Frage der Bezahlung nicht mehr benutzen konnte, um die Therapie zu vermeiden, fand er schnell eine andere Entschuldigung und gab die Behandlung innerhalb von sechs Wochen auf.

Ellen wollte, daß ihr Therapeut den Praxisraum für ihre wöchentliche Sitzung jedesmal veränderte. Dazu mußte u.a. ein Stuhl umgestellt, die Deckenbeleuchtung ausgeschaltet und eine Tischuhr aus ihrem Gesichtsfeld gerückt werden. Der Therapeut stimmte in aller Unschuld zu und richtete den Raum jede Woche für Ellens Sitzung her. Danach entschied sie, sie wolle einen anderen Tag für ihre Sitzung. Der Therapeut stand zu Diensten. Ellen fragte, ob sie ihn zu Hause anrufen könne, »einfach, wenn ich es brauche«. Der Therapeut stimmte zu. Neue Forderungen kamen, denen er sich unterwarf, um der Klientin zu gefallen und eine Konfrontation zu vermeiden. Nach drei Monaten erschien Ellen nicht. Auf die Frage des Therapeuten sagte sie, die Sitzungen hätten ihr nicht viel gebracht und sie wolle nicht mehr kommen.

Klienten beginnen die Therapie häufig mit der Erwartung, daß der Therapeut jeder ihrer Launen nachgibt. Anfänger willigen oft in diese Forderungen ein, um Konfrontationen zu vermeiden und die therapeutische Beziehung zu erhalten. Sie befürchten, ihre Klienten aus der Fassung zu bringen und sie zu vertreiben. Sarah z.B. ist eine scheue, sensible junge Therapeutin mit sanfter Stimme und freundlicher Art. Sie hält viel von Akzeptanz und toleriert Verhaltensweisen, die andere Kollegen frustrieren würden. Sie hat immer eine Entschuldigung zur Hand, wenn ein Klient nicht oder zu spät erscheint oder in bestimmten

Mustern befangen bleibt, und quält sich passiv durch jede Sitzung. Da sie zutiefst erschrickt, wenn sie von einem Klienten provoziert wird, käme sie nie auf die Idee, darauf ihrerseits mit einer Provokation zu reagieren. Ihre Klienten tanzen ihr auf der Nase herum, greifen sie an und behandeln sie schlecht, aber sie deckt alles mit dem Mantel der Akzeptanz zu und macht munter weiter, Sitzung für Sitzung. Manche Klienten bleiben, ihre Pathologien wachsen und gedeihen. Andere, die Herausforderung und Grenzen suchen, gehen. Aber in Sarahs Glaubenssystem gibt es kein Problem. Für sie haben sämtliche Bedürfnisse der Klienten absolute Priorität. Auf diese Weise wird jede Pathologie rationalisiert und unabsichtlich verlängert.

Wenn eigene Lebensthemen stören

Wenn man die Schwächen von Berufsanfängern untersucht, zeigt sich oft eine Übereinstimmung zwischen ihren therapeutischen Fehlern und ihren Lebensskripten. Annie, eine ehemalige Alkoholikerin, arbeitet als Therapeutin in einer Klinik für Suchtkranke. Als Kind versuchte sie ständig, ihrer depressiven Mutter zu helfen, stets ohne Erfolg. Als Erwachsene suchte sie sich hilfsbedürftige Männer, für die sie sorgte, aber auch da sah sie keine Erfolge in ihrem Bemühen, sie zu verändern. Darunter liegt für sie die Forderung: »Wenn ich nur mehr getan hätte.«

Robert, ein hilfsbedürftiger Alkoholiker, kehrt wieder einmal in die Klinik zurück und soll mit Annie arbeiten, weil sein früherer Therapeut nicht mehr dort arbeitet. Sie sieht sich einem Klienten gegenüber, der sie an das Rückfallmuster ihrer Mutter und ihrer früheren Freunde erinnert, und sie versucht inbrünstig, ihm zu erklären, was er tun muß, damit es ihm besser geht. Sie weiß einerseits sehr gut, daß sie auf andere Dynamiken, die er ihr anbietet, nicht eingeht, aber für sie ist es am wichtigsten, ihn zu retten und so zu demonstrieren, daß sie diesmal endlich genug getan hat. Zu ihrer großen Bestürzung hat Robert kurz nach seiner Entlassung aus der Klinik einen Rückfall.

Versagen heißt für Annie, »daß man nicht genug für jemanden gesorgt hat.« Aber jetzt fragt sie sich: »Warum habe ich mich geweigert zu sehen, daß es hier um meine eigenen Themen ging?« Durch das Eingeständnis und die Exploration ihres Versagens kann sie es als möglichen Block bei der Arbeit mit Klienten erkennen. Dadurch wird sie sensibel dafür, bemüht sich um Veränderung und bereitet so den Boden für effektivere therapeutische Arbeit.

Linda hat auf die Hindernisse mit Anpassung reagiert, die sich ihr in ihrer Familie und später in der Schule in den Weg stellten. Der Übergang von einer Schule, die sie problemlos bewältigt hatte, auf ein privates Gymnasium ist ihr als Hindernis im Gedächtnis geblieben, das sie einzig deshalb überwinden konnte, »weil ich gelernt habe, das Spiel mitzuspielen«. Anders als vorher lag der Schwerpunkt der neuen Schule hauptsächlich im intellektuellen Bereich. Linda hat den Schritt vom gesellschaftlichen Erfolg zu akademischen Auszeichnungen zwar geschafft, fühlt sich aber intellektuell immer noch unzulänglich. In ihrer klinischen Arbeit ist das vorherrschende Thema: »Ich weiß nicht genug; ich tue so, als wäre ich jemand anderes, als ich in Wirklichkeit bin.« Im Privatleben, wo sie die Spielregeln verstehen kann, geht alles gut. Aber im therapeutischen Prozeß sind die Spielregeln im Fluß und lassen sich nicht so leicht umreißen. Hier spürt sie deshalb das dringende Bedürfnis, ganz genau herauszufinden, was gerade abläuft, damit sie sich ihre Kompetenz beweisen kann.

Margie weiß noch genau, wie sie einmal zufällig gleichzeitig ihr eigenes, relativ schlechtes und das herausragende Zeugnis ihrer Freundin nach Hause brachte. Sie erinnert sich an den Ausbruch ihrer Mutter beim Vergleich der Noten und an die Vehemenz der Botschaft: »Du mußt besser sein!« Als Reaktion auf dieses Leitmotiv hat Margie ihr Leben auf Perfektion und Höchstleistung ausgerichtet. Bis zum Beginn ihrer klinischen Arbeit war ihr schon der Gedanke an ein Versagen völlig abwegig. Und als das erste Mal eine ihrer Therapien gescheitert war, führte diese Konfrontation unmittelbar dazu, daß sie die ganze Verantwortung auf sich lud. Ihr erster Gedanke war: »Ich hätte besser sein müssen!«

Annies Angst, nicht genug zu tun, Lindas Fokussieren auf ihr unzureichendes Wissen und Margies Streben nach Vollkommenheit sind Beispiele für früh introjizierte Botschaften, die die therapeutische Effektivität unterminieren. Deswegen sieht sich jeder Therapeut mit der Herausforderung konfrontiert, über das Scheitern im eigenen Leben und die mächtigen Aufträge, die in jedem von uns verankert sein können, nachzudenken. Denn diese Aufträge enthalten möglicherweise beim Erwachsenen und beim Therapeuten den Keim der Angst vor dem Scheitern, gleichzeitig aber auch das Versprechen der Verwandlung, das in der Selbsterkenntnis liegt.

Therapeuten werden manchmal mit Dingen konfrontiert, die sie aus eigener Erfahrung noch nicht kennen. So hatte Yvonne, eine junge Therapeutin, eine unheilbar krebskranke Klientin. Sie selber war noch nie mit Tod und Sterben konfrontiert gewesen. Wenn sie mit der Klientin zusammen war, fühlte sie sich wie ein Roboter. Sie nickte und sagte »das Richtige«, stand aber allem, was geschah, emotional distanziert gegenüber. Es war zu beängstigend, die Bedeutung des Todes zu fühlen und zu akzeptieren, sich klar zu machen, daß auch sie eines Tages in ihrer eigenen Welt dem Tod gegenüberstehen würde.

Jack lebt in einer ziemlich freudlosen Ehe, aber eine Scheidung kommt für ihn aus religiösen Gründen nicht in Frage. Bei der Eheberatung eines jungen Paares stellt er fest, daß er sie stillschweigend ermutigt, sich zu trennen. Er möchte, daß der Mann das tut, wozu er selbst nicht bereit ist. Er möchte in der Therapie etwas geschehen machen, was er in seinem eigenen Leben nicht zulassen will.

Zu Zeiten vermeiden es auch die erfahrensten Therapeuten, sich klarzumachen, welchen Schaden sie unabsichtlich in der Sitzung anrichten. Hinter der geschlossenen Tür, wo nur der Klient Zeuge ist, kann man egoistisch seine eigene psychische Arbeit leisten oder sein Ich auf Kosten des Klienten schützen.

Mißachtung der eigenen Intuition

Anfänger suchen sich in ihrer Unsicherheit Supervision und Berater, die ihnen sagen sollen, wie sie am besten mit ihren Klienten arbeiten. Sie messen den Vorschlägen ihrer Mentoren große Bedeutung bei und versuchen bereitwillig, sie umzusetzen. Sie sind so begierig darauf, eine Lösung zu finden, den Klienten zu helfen, ihre Probleme zu bewältigen, daß sie dann manchmal nicht mehr auf ihre eigene Intuition vertrauen. Viele Anfänger geben auch tatsächlich zu: »Ich scheitere, wenn ich mir selbst untreu bin.«

In jeder Sitzung mit Rita, eine Klientin im Teenageralter, die ihn an seine eigene adoleszente Tochter erinnerte, fühlte Don, wie die Wut in ihm hochstieg. Er spürte zwar, daß diese Gefühle sich mehr auf seine eigenen häuslichen Schwierigkeiten als auf die junge Frau bezogen, die ihm gegenübersaß, ignorierte aber seine innere Stimme und zog den Behandlungsplan, den er mit seinem Supervisor entwickelt hatte, durch. Rita war Dons erste adoleszente Klientin. Wenn alles gut ging, hätte er Eindruck auf seinen Supervisor gemacht, ganz zu schweigen von Ritas Eltern und Lehrern, die so viele Schwierigkeiten mit ihr hatten. Unbeeindruckt von Ritas Widerstand und seiner eigenen wachsenden Wut machte er weiter, hielt sich bewußt an den Behandlungsplan und ließ seine Gefühle unberücksichtigt. Als der Augenblick kam, wo sich die Wut nicht länger beherrschen ließ, explodierte er - allerdings nicht in der Supervision, sondern in der Sitzung mit Rita. Dieses schockierende Ereignis beendete die Therapie und zeigt starken, anhaltenden Nachhall bei allen, die er hatte beeindrucken wollen. Bei der Aufarbeitung des Falles in der Supervision erkannte Don, daß er sich durch den intensiven Außenfokus weder selbst berücksichtigt noch die Informationen herangezogen hatte, die er in sich trug.

Es gibt ein Gespür, eine Art innerer Kompaß, mit dessen Hilfe man die therapeutische Richtung bestimmen kann, aber wie Don ignorieren viele Anfänger diese innere Stimme. Sie bleiben nicht bei dem, was in der Therapie wirklich abläuft, sondern verstricken sich in ihrem Bemühen, dem jeweiligen Kollegen, der ihnen den Klient überwiesen hat, dem Gericht, der Familie des Klienten, dem Bewährungshelfer, dem Kollegen zu gefallen. Phantasien von Auszeichnungen und Beförderung dominieren ihre Vorstellungen. Den donnernden Beifall im Ohr, marschieren sie weiter, ohne ihre wichtigste Hilfsquelle zu konsultieren: die eigene innere Weisheit.

Mangel an Selbstvertrauen

Bei jedem neuen Unternehmen ist das Selbstvertrauen entweder zu groß oder zu gering. Letzteres führt zu schwachem Willen und zögernder Haltung, ersteres möglicherweise zu unnötigen Risiken und verpatzten Gelegenheiten.

Pamela ist eine vorsichtige und passive Frau, seit kurzem geschieden, die nach Jahren eines abhängigen Daseins als Hausfrau und Mutter Therapeutin wurde. Niemand hatte sie je ernst genommen, weder ihre heranwachsenden Kindern, die nicht auf sie hörten, noch ihr Ex-Ehemann, der sie immer noch mißhandelte, vor allem nicht ihr Vater, ein Alkoholiker, der sie als Kind unbarmherzig schlug und dessen Bild sie immer noch verfolgte. Für Pamela war schon andauernder Blickkontakt eine Belastung. Sie sprach mit leiser Stimme, wirkte schüchtern. Ihr ganzes Wesen vermittelte Unsicherheit, und obwohl sie sehr liebevoll war, fähig und voll gutem Willen, liefen ihr die Klienten in Scharen davon. Sie konnten anscheinend nur schwer jemandem vertrauen, der so wenig Vertrauen in sich selbst hatte. Pamela gab sich nicht einmal die Mühe zu lernen, Selbstbewußtsein vorzutäuschen, selbst wenn man es nicht besitzt.

Diese Anfängerin verkörpert so gut wie alle unangenehmen Züge, die man mit ständig scheiternden Therapeuten in Verbindung bringt. Sie war so unsicher, daß ihre sogenannte ruhige Kraft völlig verschleiert wurde. In jeder Sitzung stand aufs neue ihr Selbstwert auf dem Spiel; entsprechend groß war ihre Angst davor. Ihre Haltung war pessimistisch, sie beschwor das Scheitern förmlich, und ihr Vokabular war durchzogen von Zeifeln, es wimmelte von Redewendungen wie »Ich glaube« oder »Ich weiß nicht«. Pamelas Fälle endeten routinemäßig mit ihrer Niederlage, weil sie zutiefst davon überzeugt war, sie besäße nicht die Kraft zur Heilung. Von daher ist es nicht verwunderlich, daß sie ihre Ausbildung nicht zu Ende brachte und schließlich eine andere Arbeit fand. Aber das wichtigste an diesem Beispiel ist nicht ihr erschreckender Mangel an Selbstvertrauen, sie steht vielmehr stellvertretend für viele Therapeuten, die ihr Scheitern indirekt durch Einstellungen, die ihre Arbeit sabotieren, selbst verursachen.

Ungeduld

Anfänger wollen Ergebnisse sehen. Sie suchen in der therapeutischen Arbeit eifrig nach Zeichen ihrer Wirkung auf die Klienten und wollen Beweise für ihren Erfolg. Da sie noch nicht erfahren haben, wie viele verschiedene Rhythmen und Prozesse es bei Klienten gibt, stürzen sie sich eilig auf das erste Anzeichen eines identifizierbaren Problems. Sobald sie eine Dynamik erkannt haben, die sich aufzeigen läßt, intervenieren sie, voll Ungeduld, »endlich in die Gänge zu kommen«, aktiv sein, etwas auslösen zu können. So sagte ein Ausbildungskandidat: »Ich möchte es wirklich schnell anheizen und dann zum Kern der Sache kommen.« Das heißt natürlich nichts anderes, als daß er unmittelbare Anzeichen dafür braucht, daß er etwas bewirkt. Für ihn ist alles, was geschieht, auch wenn es sich letztlich als kontraindiziert erweist, besser als gar nichts.

Anfänger greifen in die Entwicklungs- und Lernprozesse der Klienten ein, weil sie davon überzeugt sind, alles besser zu wissen. Diese Überzeugung verrät aber gleichzeitig ihr mangelndes Vertrauen in die Fähigkeiten der Klienten, etwas selbst herauszufinden. Sie erzählen etwas, das die Klientin noch gar nicht aufnehmen kann, bieten eine Lösung an, bevor der Klient überhaupt die Möglichkeit hatte, seine eigenen Optionen zu betrachen, hüpfen munter voraus und erwarten, daß die Klienten sich ihrem Tempo anpassen, anstatt auf den subtilen Rhythmus des einzelnen einzugehen. Sie spielen eine dissonante Melodie mit synkopierten Bewegungen, der es an Harmonie, Flüssigkeit, Verbindung fehlt.

Ungeduld scheint das Herzstück aller Bemühungen des Anfängers. Ohne die Sensibilität, die aus der Erfahrung gewonnen wird, begierig auf Erfolg, überzeugt, mehr zu wissen, als sie in Wahrheit tun, springt er in unergründliche Wasser und verursacht Wellen, die die Entwicklung der Klienten und die eigene Effektivität beeinflussen.

Naivität

In ihrer Sammlung therapeutischer Fehler berichten Robertiello und Schoenwolf (1987) von einem jungen Therapeuten, der gegenüber einer besonders verführerischen Klientin noch keine angemessene Distanz und Immunität entwickelt hatte. Diese Klientin hatte bei ihm (und bei vielen anderen) eine intensive Mischung aus Ärger und Anziehung hervorgerufen, die ihn sprachlos machte. »Im Grunde hat sie den Therapeuten in einen Doublebind verwickelt: Reagiert er auf ihre Verführung, verachtet sie ihn, reagiert er nicht, ist das eine Beleidigung« (S. 24).

Man kommt sehr leicht in solche Situationen, wenn man sich durch die Spiele der Klienten so hypnotisieren läßt, daß man seine Projektionen nicht mehr kontrollieren kann. In dem beschriebenen Fall erkannte der Therapeut, daß er die Klientin mit ihren eklatanten sexuellen Anspielungen konfrontieren mußte, aber seine wütende Stimme trieb sie aus der Therapie. Wie so viele Therapeuten, die sich mit Klienten unbehaglich fühlen, half er ihr, zu gehen. Zu den Variationen dieses Themas gehört es, Klienten vorzeitig für geheilt zu erklären oder eine kühle Maske aufzusetzen, um sie abzuschrecken.

Verwechslung von Diagnose und Person

Unsicherheit in bezug auf das eigene Wissen und die eigenen Fähigkeiten ist ein Charakteristikum des Anfängers. Fälle mit einem bedrohlichen Etikett wie »paranoide Persönlichkeit«, »Anorexie«, »Borderline« aktivieren Ängste. Sofort beginnt der verzweifelte Versuch, sich alles ins Gedächtnis zurückzurufen, was man über diese spezielle Krankheit je gelesen, gehört oder gelernt hat - der Versuch, sich gegen einen übermächtigen Gegner zu wappnen. Aber wenn man sich einmal darauf eingestellt hat, dem Klienten als mächtigen Gegener zu begegnen, kann man ihn nicht mehr wirklich akzeptierend und als Person wertschätzen. Man hat bereits entschieden, wer er ist und wie die Behandlung zu laufen hat. Das mag eine Art sein, mit den eigenen Ängsten umzugehen, aber im ahnungslosen Klienten kann eine solch entschlossene und sichere Haltung nur Furcht erwecken. Die therapeutische Beziehung ist keine Partnerschaft mehr, sondern beginnt als Kampf zweier Menschen.

Die erste Kostprobe des Scheiterns

Eine Therapeutin, frisch aus der Ausbildung, hat die Erfahrung des Scheiterns mit einem Fußballspiel verglichen. Mittels einer gewaltigen Anstrengung kann sie den Ball, d.h. den Therapiefortschritt, bis fünf, ja vielleicht sogar 10 Meter in Richtung auf das Tor schießen, da wirft sie ein Versagen wieder weit zurück. Sie fühlt sich arg mitgenommen, erschöpft und verzweifelt. Eine andere erlebt das Scheitern wie einen Haarriß auf dem Feld der Therapie, der für sie gleichbedeutend mit einem Erdbeben ist.

Diese Beispiele zeigen, wie stark das erste Erlebnis des Scheiterns wirkt. Es ist alarmierend, läßt abrupt innehalten, bewirkt Nachbeben, die die ganze Welt des Therapeuten erschüttern. Selbstzweifel verfestigen sich und greifen auf alle Bereiche über. Sie werden verallgemeinert und erstrecken sich nicht mehr nur auf den einen Fall, sondern stellen die Arbeit mit allen Klienten in Frage und unterminieren das Selbstgefühl, bis man am eigenen Wert als Person zweifelt. Scheitern kann für Berufsanfänger tatsächlich Gift sein, wenn sie nicht fähig sind, es als wichtige Erfahrung zu begreifen und unter der richtigen Perspektive zu sehen. Das geht aber leichter, wenn sie beobachten können, wie erfahrene Therapeuten mit ihrem Scheitern umgehen und welche positiven Ergebnisse die Selbstexploration haben kann.

Jeder Therapeut hat zu Anfang seiner beruflichen Laufbahn viel einstecken müssen. Die meisten haben ihre Lektionen gut gelernt und die frühen Fehler nicht wissentlich wiederholt. Aber es gibt auch viel Selbstzufriedenheit; die tägliche Routine und Sicherheit, die ein voller Terminkalender mit sich bringt, lassen die Sinne abstumpfen, und der offensichtliche Erfolg macht es schwer, Fehler zuzugeben, und sei es auch nur im stillen Kämmerlein. Das Nacherleben der Fehler von Anfängern kann dabei helfen, die eigene Verletzbarkeit zu erkennen, und zu neuer Achtung vor den grundlegenden therapeutischen Weisheiten führen.

6. Kapitel

Wechselseitiger Einfluß von Versagensängsten bei Klienten und Therapeuten

Zwar unterscheiden sich die Fehler von Anfängern und erfahrenen Therapeuten deutlich, aber eines ist beiden gemein: die Anfälligkeit für emotional besetzte Themen des Klienten. In jeder Sitzung existiert ein fortlaufender stummer Dialog zwischen Klient und Therapeut; sie reagieren aufeinander, innerlich wie äußerlich. In dieser Interaktion spricht man nicht nur miteinander, sondern auch mit sich selbst und reagiert auf die eigenen Gedanken und Gefühle.

Klienten sprechen über ihre Unsicherheiten, Verletzbarkeiten und Angst nicht nur zum, sondern auch mit dem Therapeuten, d.h., der Therapeut internalisiert die Botschaften auf verschiedenen Ebenen. Im wesentlichen konzentriert er sich zwar auf die Rolle des Helfenden, personalisiert aber gleichzeitig einen großen Teil dessen, was in den Sitzungen abläuft. Wenn ein Klient mit Zittern und Zagen Risiko, Scheitern und strenge Urteile antizipiert, geht es dem Therapeuten durchaus ähnlich. Im Endeffekt fungieren Therapeut und Klient als Auslöser für ihre jeweiligen Ängste.

Der Klient spricht über Mut- und Hoffnungslosigkeit. Er ist nicht nur als Vater, Ehemann, Geschäftsmann gescheitert, er schafft es noch nicht einmal in der Therapie, in der sich doch jeder Verlierer als Gewinner fühlt. Woche für Woche gleitet er immer tiefer in die

Depression. Und während er sich in dieser Weise anklagt, spürt die Therapeutin zwangsläufig ihre Wut und ihre Befürchtungen: »Vielleicht liegt es ja an mir. Wenn ich nur mehr wüßte, klüger, besser ausgebildet, geduldiger, liebevoller wäre, verliefen die Sitzungen bestimmt nicht so deprimierend.«

Die Abwehrmechanismen wirken, beim Klienten wie bei der Therapeutin. Und hat sie sich dann schließlich klargemacht, daß ein Therapeut nicht für das verantwortlich ist, was er nicht beeinflussen kann, sondern daß der Klient selbst entscheiden muß, wann und wie schnell er zur Veränderung bereit ist, ändert sie ihre Taktik und geht in die Offensive. Man wird ungeduldig, wenn der Klient sein Pech oder die schlechte Atmosphäre im Büro für seine mißliche Lage verantwortlich macht, konfrontiert ihn mit seinen Ausreden und erkennt, wenn man einen Moment lang nachdenkt, daß man selbst das Gleiche tut.

Wechselseitige Einflüsse in der Therapie

Randi starrte vor sich hin oder sah zu Boden, ihre Augen wichen dem Blick ihrer Therapeutin stets aus. Ihre Füße waren ständig in Bewegung, sie schlugen den Takt in einem angstvollen, nur ihr selbst bekannten Rhythmus. Sie hielt ihre Hände verklammert, die Knöchel weiß und angespannt. Ein Pflaster bedeckte die Stelle auf ihrer Hand, wo sie sich in einem Anfall selbstzerstörerischer Wut geschnitten hatte. Sie zitterte trotz aller Bemühungen, beherrscht zu wirken. Auf der verbalen Ebene wiederholte sie stereotyp die Botschaften: »Mir geht es gut. Laß mich in Ruhe! Es ist alles hoffnungslos.« Was immer die Therapeutin sagte, stieß auf Ablehnung - jede neue Idee aus ihrem Repertoire verschloß nur eine weitere Tür.

Die Therapeutin fühlte, wie bei jeder neuen Ablehnung das Engegefühl in der Brust zunahm und die Frustration wuchs. Sie bemühte sich verzeifelt, Kontakt zu Randi herzustellen, wollte sie von ihrer

Depression, ihrem Schmerz befreien. Aber je mehr sie suchte und kämpfte, desto unbehaglicher wurde ihr zumute. Später sagte ihr Randi, sie hätte sich in der Therapie wie ein Versager gefühlt: Die Frustration der Therapeutin hatte ihr signalisiert, sie sei nicht »okay«, erfülle die Erwartungen nicht. Je frustrierter die Therapeutin wurde, je härter sie gegen ihre eigenen Versagensängste ankämpfte, desto stärker wuchs Randis Überzeugung, sie selbst hätte versagt. Beide waren in ihren Versagensängsten gefangen, der schlimme Kreislauf ging ununterbrochen weiter.

Und dieser Zyklus hält an. Therapeuten beeinflussen ihre Klienten, Klienten beeinflussen ihre Therapeuten. Manchmal endet das damit, daß man gegenseitig in den empfindlichsten Punkten herumstochert. Dieser wechselseitige Einfluß der Partner in der Therapie ist als schlimmste Qual, aber gleichzeitig als besonders wichtiger Nutzen unseres Berufs beschrieben worden (Kottler 1986). Wenn ein Klient als Ergebnis erhitzter Gespräche und intensiver Nähe Risiken eingeht, sich entwickelt, sich verändert, dann tut das auch sein Therapeut. Und wie ein Klient sich dem eigenen Scheitern stellen muß, so muß auch ein Therapeut die eigenen Befürchtungen prüfen. Hobson (1985, S. 261) hat in seinem Tagebuch diese interaktive Wirkung und die Versuche beschrieben, mit denen man das Dunkel des Versagens vermeiden will - zunächst bei den Klienten und dann bei sich selbst:

»Es ist Montag morgen. Waschtag. Sues Stimme ist leblos und monoton.
'Es ist alles Zeitverschwendung ... wir drehen uns im Kreis ... nichts wird sich je verändern ... immer dasselbe. Jetzt, wo Jim mich fallengelassen hat ... Ich weiß, ich weiß, ich hab ihn ja dazu gebracht, mich zurückzustoßen, aber das nützt mir ja nichts. Wir haben schon vor 12 Jahren genauso geredet ... Sie haben auch die Nase voll davon ... Und ich mache Ihnen auch

das Leben zur Hölle, rufe sie am Wochenende zehnmal an ...
nehme all die Tabletten ... schlafe in Ihrem Garten und werfe
Steine an Ihr Fenster ... Ich schaff's nicht ... Ich schaff's wirklich nicht ... Ich bin zu nichts nütze. Sie haben die Nase voll. Ich
weiß es.'

*Sue hat recht. Ich hab genug, aber das ist zu milde aus-
gedrückt. Psychotherapie ist nutzlos. Ich schaff's nicht. Sues
bösartiger Angriff hat mich innerlich ausgehöhlt, und mein
Familienleben war das ganze Wochenende über ein einziges
Chaos. Heute hat meine Frau große Wäsche, und ich habe
einen Tag voller schwieriger Erstgespräche und unendlich
langer Komiteesitzungen vor mir. Sie ist gescheitert und fühlt
sich als Versager. Dabei habe ich versagt. Ich bin ein Versager.«*

Klienten reagieren auf eine optimistische Haltung ihres Therapeuten, auf dessen fröhliche Entschlossenheit, ihnen zu helfen. Umge-
kehrt reagieren Therapeuten auf die Verzweiflung ihrer Klienten.
Wenn sie sich trotz aller Anstrengungen des Therapeuten verloren,
hoffnungslos, verzweifelt fühlen, hat das tiefe Auswirkungen. Und
wenn die Versagensgefühle der Klienten im Therapeuten nach-
schwingen, erlebt er manchmal die eigenen schlummernden Ängste
aufs neue.

Ein Dialog

Die folgende Therapeut-Klient-Interaktion und der innere Dialog
des Therapeuten macht die sehr realen Auswirkungen der täglichen
Konfrontation mit dem Scheitern deutlich. Dabei unterminieren die
aggressiven Auseinandersetzungen mit Klienten, die sich mit einem
Angriff auf die Kompetenz des Therapeuten verteidigen, nicht nur

seine hilfreichsten Bemühungen; ihre heimtückischen Ängste und ihr Scheitern bilden gleichzeitig auch Bestandteile der eigenen Erfahrung, die nur allzu vertraut sind.

Die Klientin

Lori ist eine ausgesprochen intelligente, sensible und attraktive junge Frau von 24 Jahren. Obwohl sie kein Makeup benutzt, nie zum Friseur geht und ausschließlich Jeans und Pullover trägt, ist sie sehr schön. Sie kann überhaupt nicht einschätzen, wie sie auf andere wirkt. Wenn sie in den Spiegel blickt, sieht sie nur Unvollkommenheit: ihre Beine sollten länger, ihre Wangenknochen höher, ihre Augen glänzender, ihr Haar lockiger sein. Und das, obwohl sie sich überhaupt nicht um Kleidung oder Accessoires bemüht, die ihrer sportlichen und anmutigen Figur schmeicheln könnten. Damit hat sie eine Ausrede für den Fall, daß sie nicht auffällt. Innerlich fühlt sie sich wie eine alte Hexe, die als Frau total versagt hat.

Lori hat einen glänzenden Studienabschluß und promoviert in Psychologie, hält sich aber für durchschnittlich oder sogar unterdurchschnittlich intelligent. Ihre Leistungen erklärt sie damit, daß sie eben Glück gehabt habe, ein Prüfungstyp sei oder hart arbeiten könne. Wenn man ihr dann gratuliert, weil sie so hart arbeiten kann, leugnet sie ihre frühere Aussage und behauptet, sie hätte bei weitem nicht so viel gearbeitet, wie sie sollte. Lori ist sozusagen das personifizierte Versagen.

Der Therapeut

Ted ist ein attraktiver Mann, teilt aber Loris Grundgefühl körperlicher Unzulänglichkeit. Er ist schmächtig und hat keine besonderen sportlichen Fähigkeiten. Als Kind hat er darunter gelitten, daß er beim Mannschaftssport immer als letzter gewählt wurde. Als Erwachsener flüchtete er sich dann in konkurrenzlose Einzelaktivitäten wie Fahrrad- und Skifahren, in denen er sich von anderen nicht beurteilt fühlte.

Wie seine Klientin war Ted die meiste Zeit seines Lebens der Meinung, er sei dumm. Eltern, Lehrer und Kameraden fanden ihn nett, aber durchschnittlich, er schien prädestiniert für das mittlere Management einer mittelgroßen Firma. Er rebellierte gegen die geringen Erwartungen der Eltern und Lehrer, die ihn für faul, langsam und nicht besonders vielversprechend hielten. In der Schule hatte er dieses Bild durch schlechte Noten, dumme Fehler beim Sport und Vereinzelung nur bestätigt, aber auf der Universität blühte er auf. Nach den langen Jahren der Mittelmäßigkeit holte er plötzlich auf, brillierte in seinen Studienjahren und galt zu seiner eigenen Überraschung als außergewöhnlicher Wissenschaftler und begabter Kliniker. An den scheuen, dummen Versager der Kindheit denkt niemand mehr, d.h. niemand außer ihm selbst.

Die Interaktion

Und jetzt sitzen diese beiden allein in einem stillen Zimmer, die intelligente und schöne Lori, die so tut, als sei sie dumm und häßlich, und Ted, der intelligent und charmant ist, sich aber unzulänglich und schüchtern fühlt. Sie schätzen sich vorsichtig ab, jeder für sich mit seinen eigenen Gedanken und Befürchtungen, und beide sind wild entschlossen, den anderen nicht zu enttäuschen. Lori spricht über ihre Verzweiflung, ihre Hoffnungslosigkeit, ihre endlose Depression. Aber die Therapie scheint nicht zu helfen. Sie entschuldigt sich. Sie ist noch immer mit allem gescheitert, was sie versucht hat. Und das ist eben jetzt auch nicht anders. Pause. Schluchzen. Stille.

Ted versucht, ihre Erinnerungen anzufechten. »Sie sind mit allem gescheitert? Mit allem? Sie haben nie bei irgendetwas Erfolg gehabt? Wie sind Sie dann auf die Universität gekommen?«

Lori, die seinem Blick steif ausweicht, versinkt immer tiefer in ihre Mutlosigkeit. Der Therapeut gerät in Panik, denkt: »Ich verliere sie, und ich bin selbst schuld. Ich muß sie davon überzeugen, daß sie irgendwann auch erfolgreich war, aber ich kann sie ja nicht erreichen.«

Er setzt mehrmals an, einen schwer faßbaren Punkt zu demonstrieren, der ihm nicht mehr einfällt. Die Klientin wartet ab, in trotziger Ruhe, fast als wenn sie sagen wollte, er solle es nur wagen, sie zu überzeugen, daß sie mehr als die ewige Verliererin sei. Völlig frustriert, blickt er zum Fenster hinaus und sieht die alte Eiche, die an diesem Märztag kahl und allein wirkt. Erleichterung überkommt ihn, als er sich schließlich für einen neuen Weg entscheidet.

»Sehen Sie den Baum da draußen wachsen?«

Lori wirkt geistesabwesend, aber sie beschließt, dem ach so bemühten Therapeuten seinen Willen zu lassen. Lustlos antwortet sie: »Natürlich nicht.«

»Heißt das, daß er nicht wächst, nur weil das so langsam geschieht, daß Sie es nicht wahrnehmen können?«

Selbstgefällig und mit dem Manöver zufrieden, glaubt Ted, er hätte die Katastrophe abgewendet. Sie scheint zu verstehen. Aber was für ein kurzlebiger Sieg! Ted weiß nur zu genau, daß die tiefen Unzulänglichkeitsgefühle wiederkommen und damit auch seine eigenen Zweifel aufs neue wecken werden. Er fragt sich, warum ihn dieser Fall so fesselt, warum er sich so sehr bemüht, sie und sich von vorgeblichen Fortschritten zu überzeugen.

Auch Lori denkt nach: »Lieber Himmel, der arme Kerl tut so viel, um mir zu helfen, und ich enttäusche ihn ständig. Was mag er wohl denken?«

Das scheinbar geduldige Lächeln des Therapeuten verdeckt seinen inneren Aufruhr. »Es ist ja schon schlimm genug, daß ich sie enttäusche, aber was wird ihr Vater denken? Er ist ein hohes Tier, Neurologe, und bis jetzt habe ich ihm ganz schön imponiert. Wenn ich bei seiner Tochter gute Arbeit leiste, überweist er mir vielleicht Patienten, aber wenn sie aufgibt, denkt er, es sei meine Schuld ... Aber er ist Arzt. Er sollte wissen, daß ein Scheitern manchmal unvermeidlich ist ... Vielleicht fällt es ja doch nicht auf meine Kompetenz zurück. Aber wenn sie zu jemand anderem geht ... Mein Gott, wie kann ich nur so eitel und selbstbezogen sein! Diese arme junge Frau leidet, ich kann ihr anscheinend kaum helfen, und ich denke nur daran, ob mir das alles schaden kann. Wie komme ich nur darum herum, mich selbst als Versager zu fühlen, weil sie sich dafür hält?«

Schließlich reagiert Lori: »Ich sehe mir immer noch den Baum da draußen an, und natürlich haben Sie recht. Wahrscheinlich geht es mir schon besser, auch wenn ich mich nicht so fühle. Aber der Baum erinnert mich so sehr an mich selbst. Er ist so häßlich und einsam.«

Teds Bauchmuskeln spannen sich, und er beißt die Zähne zusammen. Er denkt: »Vielleicht ist das alles Teil ihrer Krankheit. Sie will gar nicht, daß es ihr besser geht. Sie scheitert gerne. Verdammt, sie hat wirklich genug Übung darin! Jetzt zieht sie mich schon in ihren Kram hinein. Ich fühle mich schon selbst als Versager. Vielleicht kann ich damit ja irgendetwas anfangen. Wenn ich mich da raus ziehe, folgt sie mir vielleicht.«

Lori unterbricht den inneren Dialog des Therapeuten. Wenn sie sich schon nicht selbst helfen kann, dann vielleicht zumindest jemand anderem. Typisch. Immer geben, selbst in ihrer Therapie, und besonders bei dem Menschen, der das geworden ist, was sie selbst so gerne werden will.

»Aber sie haben mir doch geholfen. Ich meine, wohin könnte ich denn sonst gehen? Wenn ich meinem Professor oder meinen Kommilitonen eine Andeutung über meine Stimmungen machen würde, würden sie mir sofort eine Diagnose verpassen, mich - halb empathisch, halb herablassend - in die Ecke stecken, die sie für alle 'Patienten' reserviert haben. Natürlich weiß ich, daß das alles an mir liegt. Es ist nicht Ihr Fehler, daß ich so unkooperativ bin.«

Ted betrachtet die Aussage mißtrauisch, sucht nach der Falle, und dann macht sich Einsicht auf seinem Gesicht breit. »Sie versucht, mich aus der Schlinge zu ziehen. Tatsache ist, ich war zu ängstlich in meinen Interventionen. Weil ich die Sache nicht vermasseln wollte, war ich so vorsichtig, daß ich das Risiko einer Konfrontation überhaupt nicht eingegangen bin.«

"Lori, es ist mir gerade aufgefallen, daß ich bei der Arbeit mit Ihnen vorsichtiger bin als sonst. Ich wollte Sie nicht konfrontieren, weil ich Angst hatte, daß Sie das nicht aushalten. Aber ich habe gerade eingesehen, daß ich damit Ihr Selbstbild als menschliches Wrack übernehme, und ich stimme Ihrer Selbsteinschätzung keineswegs zu. Ich glaube vielmehr, Sie mögen die Art, wie Sie sich fühlen, und brauchen die Entschuldigungen, die Sie für sich gesammelt haben, um so bleiben zu können. Und ich glaube, Sie tun unbewußt alles, was Sie nur können, um die Therapie zu sabotieren. Sie wollen, daß wir scheitern.«

Lori zeigt Ärger, dann Unglauben, weigert sich aber zu reagieren. Sie schüttelt unmerklich den Kopf und sieht zum Fenster heraus auf den Baum. Ted fragt sich, ob seine Intervention klug war. Vielleicht war er zu direkt. Könnte es sein, daß er weit daneben lag? Warum ist es für ihn so wichtig, Recht zu haben? Er sieht, daß Lori zittert, und fühlt sich zensiert und beschämt. Er weiß nicht, was er als nächstes sagen oder tun soll, weil er nicht schon wieder einen Fehler machen will. Er hat sein Hemd im Rücken durchgeschwitzt. Er kann keine bequeme Sitzposition finden.

Dann explodiert Lori. »Sie wissen, unter welchem Druck ich stehe. Mein Vater ist Arzt, meine Mutter Anwältin - ich kann ihnen nie etwas recht machen. Nichts ist für sie gut genug. Sie kritisieren mich nicht offen, natürlich nicht, aber ich weiß, daß sie mehr erwarten. Selbst daß ich Psychologin werden will ... damit bin ich eben keine richtige Ärztin. Mein Vater sagt, Psychologen tun nichts, sie beschweren sich nur, daß die anderen Ärzte den Patienten zu viele Medikamente geben.«

Ted überlegt: »Vielleicht hat sie ja recht. Wenn ich nicht so viele Schwierigkeiten mit Chemie gehabt oder einen Studienplatz für Medizin bekommen hätte, wäre ich ja auch ein 'richtiger Arzt' geworden. Naja, vielleicht doch nicht. Aber warum spüre ich dann soviel Abwehr?« Schließlich sagt er: »Lori, was ist die Verbindung zwischen der Art, in der Ihre Eltern Sie behandeln und Ihrem Verhalten heute hier?«

»Ich kann den Gedanken nicht ertragen, daß mich jemand beurteilt. Ich ziehe mich immer zurück - von Beziehungen, Verpflichtungen, einfach von allem - nur um zu vermeiden, daß mich jemand beurteilt. Ich setze mich selbst so sehr herab, daß mich niemand schlimmer verletzen könnte. Niemand kann was über mich sagen, was mir nicht vorher schon selbst eingefallen wäre.«

Implikationen

Solche Gespräche und inneren Dialoge können überall auftauchen, wenn auch vielleicht nicht so extrem. Zweifellos stecken viele Ängste von Klienten auch tief im Therapeuten. Unsicherheit und Unzulänglichkeitsgefühle, verzerrte Selbstbilder, das ständige Bedürfnis, zu erklären und zu kontrollieren, rufen dem Therapeuten vertraute Themen ins Bewußtsein, gegen die er sich abschottet, um dem Dämon der eigenen Psyche nicht begegnen zu müssen.

So geht das Wechselspiel der gegenseitigen Beeinflussung von Gedanken, Gefühlen und Reaktionen zwischen Therapeut und Klient weiter. Bleibt man wachsam dafür, wird es zum wichtigen Hilfsmittel, zum Werkzeug für die eigene Entwicklung wie für die des Klienten. Aber wenn man es nicht beachtet, kann es die Beziehung verzerren und die Interaktion zwischen Klient und Therapeut zerstören.

Aufdeckung des Versagens

Die Konfrontation mit den eigenen Unvollkommenheiten ist ein gutes Mittel, anderen bei der Bewältigung ihrer Fehlbarkeit zu helfen. Durch jede einzelne Erfahrung des Versagens in der Sitzung können ungelöste persönliche Auseinandersetzungen aktiviert werden. Beratung und Gespräche mit anderen helfen, mit diesen Schwierigkeiten umzugehen, aus ihnen zu lernen und letztlich sich selbst besser anzunehmen.

Da es eins der Ziele dieses Buches ist, Fehler ans Licht zu bringen und einen offeneren Dialog über therapeutisches Versagen in Gang zu setzen, halten wir die Fallbeschreibungen von bekannten oder unbekannten, erfahrenen Psychotherapeuten oder Berufsanfängern für das Herzstück des Buches. Aber wir können natürlich nicht von Lesern, Kollegen oder den vielen Therapeuten, deren Erfahrung in dieses Buch eingegangen ist, erwarten, daß sie ihre schlimmsten Fehler offenlegen, ohne auch selber dazu bereit zu sein. Wir haben Ausbildungskandidaten, Anfänger und erfahrene Therapeuten, Theoretiker und namhafte Praktiker gebeten, ihre Fehler vorzustellen, und jetzt ist es an der Zeit, mit demselben Zögern und derselben Scham wie diese die folgenden Beispiele vorzustellen. Die Fälle zeigen, wie die Versagensängste des Klienten (oder des Auszubildenden) das Gefühlsleben des Therapeuten beeinflussen, was dann wiederum auf die anhaltenden Befürchtungen und Ängste des Klienten zurückwirkt.

Dianes Versagen in der Supervision

Auch wenn ich aus meinen Fehlern in der klinischen Praxis viel gelernt habe, möchte ich hier eine Erfahrung aus der Supervision berichten. Sie zeigt meine Schwierigkeiten mit verzerrter Selbstwahrnehmung und unrealistischen Erwartungen, die Auswirkungen auf die Ausbildungskandidatin und das, was ich schließlich daraus gelernt habe.

Unmittelbar nach der Abschlußsitzung eines meiner Seminare teilte man mir mit, ich solle in das Büro der stellvertretenden Fachbereichsleiterin kommen. Noch begeistert von dem Seminar und ausgesprochen zufrieden mit mir selbst ging ich hin und fand dort eine Studentin vor, die während des Semesters bei mir in Supervision gewesen war. Eigentlich erwartete ich Lob und Anerkennung, bekam aber schnell ein unangenehmes Gefühl, als ich die angespannte und lastende Atmosphäre im Raum wahrnahm.

Ich setzte mich der Studentin gegenüber. Ihr Gesichtsausdruck zeigte, daß sie vor Wut kochte. Sie starrte mich an, sah durch mich hindurch. Ich konnte ihre Wut fast körperlich spüren und schob unwillkürlich meinen Stuhl zurück, um mich zu schützen. Ich sagte: »Es sieht so aus, als hätten Sie mir etwas zu sagen.«

Im gleichen Augenblick brach der Sturm los. Sie beschimpfte mich mit lauter Stimme, warf mir vor, ich sei eine unfähige Supervisorin, ich hätte ihr nicht genug Führung und Anleitung gegeben, sie hielte überhaupt nichts von mir, weder als Supervisorin noch als Lehrerin und schon gar nicht als Mensch. Sie hätte, schrie sie, in ihrem Praktikum so schlecht abgeschnitten, daß man ihre Probezeit verlängert hätte.

Wenn sie mir auch nie besonders aufgeschlossen erschienen war, hatte ich doch nie Anzeichen für diese offensichtliche Verzweiflung gesehen. In der Supervision hatte sie von positiven Ergebnissen gesprochen und nur selten Probleme erörtert. Was sie sagte, kam von daher als ein Schock, und die heftigen Gefühle, mit denen sie mich bombardierte, überraschten mich völlig. Noch nie hatte mich jemand dermaßen aggressiv, wütend und giftig konfrontiert. Ich schrumpfte förmlich in meinem Stuhl und hielt mich krampfhaft an der Lehne fest. Ich mußte die Füße fest auf den Boden stellen, um nicht weggefegt zu werden. Mein Atem ging flach und schnell, mein Magen verkrampfte sich. Ich erkannte, daß ich nicht richtig denken konnte. Ich wollte mich nur vor diesem Angriff schützen.

Ich konnte nur noch denken: »Das bin nicht ich, das ist sie.« Mir wurde kalt, als ich darum kämpfte, mich von ihr zu distanzieren. Je emotionaler sie wurde, desto distanzierter wurde ich. Ich sah meine Kollegin an, wollte von ihr verteidigt und unterstützt werden, erwartete eine Aufzählung meiner Stärken, aber sie schien nicht zu merken, wie ich litt, und konzentrierte sich ganz darauf, der Studentin zu helfen. Ich hörte mich sagen: »Ich lasse so nicht mit mir sprechen. Das reicht jetzt.« Trotzdem klebte ich am Stuhl, unfähig, mich zu bewegen, und zu meiner Überraschung den Tränen nahe. Die Konfrontation endete damit, daß die Studentin für das restliche Studienjahr einen anderen Supervisor bekommen sollte.

Gleichermaßen erleichtert wie geschlagen verließ ich den Raum und ging zurück in mein Büro. Sobald ich die Tür geschlossen hatte, begann ich zu schluchzen. Meine Reaktion verblüffte mich selbst. Natürlich war ich schon frührer konfrontiert und kritisiert worden, aber noch nie so vehement. In meinen Augen hatte ich als Supervisorin so schwer versagt, daß die Studentin nicht länger mit mir arbeiten wollte. Selbstgefällig hatte ich ihre Verzweiflung nicht bemerkt und meine Unfähigkeit, mit ihr zu arbeiten, nicht zugegeben. Es war, als hätte es eine stillschweigende Übereinkunft zwischen uns gegeben: Sie verzichtete darauf, ihre Ängste zu verbalisieren und mir zu sagen, wie unzulänglich sie sich fühlte (»Bin ich überhaupt für den Beruf geeignet?«), und ich verlängerte die Scharade, weil ich nicht zugab, daß ich Angst hatte, ihr nicht helfen zu können (»Und wenn ich bei einem Fehler erwischt werde?«).

Die Grundfesten meiner Existenz schienen durch diese Erfahrung erschüttert, und es blieb mir nichts anderes übrig, als sie zu begreifen und damit umzugehen. Was da erschüttert wurde, war das Gefühl, ich sei so gut wie vollkommen, eine außergewöhnlich gute Supervisorin und Lehrerin, ausgesprochen begabt für die Arbeit mit den problematischsten Studenten und Supervisionsteilnehmern. Jetzt mußte ich mich mit diesem plötzlich veralteten Selbstbild konfrontieren und ein realistischeres schaffen.

Die Heimfahrt an diesem Tag war lang und schmerzhaft. Ich weinte, lenkte mich ab, indem ich versuchte, an Positives zu denken, und weinte wieder. Ich kam in ein leeres Haus, mein Mann war unterwegs zu einer Konferenz. Also konnte ich die schreckliche Geschichte nicht vor ihm ausbreiten, meine Version darstellen und demonstrieren, wie schuldlos ich war und wie toll ich eigentlich sei. Ich war allein mit meinen Gefühlen, mit mir selbst.

Ich begann allmählich zu erkennen, daß ich mir etwas vorgemacht hatte und zur Komplizin der verzerrten Selbstsicht der Studentin geworden war. Wir hatten beide so getan, als liefe alles zufriedenstellend. Als sie erfuhr, ihre Probezeit sei verlängert worden, brachen ihre Ängste aus, und sie richtete ihre Wut auf mich (»Ich klage dich an, dann brauche ich mich nicht zu analysieren«). Gegen diese (wie ich dachte) ungerechte Anklage schützte ich mich mit denselben Mechanismen (»Das bin nicht ich, das ist sie«).

Für mich weist diese Erfahrung weit über die Kompetenzfrage hinaus. Sie macht deutlich, wie sehr ich mich davor geschützt habe, mich meinen eigenen Schwächen und Unvollkommenheiten zu stellen, und wie geschickt ich Entschuldigungen fand, um Kritik abzuwehren. Selbst die Kollegen, mit denen ich mich umgab, waren nichts weiter als eine Jubeltruppe. War ich zu ihnen genauso unehrlich wie sie zu mir? Waren wir alle Komplizen im Selbstbetrug?

Erst die intensive, erhitzte Wut der jungen Frau durchdrang meinen Panzer und brachte mich dazu, meine gut ausgebauten Abwehrmechanismen gründlich zu betrachten, zu akzeptieren, daß auch ich schuldfähig war, genügend Offenheit aufzubringen, um die Erfahrung realistisch zu betrachten. Ich konnte zugeben, wie selbstzufrieden ich mit ihr gearbeitet hatte, und überlegen, was ich hätte anders machen können. Dadurch konnte ich mir schließlich meine Fehler verzeihen.

Ich bemühte mich, die Beziehung zu der Studentin wiederaufzunehmen und mich neu zu verpflichten, ihr und mir gegenüber ehrlich und direkt zu sein. Daß ich bereit war, meinen Anteil an dem Fiasko zuzugeben, ermutigte sie, dasselbe zu tun. Die Distanz und die Wut, mit der wir uns gegenseitig dessen beschuldigten, was im Grunde an uns selbst lag, verwandelten sich bald zu einem Arbeitsbündnis, von dem wir beide profitierten.

Bis heute hat mir keine Interaktion mit Klienten, Studenten und Supervisionskandidaten so viele Erkenntnisse gebracht wie diese Erfahrung des Versagens. In dem Versuch, ihre eigenen Ängste auf mich abzuwälzen, hatte die Studentin meine Kompetenz angegriffen und damit meine eigenen Unzulänglichkeitsängste aktiviert. Darauf hatte ich wie sonst all meine Resourcen mobilisiert, um mein Ich zu schützen. Unglücklicherweise konnte wohl nur ein so schmerzhaftes Ereignis meine soliden Schutzschichten durchbrechen, meine unrealistischen Überzeugungen wegfegen und mich zwingen, mich selbst ehrlicher zu betrachten. Obwohl die Erfahrung so verstörend war, hatte ich ein Geschenk erhalten: die unüberhörbare Mahnung an meine Verletzbarkeit und Menschlichkeit.

Jeffreys Versagen als Therapeut

Meine letzte Begegnung mit Arthur liegt jetzt mehr als sechs Jahre zurück, aber ich fühle mich immer noch nicht wohl, wenn ich an das Ende der Therapie denke, vor allem an mein Verhalten in der letzten Phase der Beziehung. Daß ich immer noch über den Fall grüble und Reste von Frustration, Wut, Selbstzweifel und Inkompetenz spüre, spricht wohl nicht gerade für die Art, wie ich seitdem mit mir umgegangen bin. Normalerweise bin ich stolz darauf, daß ich Situationen, in denen ich nicht viel tun kann, loslassen kann. Aber dieser Fall hängt mir noch immer nach.

Arthur kam ursprünglich zu mir, weil seine Ehe zu scheitern drohte und er nur wenig tun konnte, um sie zu retten. Seine Frau war der festen Überzeugung, es hätte keinen Zweck mehr. Sie hatte kein Vertrauen mehr zu ihm, fühlte sich betrogen und glaubte, er hätte eine Affäre, die er nicht zugab. Die Therapie war Arthurs Versuch, seine Frau davon zu überzeugen, daß er alles für sie täte.

Arthur stellte sich als ernsthafter und aufrichtiger Mensch dar. Er sprach direkt über seine Absichten und sagte ganz offen, er hätte in seinem Leben immer erreicht, was er wollte, und er sähe nicht ein, daß sich das ändern solle, bestimmt nicht jetzt, wo die Beziehung zu seiner Frau und dem kleinen Kind für ihn auf dem Spiel stand. Er wäre zu allem bereit, um seinen guten Willen zu zeigen und eine neue Chance zu bekommen.

Normalerweise arbeite ich mit wöchentlichen Sitzungen, damit die Klienten genügend Zeit haben, über den Inhalt der Sitzungen nach-zudenken und gegebenenfalls nach den so gewonnenen Einsichten zu handeln, aber in Arthurs Fall machte ich eine Ausnahme. Es gab dafür verschiedene Gründe: Er schien sehr besorgt, voller Befürchtungen; er würde von intensiver Unterstützung in dieser verletzlichen Phase profitieren. Er war hochmotiviert und suchte ungeduldig nach Mög-lichkeiten, seine Symptome zu lindern. Ich mochte ihn gern und wollte ihm wirklich helfen, ein Scheitern zu vermeiden (ohne zu ahnen, daß die Ereignisse schließlich zu meinem eigenen Scheitern führen würden). Außerdem (ich schäme mich fast, es zuzugeben) behauptete er, Geld sei für ihn kein Problem und er könne so viele Sitzungen bezahlen, wie mein Terminplan nur zuließ.

Nachdem wir die Frage des Geldes und der strukturellen Parame-ter für den Behandlungsplan geklärt hatten, drängte er mich, mit der Therapeutin seiner Frau Kontakt aufzunehmen. Er hoffte, daß nach und nach zwischen uns vieren eine gemeinsame Arbeit möglich würde. Diese Kollegin war eine sehr bekannte Psychotherapeutin, über die ich schon viel gehört hatte, und so war ich doppelt froh über einen Vorwand, sie anzurufen - nicht nur wegen der Hintergrund-information, die für die Arbeit mit Arthur nützlich sein könnte, sondern auch, um auf diese weibliche Autoritätsfigur Eindruck zu machen (versuchte ich vielleicht, den Beifall meiner verstorbenen Mutter zu bekommen, die mich nie als Erwachsenen kennengelernt hatte?).

So bereitete ich also den Boden für das kommende Fiasko. Un-befangen, ohne jegliche Ahnung, daß meine Einschätzung in so vie-len Bereichen völlig falsch war, legte ich los. Ein langes Telefonat mit der Therapeutin folgte, in der ich mich sehr bemühte, ihr zu imponieren - dabei gab ich allerdings sehr viel mehr preis, als ich beabsichtigt hatte. Von ihr bekam ich nur den Rat, mein Honorar von Arthur im voraus zu verlangen, denn er sei ein »ekelhafter Schnorrer«. Ich teilte ihr dafür im Vertrauen mit, Arthur sei deswegen so ambivalent und widersetze sich den Forderungen seiner Frau, sein Leben in Ordnung zu bringen, weil er eine Affäre mit der besten Freundin seiner Frau gehabt habe. Mit dieser wertvollen Information gelang es mir tatsächlich, die geschätzte Kollegin zu beeindrucken, so sehr, daß sie ihre Klientin von dem Gespräch in Kenntnis setzte. Die wiederum beschimpfte den armen Arthur, sobald sie zu Hause war.

Aus gutem Grund lief die nächste Sitzung mit Arthur nicht besonders gut. Er war wütend und schimpfte, ich hätte sein Vertrauen mißbraucht. Meine Entschuldigung, ich hätte doch die Therapeutin seiner Frau nur auf seine Bitte hin angerufen und nicht wissen können, daß sie Informationen aus einem beruflichen Gespräch an ihre Klientin weitergebe, interessierten ihn nicht. Er forderte Wiedergutmachung, und ich war dazu nur allzu bereit. Ein Termin mit seiner Freundin, um ihr die Situation zu erklären, schien ihm das mindeste. Daß ich dem zustimmte, kann ich mir heute nur als momentane Unzurechnungsfähigkeit erklären, aber was ändert das? Diese Sitzung lief sehr gut, aber ich war mittlerweile so durcheinander, daß ich nicht mehr wußte, wie es weitergehen sollte. Für Arthur war das kein Problem, er wußte ganz genau, was er wollte. In der nächsten Sitzung brachte er seine Frau mit - und stellte mich klipp und klar als den schlechten Einfluß vor, der ihre Ehe zerstörte. Seine Frau war mir gegenüber so feindselig eingestellt, daß Arthur ungeschoren davonkam. Und von seinem Gesichtspunkt aus betrachtet, war alles wunderbar gelaufen: seine Frau hatte erstens der Versöhnung zugestimmt und ihn damit vor der Katastrophe des Scheiterns bewahrt; er konnte sich zweitens weiter mit seiner Freundin treffen; er weigerte sich drittens, getreu seinem Ruf als »ekelhafter Schnorrer«, die Rechnung für die 30 Sitzungen bei mir zu bezahlen.

Ich war reingelegt worden. Ich war stinksauer. Ich wollte mich rächen. Zumindest wollte ich das Geld für die geleisteten Dienste. Aber gleichzeitig war ich voller Zweifel. Ich war so verwirrt, daß ich nicht einmal sicher war, auf welche Art ich die Sache vermasselt hatte oder ob ich sie überhaupt vermasselt hatte. Ich wußte nur, daß Arthur wie ein Versager wirkte, als er kam. Als er dann ging, von seiner Last befreit, hatte ich die Symptome übernommen.

Ich habe mit allen Mitteln versucht, mein Unzulänglichkeitsgefühle in Bezug auf diesen Fall zu überwinden. Ich habe mir wieder und wieder gesagt, daß Arthur das Scheitern der Therapie brauchte. Vielleicht sabotierte er den Prozeß, nur um seine Rechnung nicht bezahlen zu müssen; zu seinem Charakter würde das durchaus passen. Ich habe mich gefragt, warum ich gerade diesen speziellen Fall so schwer vergessen kann. Ich habe mit Kollegen gesprochen, um den Auslöser für meine Probleme aufzuspüren.

Jetzt, Jahre später, glaube ich, ich habe durch diesen Fall gelernt, bescheiden zu sein. Er erinnert mich daran, was ich bei mir und bei anderen alles nicht begreife. Ich habe absichtlich nichts unternommen, um das Geld bei Arthur eintreiben zu lassen. Zum einen hatte ich Angst, Arthurs Frau würde mich wegen irgendwelcher eingebildeter Behandlungsfehler verklagen. Außerdem wollte ich mich nicht in einer Situation verteidigen müssen, in der ich mich so diffus schuldig fühlte. Aber zum anderen wollte ich mich dafür bestrafen, daß ich diesen Fall so eklatant falsch beurteilt hatte: ich hatte keine Bezahlung verdient. Ich weiß noch, wie hart ich gearbeitet und wie wenig ich dafür bekommen habe, ob im Sinne von Anerkennung oder Bezahlung. Und doch habe ich aus der Interaktion mit Arthur unglaublich viel gelernt. Er verfolgt mich immer noch, und er wird es weiter tun, damit ich die schmerzhafte Lektion, die er mir verpaßt hat, nicht vergesse.

Rückblick

Alle drei Beispiele, der innere Dialog des Versagens und die beiden Darstellungen unseres eigenen Scheiterns, verweisen auf den komplexen, interaktiven Effekt durch die Art und Weise, in der Klient wie Therapeut mit persönlichen Verletzbarkeiten umgehen. Nach unserer Beobachtung verläuft der Kampf mit dem Versagen, seine Vermeidung, Leugnung und allmähliche Akzeptanz, parallel, in einem Prozeß, der durch Offenheit in der therapeutischen Begegnung sowohl stimuliert wie verlangsamt wird. Im Idealfall werden Therapeuten im Zuge ihres wachsenden persönlichen Einflusses zum Modell für den Umgang mit den Risiken des Lebens und den Nachwirkungen unerwünschter Resultate. Unglücklicherweise macht es die Realität der beruflichen Praxis und des Alltags vielen Therapeuten schwer, ihr Scheitern zu akzeptieren und die schmerzlichen Gefühle in dessen Gefolge zu bearbeiten.

Diese Aufgabe würde mit Sicherheit leichter, wenn die führenden Persönlichkeiten der Psychotherapie offener über ihre eigenen Schwächen, Unvollkommenheiten und die Bewältigungsstrategien für negative Ergebnisse reden würden. Und das wird das Thema des nächsten Kapitels sein.

7. Kapitel

Die Fehler namhafter Psychotherapeuten

Es gibt eine Unmenge von Forschungsergebnissen und Büchern, Konferenzen und Workshops, mittels derer führende Vertreter der Psychotherapie die Macht und Magie ihrer Interventionen der Öffentlichkeit vorführen. Es ist tatsächlich äußerst anregend, Minuchin bei der Arbeit mit einer Familie zu beobachten, Yalom bei der Gruppenarbeit zu erleben oder zuzusehen, wie Ellis ein Interview führt. Und auch Therapeuten wie Rogers, Perls und May haben die Wirksamkeit ihrer Methoden immer wieder demonstriert.

Diese phantastischen Demonstrationen stehen in der Tradition der großen Therapeuten der Vergangenheit, die uns Geschichten hinterlassen haben, wie sie durch brillante Diagnosen und Behandlung scheinbar hoffnungslose Fällen heilen konnten. Als Student las man mit Ehrfurcht von Freuds "Wolfsmann" oder von "Anna O.", sie klangen wie die Märchen, die man als Kind erzählt bekommen hat und die immer gut ausgehen. Freud erwähnt im Zusammenhang mit der Zwangsneurose einmal, der Patient habe ganz nebenbei ein Ereignis erwähnt, in dem er dann zwangsläufig die aufregende Ursache der Krankheit erkannte. Auch seine Nachfolger bewiesen geradezu unheimliches therapeutisches Geschick und stellten ihre beispielhaften Fallstudien (fast ausschließlich erfolgreiche) vor, um ihre Theorien zu untermauern.

In einer Anthologie solcher Erfolge sind dann Adlers "Frau A.", Jungs "Mann mit einem Traum", Rogers' "Mrs. Oak", Ellis' "Schwarzsilberner Masochist", Wolpes "Frau C.", Perls' "Fall Jane" und Glassers "Fall Aaron" versammelt (Wedding, Corsini 1979). Zweifellos kann man aus diesen Beispielen viel lernen, beleuchten sie doch, wie die unterschiedlichen Theorien in den Sitzungen umgesetzt werden, und sie zeugen gewiß auch von den bemerkenswerten Fähigkeiten ihrer Vertreter. Aber ganz nebenbei drängen sie die Möglichkeit des Versagens immer weiter in den Hintergrund.

Heute gibt es Filme, Video- und Tonbänder, die die verschiedenen Therapieansätze im besten Licht darstellen: die Meistertherapeuten überwinden den Widerstand ihrer Klienten, lokalisieren die wirklichen Schwierigkeiten, lösen wichtige Probleme und haben am Ende immer noch ein paar Minuten Zeit, um die Ereignisse zu bearbeiten. Nicht nur Anfänger, auch erfahrene Psychotherapeuten versinken in Selbstzweifel angesichts solch perfekter Beispiele therapeutischer Praxis, und nicht wenige fragen sich: »Verpatzen solche Leute nie ein Interview? Sagen sie nie etwas Dummes? Verlieren sie nie einen Klienten?«

Die Auseinandersetzung mit gescheiterten Therapien ist unter anderem deshalb so schwierig, weil den meisten führenden Vertretern des Faches mehr daran lag, ihren eigenen Gesichtspunkt zu propagieren, als ein einheitliches Konzept des Heilens zu entwickeln. Wenn schon die berühmtesten Theoretiker und Praktiker nicht über ihre Fehler sprechen, wie können dann die anderen akzeptieren, daß ihre aufrichtigsten Bemühungen immer wieder einmal nicht ausreichen?

Wir haben uns entschlossen, namhafte Therapeuten um einen Beitrag zu unserem Thema zu bitten, da wir glauben, daß es sich im Alltag leichter über die eigenen Schwächen sprechen läßt, wenn auch diejenigen, die einen makellosen Ruf zu verteidigen haben, Patzer und Fehler zugeben können. Denn die Größen unseres Fachgebiets sind keineswegs gegen Fehler gefeit, nur verarbeiten sie sie häufig anders.

James F. T. Bugental, Richard Fisch, Albert Ellis, Arnold Lazarus, Gerald Corey und Clark Moustakas haben auf unsere Bitte hin jeweils eine negative Erfahrung beschrieben, teils schriftlich, teils auf Tonband. Uns interessierte dabei besonders, was während und nach diesen Episoden in ihnen vorging. Außerdem wollten wir wissen, was sie aus der Erfahrung gelernt haben und wie sie seither ihr Leben beeinflußt hat. Wir danken ihnen dafür, daß sie bereit waren, ehrlich und offen über ihre Unvollkommenheit zu sprechen und uns so die Gelegenheit zu geben, aus ihren Fehlern zu lernen, damit wir uns leichter mit den eigenen beschäftigen können.

Bugental: »Natürlich habe ich Fehler gemacht«

James Bugental ist auf dem Gebiet der beziehungsorientierten Psychotherapie seit Jahrzehnten ein anerkannter Experte. In seinen Büchern (1957, 1976, 1978, 1987) legt er den Schwerpunkt auf den therapeutischen Prozeß und fokussiert in mittlerweile klassisch gewordener Weise auf Sensibilität, Liebe und Intuition in der therapeutischen Begegnung. Er sagt:

»Jeder Therapieverlauf scheitert und fast jeder Therapieverlauf ist erfolgreich. Oder genauer: Fast jeder Therapieverlauf ist ein Erfolg in manchen Bereichen und ein Mißerfolg in anderen. Natürlich gibt es auch die Extremfälle, in denen die Therapie so sehr hinter den Anforderungen zurückbleibt, daß sich der Patient umbringt oder in anderer schrecklicher Weise gewalttätig wird. Weniger dramatisch sind die extremen Fälle von Veränderungen in wichtigen Lebensbereichen, die zu hohen künstlerischen oder wissenschaftlichen Leistungen etc. führen. Trotzdem behaupte ich, daß auch in solchen Fällen, unabhängig von dem überragenden Ergebnis, Fehler in der Arbeit selbst aufgetreten sind.

Wenn ich den Verlauf der Therapie mit einigen meiner Patienten im ganzen betrachte, habe ich, gemessen an meinen eigenen Maßstäben, sicherlich oft versagt. Hier einige Beispiele:

Bill war ein junger Psychotherapeut und Gruppenleiter, der seine Ausbildung an einem Institut abgeschlossen hatte, dessen Ruf nicht gerade der beste war. Wie sich allmählich herausstellte, kam er zu mir in die Therapie, weil er sich davon einen Bonus für seine berufliche Tätigkeit erhoffte und auch, weil er wissen wollte, 'wie Sie arbeiten'. Ich glaube, daß sich hinter diesen oberflächlichen Begründungen ein großes Bedürfnis nach tiefergehender therapeutischer Arbeit verbarg. Ich arbeitete nicht gern mit ihm; ich ärgerte mich über seine aufgesetzte Blasiertheit und wurde ungeduldig, wenn er sein Überlegenheitsgefühl gegenüber seinen Klienten zur Schau stellte. Ich gab ihm nicht allzu dezent zu verstehen, er solle die Therapie beenden.

Ich bin Bill nicht gerecht geworden, weil ich nicht bereit war, den Einsatz zu leisten, der ihn hätte herausfordern können, wirklich zu arbeiten. Es gab in unserer kurzen Zusammenarbeit kaum Erfolge. Ich hoffe, daß das begrenzte, aber relativ offene Feedback, das ich ihm in unserer letzten Sitzung gab, in Verbindung mit anderen Erfahrungen letztlich doch dazu führt, daß er zu einem reiferen Umgang mit seinem Leben findet.

Nina war Hausfrau und Mutter; in ihrem Leben gab es immer wieder Phasen von Verzweiflung, in denen sie Streit provozierte. Nach anfänglichen Auseinandersetzungen lernten wir, miteinander umzugehen, und fanden zu einem soliden Arbeitsbündnis. Von dem Augenblick an kam sie regelmäßig, bezahlte zuverlässig ihre Rechnung, ging auf meine Vorschläge zur Strukturierung der Sitzungen ein und 'machte Therapie', wie es sich gehörte. Trotzdem gab es in mehr als drei Jahren keine wirkliche Veränderung in dem, was sie erreichen wollte.

Auch Nina bin ich nicht gerecht geworden, aber ich weiß nicht genau, warum. Ich glaube, ich habe das Ausmaß ihrer depressiven Struktur unterschätzt und ihr deswegen nicht geholfen, eine angemessene Einstellung dazu zu finden. Trotzdem gab es auch Erfolge unserer gemeinsamen Arbeit: sie übernahm mehr Verantwortung für ihre Wutanfälle, lernte, den Ansprüchen ihrer erstaunlich brutalisierenden Ursprungsfamilie Grenzen zu setzen und diesem Muster im Umgang mit ihren eigenen Kindern weniger stark zu folgen.

Ich habe in beiden Fällen davon gesprochen, daß ich den Klienten nicht gerecht geworden bin. Diese Ausdrucksweise entspringt meiner Überzeugung, daß es in meinem Verantwortungsbereich liegt, eine Situation herzustellen, in der die Klienten sich in wichtigen Lebensbereichen verändern können. Das geht natürlich nicht immer. Aber wenn ich sage, ich bin diesen und anderen Klienten nicht gerecht geworden, heißt das nicht, daß ich als Therapeut gescheitert bin. Ich weiß, daß das nicht der Fall ist. Es heißt nur, daß ich ein Mensch bin und damit meine Grenzen habe.

Für mich (und vielleicht geht das anderen ja auch so) liegt der gemeinsame Nenner all meiner erfolglos gebliebenen Fälle darin, daß ich als Therapeut nicht so viel investiere, so präsent bin, wie es ein Klient braucht. Wie die beiden Beispiele zeigen, kann das unterschiedliche Formen annehmen. Psychotherapie, die auf Lebensveränderung abzielt, stellt Anforderungen an beide Teilnehmer. Geschickter Methodeneinsatz, eine ausgefeilte Theorie oder wissenschaftliche Distanz allein genügen nicht. Das Medium einer solchen Therapie ist das lebendige Bündnis zweier Menschen im Kampf gegen die dunklen Mächte, die eine persönliche Erfüllung zerstören und zu Verkrüppelung und Einschränkung führen.

Wir werden unseren Klienten nicht gerecht, wenn wir uns nicht aufrichtig einsetzen, wenn wir sie nicht konfrontieren, weil wir Angst vor ihrem Ärger haben oder fürchten, sie könnten von uns enttäuscht sein, könnten flüchten. Wir werden ihnen nicht gerecht, wenn wir von ihnen nicht den Einsatz (von Zeit, Gefühlen, Geld) fordern, der für die Arbeit der Therapie, die sie ja wollen, nötig ist. Wir werden ihnen nicht gerecht, wenn wir sie von Gefühlsausbrüchen, Übertragungs-'Durcheinander' oder der direkten Konfrontation mit der letztlichen Unlösbarkeit des Lebens ablenken. Wir werden ihnen nicht gerecht, wenn wir uns weigern, die Verantwortung für die eigenen neurotischen Verzerrungen zu übernehmen.

Psychotherapie, die Veränderungen im Leben von Klienten zum Ziel hat, bringt Schwierigkeiten mit sich. Das ist die Realität unserer Arbeit. Aber es führt nur zu Verwirrung, wenn man umfassend über 'Erfolg' oder 'Scheitern' eine bestimmten Klient-Therapeut-Beziehung urteilen will. Wenn beide Seiten sich ernsthaft bemüht haben, gibt es immer auch positive Ergebnisse. Daß diese Ergebnisse geringer sein können als erwartet, muß man akzeptieren. Trotzdem ist es genauso verdienstvoll, dem Ideal immer näher kommen zu wollen, wie zu akzeptieren, daß es unerreichbar bleibt.

Fisch: »Ich bin oft genug gescheitert«

Richard Fisch, Professor für Psychiatrie in Stanford, ist einer der Pioniere in der Forschung zur »problem-solving Therapie«. Zusammen mit seinen Kollegen am Mental Research Institute in Palo Alto hat er viel über zuverlässige therapeutische Interventionen und die Einschätzung und Führung der Klientenposition geschrieben (1974, mit P. Watzlawick und J. H. Weakland, 1982, mit J. H. Weakland und L. Segal). Fisch ist der Überzeugung, daß der Therapeut einen Großteil der Verantwortung für die Therapie und deshalb auch für

Erfolg oder Mißerfolg trägt, ein Ergebnis, daß sich leicht messen läßt: das Problem des Klienten ist entweder gelöst oder nicht. Er selbst sagt:

»Wie die meisten Therapeuten bin auch ich oft genug gescheitert. Wenn ich über diese Fälle nachdenke, kann ich mich aber trotzdem nicht an irgendwelche besonders dramatischen Vorfälle erinnern. Im Lauf meines Berufsleben habe ich gottlob (falls ein Atheist das Wort benutzen kann) nur einen einzigen Selbstmord eines Klienten erlebt. Aber trotz allen Nachdenkens und aller Gespräche mit Kollegen nach diesem Erlebnis ist mir nichts aufgefallen, was ich hätte anders machen können. So blieb mir selbst dieses tragische Ereignis ein großes Rätsel.

Die meisten meiner Fehlschläge waren schlichter: Therapieabbrüche von Klienten, wenn sich das Problem nicht löste und es auf ihrer wie auf meiner Seite Unzufriedenheit gab, weil es nicht weiterging. Es gab aber auch beunruhigendere Fälle von Versagen, beunruhigender deshalb, weil es zunächst Fortschritte gab, aber dann unerklärlicherweise alles in sich zusammenfiel.

Ich glaube, meine Erfahrung mit dem Versagen spiegelt die Art, wie ich meine Arbeit sehe. Das ist wohl das Problem der meisten Therapeuten: Wie betrachten sie ihr Versagen, was sehen sie als Versagen, wie reagieren sie darauf, wie definieren sie ihre Reaktionen? Das alles spiegelt wohl den Rahmen ihrer therapeutischen Arbeit. Therapeuten z.B., die den Schwerpunkt ihrer Arbeit auf persönliches Wachstum legen, können durch Versagen viel zu ihrem eigenen Wachstum beitragen.

Für mich ist Therapie so etwas wie ein herausforderndes und spannendes Schachspiel, in dem Erfolg und Scheitern recht genau markiert sind. Wenn ich dem Patienten bei der Lösung eines Problems helfen kann, ist das ein Erfolg. Wenn die Behandlung endet, ohne daß sich eine Lösung abzeichnet, ist das ein Mißerfolg. Glücklicherweise handelt es sich um ein freundschaftliches Schachspiel, in dem man entweder gewinnt oder verliert (und wie jeder gute Schachspieler/Problemlöser peile ich immer einen Sieg, ein Schachmatt an).

Ich mag also keine Mißerfolge und werde sie nie mögen, auch wenn ich versuche, sie gelassen hinzunehmen. Ich versuche nicht, das Scheitern zu beschönigen, indem ich mir oder anderen z.B. erkläre: 'Der Patient war eben schlecht motiviert', oder: 'Sein Widerstand war zu stark'. Wer sich dem Problem-Lösungs-Ansatz verpflichtet fühlt, achtet zwangsläufig auf seine eigenen Fehler und akzeptiert die Verantwortung für die Richtung, den Verlauf und die Wirksamkeit der Behandlung.

In vielen mißglückten Fällen ist mir die Ursache bis heute nicht klar geworden. Die Überprüfung meiner Notizen und die Erinnerung an das, was ich gesagt oder getan habe, hat nichts ergeben, was ich hätte anders machen können. Es gibt also viele Fälle, aus denen ich eigentlich nichts gelernt habe. Es blieb mir nichts anderes übrig, als beim nächsten Fall wieder mein Bestes zu geben.

In anderen Fällen konnte ich einiges aus meinen Fehlern lernen. Die Nachbetrachtung hat oft ergeben, daß ich zu schnell oder zu spontan interveniert hatte. Manchmal habe ich auch die Bereitschaft des Patienten überschätzt, meine Vorschläge auszuführen; ich hatte dann die Informationen nicht ausreichend berücksichtigt, die darauf hindeuteten, daß der Klient bestimmte Aufgaben oder Vorschläge nicht oder noch nicht annehmen konnte oder wollte.

Außerdem habe ich festgestellt, daß ich mich zu leicht auf Diskussionen mit den Patienten einlasse. Wenn das passiert, bin ich mir dessen häufig gar nicht bewußt, aber bei manchen gescheiterten Fällen hat sich rückblickend gezeigt, daß mein Wunsch, dem Klienten etwas zu erklären, einfach nur zu Gerede geführt hat. In der Regel merkt man das daran, daß man zu viel redet. Man spürt, daß man zu hart arbeitet.

Ich glaube, man muß immer sehr genau auf die Situation oder das Bezugssystem des Patienten achten. Ich habe das einmal versäumt und einen sehr unangebrachten Witz gemacht. Ich arbeite häufig mit Humor. Das kommt zwar nicht immer an, ist aber oft sehr nützlich. In diesem Fall hat mir mein fehlgeleiteter Sinn für Humor gezeigt, wie wichtig es ist, auf die Situation des Klienten zu achten.

Ich arbeitete mit den Eltern eines ungefähr 10jährigen Jungen, der an einem angeborenen Nierenschaden litt und dreimal wöchentlich zur Dialyse mußte. Die Eltern kamen zu mir, weil er sich zurückzog und mit Gleichaltrigen in der Schule und der Nachbarschaft Schwierigkeiten hatte. Sie führten seine Probleme auf die Krankheit und die ungewöhnliche Behandlung zurück, glaubten, der Junge fühle sich den anderen Kindern unterlegen, ein bißchen anomal. Deshalb versuchten sie, ihm zu vermitteln, er sei normal, taten das aber so verkrampft, daß sie das Gegenteil erreichten. Ohne es zu wollen, betonten sie seine Krankheit noch, und ich hielt es für wichtig, daß sie damit aufhörten.

Sie versicherten ihm immer wieder, er sei 'genau wie andere Kinder', was aber offensichtlich nicht der Fall war. Diese 'Beruhigungen' überzeugten ihn deshalb nur davon, er sei so anders als die anderen, daß es nicht einmal zugegeben werden konnte. Es war nicht schwer, sie zu überzeugen, diese Strategie aufzugeben und statt dessen seine Schwierigkeiten und seine besondere Situation selbstverständlicher zu akzeptieren. Ich weiß noch, wie erleichtert sie waren, daß sie sich nicht mehr so verkrampft und verlogen verhalten mußten. Sie waren sofort bereit, es in der folgenden Woche zu versuchen.

In der nächsten Sitzung erzählten sie, sie hätten die neue Strategie ausprobiert und es gäbe schon Anzeichen dafür, daß sie dem Jungen gut täte. Ich war sehr zufrieden mit diesem Ergebnis. Allerdings machte ich im weiteren Verlauf der Sitzung einen großen Fehler. Sie hatten darüber gesprochen, welche Sorgen sie sich um den Jungen machten - daß er sich sozial isoliere, sich den anderen Kindern entfremdet fühle - und waren jetzt froh, daß sie ein Licht am Ende dieses Tunnels sahen. Ich fokussierte auf diese Sorge und versuchte, sie zu beruhigen, indem ich einen lockereren Ton anschlug. Ich wollte ihnen vermitteln: 'Während Sie sich hier so viele Sorgen um Ihr Kind und sein Fortkommen machen, kommt er ganz gut klar, er wird in der Schule schon mitkommen und auch mit den anderen Kindern zurechtkommen. Er wird es schon schaffen, warten Sie nur ab.' Unglücklicherweise verwendete ich die Formulierung: 'Die Kinder wachsen heran und wir verlieren sie.' Dieser Ausdruck ist ganz alltäglich, viele Eltern benutzen ihn, wenn sie von ihren Kindern sprechen. Ich meinte natürlich, daß man die Kinder verliert, weil sie ihr Leben schließlich unabhängig von den Eltern leben müssen und nicht mehr von der Kernfamilie abhängig sind.

Kaum waren die Worte heraus, bekam ich Bedenken. Der Gesichtsausdruck des Paares verdüsterte sich. Es war das Ende der Sitzung, und sie gingen mit steinerner Miene. Wir hatten einen Termin für die folgende Woche ausgemacht, aber sie kamen nicht und reagierten auch nicht auf meine Anrufe. Ich kann also über die Gründe nur spekulieren. Die Abfolge der Ereignisse in dieser Sitzung und die Veränderung bei meinem Versuch, sie zu 'beruhigen', zeigt, daß die sich positiv entwickelnde Situation unterlaufen wurde. Die Eltern wollten wirklich, ihr Sohn solle kein Außenseiter mehr sein, aber in dieser Sorge spiegelte sich gleichzeitig die tiefere Angst, die Krankheit könne zu seinem frühen Tod führen. Deshalb sollte er in der Zeit, die ihm blieb, so glücklich sein wie nur möglich. Diese tiefe Angst hatte ich nicht genügend berücksichtigt und meinen munteren Kommentar nur auf ihre gegenwärtigen Probleme abgezielt. Unglücklicherweise wählte ich eine Formulierung, die ihnen herzlos erschienen sein muß, jedenfalls schließe ich das aus ihrer Weigerung, wiederzukommen oder auf meine Anrufe zu reagieren.

Dieser Fall hat mich in meiner bisherigen Laufbahn am meisten erschreckt. Es lief so gut und endete durch meine unangebrachte Leichtfertigkeit so kläglich. Aber ich habe aus dieser Erfahrung gelernt, die Verletzbarkeiten, Werte und Bezugssysteme anderer nicht einfach vorauszusetzen, sondern sorgfältig zu prüfen und zu berücksichtigen und meine Wortwahl der 'Situation' der Klienten anzupassen. Das heißt nicht, daß mir seitdem so etwas nicht mehr passiert wäre, im Gegenteil, aber wohl seltener, als wenn ich diesen eher dramatischen Fehler nicht gemacht hätte.

Ich kann also sagen, daß ich zumindest einmal aus meinem Scheitern gelernt habe, weil ich die Fehler identifizieren konnte und sie deshalb in Zukunft eher vermeiden kann. Es ist also im Grunde wie bei jedem anderen Handwerk auch.«

Ellis: »Mindestens drei Irrtümer«

Leistung und Produktivität sind die Faktoren, die Albert Ellis seit vier Jahrzehnten motivieren. Daß er einer der produktivsten Autoren im Bereich der Psychotherapie ist, bezeugen seine zahllosen Bücher und Aufsätze, die von ihm begründeten Ausbildungszentren für die rational-emotive Therapie und die Workshops, auf denen er seine Methoden weltweit vorführt. In der Entstehungszeit seiner Theorie scheiterte Ellis bei einem der ersten Fälle, bei denen er mit der experimentellen Methodologie arbeitete, aus der sich dann die kognitive Therapie entwickelte.

Er erinnert sich gut an seine Arbeit mit Jeff, einem jungen Mann mit schwerer Depression. Jeff reagierte positiv auf die aktiv direktive Therapie, und es ging ihm einige Jahre besser. Danach aber kam er mit denselben schweren Symptomen wieder zur Behandlung. Ellis bekämpfte diesen Rückfall, indem er energisch Jeffs irrationale Überzeugungen in Frage stellte, und arbeitete mit verschiedenen behavioristischen Imaginationen und RET-Interventionen. Er erzählt weiter:

»Erfolglos. Jeff schaffte es zwar gelegentlich, die Depression zu beheben, aber sobald das Geschäft schlechter ging, verfiel er wieder in Selbstvorwürfe und Verzweiflung. Nach 23 RET-Sitzungen kam seine Frau zu der Überzeugung, ihn quäle etwas Tieferes als das Bedürfnis nach Erfolg. Sie war sehr böse auf mich, weil ich ihm nicht geholfen hatte, und drängte ihn, zu einem Psychoanalytiker zu gehen. Acht Monate später versuchte er, sich umzubringen, und mußte für mehrere Wochen in die Klinik. Seitdem lebte er nur sehr eingeschränkt. Er hätte gerne wieder eine RET-Behandlung gemacht, weil er sich an seine ursprünglichen Erfolge bei mir erinnerte, aber seine Frau ließ das nicht zu und versorgte ihn hauptsächlich mit Antidepressiva, die anscheinend etwas halfen.

Dieser Fall hat großen Eindruck auf mich gemacht, weil mir im Nachhinein mindestens drei Fehler klar wurden:

1. Ich hatte Jeff zwar als schwer depressiv, aber nicht als endogen depressiv diagnostiziert. Ich wußte, daß sein Vater auch Anfälle von Depressionen hatte, habe aber nicht nach anderen Verwandten gefragt. Heute glaube ich, daß die endogene Depression wohl in der Familie lag.
2. Als Jeff zum zweitenmal zu mir kam, habe ich ihn nicht stark genug gedrängt, begleitend zur Psychotherapie antidepressive Medikamente zu nehmen. Ich ließ mich durch die Erinnerung an die guten Ergebnisse in die Irre führen, die wir ohne Medikamente erzielt hatten. Heute glaube ich, daß eine Kombination aus Psychotherapie und Pharmakotherapie Jeff am besten geholfen hätte.
3. Ich habe Jeff nicht gedrängt, seine Frau wirklich am psychotherapeutischen Prozeß teilnehmen zu lassen, und hatte nur eine Sitzung mit ihr. Ich hätte kontinuierliche Sitzungen mit ihr und mit beiden gemeinsam arrangieren müssen.

Als Konsequenz dieses Versagens bei Jeff und anderen ähnlichen Fällen schwerer Depression achte ich jetzt sehr viel stärker auf Anzeichen endogener Depression, beziehe die anderen Familienmitglieder stärker in den therapeutischen Prozeß ein und spüre das dogmatische 'Ich soll, ich sollte, ich muß' meiner Klienten auf und stelle es aktiv in Frage - und ich lehre sie, es selbst in Frage zu stellen.«

Lazarus: »Es war einzig und allein meine Schuld«

Arnold A. Lazarus, der Begründer der multimodalen Therapie, ist ein überzeugter Pragmatiker, der sich bemüht hat, alle Aspekte des Menschen (biologische, affektive, kognitive, behavioristische, imaginative, sinnliche und interpersonale) in einen einheitlichen Prozeß psychologischer Einschätzung und Behandlung zu integrieren. Lazarus ist normalerweise im spontanen Diskurs flüssig und eloquent, aber beim Versuch, seine Gedanken zum Versagen festzuhalten, erlebte er Frustration, Verwirrung und Blockaden. Schließlich überwand er einen Teil seines Widerstands gegen das Thema, indem er auf seine Entwicklung als Therapeut fokussierte:

»Ich habe darüber nachgedacht, daß ich früher, zu Beginn meiner Praxis, sehr anders mit dem Versagen umgegangen bin als heute. Der Unterschied liegt wohl darin, daß es mich früher ungeheuer belastet hat. Wahrscheinlich war ich davon überzeugt, alles sei ausschließlich meine Schuld, fragte mich, ob ich mich überhaupt zum Therapeuten eignete, und fühlte mich schrecklich. Wenn man mehr Erfahrung und mehr Erfolg hat, kann man die Situation besser einschätzen und das Versagen hinnehmen. Man erkennt allmählich, daß die Verhältnisse in der Theorie wie in der Praxis einfach so sind, daß man nicht jedesmal gewinnen kann. Bei meinen Studenten erkläre ich das immer mit einem Bild aus dem Fußball: man kann nicht jeden Ball bis ans gegnerische Tor bringen. Man fängt irgendwo an, und wenn man am Ball bleibt, ihn bis ins Mittelfeld schießt und und an jemanden abgibt, der ihn noch weiter ans Tor bringt, dann ist das toll und kein Versagen.«

Nachdem er mit dem sperrigen Thema einer Definition des Versagens aus seiner Sicht gerungen hat, demonstriert Lazarus, daß er sich nach jahrzehntelanger Erfahrung als unvollkommen akzeptieren kann. Anstatt sich, wie früher, selbst zu verdammen, hat er versucht, eine Haltung von Selbstakzeptanz, Selbstbefragung und Selbstvergebung zu finden, wie er sie auch seinen Klienten gegenüber einnimmt. Aber wenn er mit einem Fall konfrontiert ist, den er nicht heilen kann, läßt ihn das wie Ellis nicht mehr los:

»Ich habe gerade jetzt eine Patientin, bei der ich scheitere, und im Moment ist sie mir ein unglaubliches Rätsel. Sie ist intelligent, attraktiv, lebendig, gebildet, hat sehr viel Erfolg in ihrem Beruf, fährt einen Porsche und zieht sich sehr teuer an, aber sie hat 'Angst, Angst, Angst', wie sie es nennt. Es gibt da eine offensichtlich zwanghafte Komponente, in der die Angst vor der Angst dominiert. Ich habe schon mein ganzes Repertoire durchprobiert, und ich bin kein Stück weiter gekommen. Ich bin schon der sechste Therapeut, der überhaupt nichts erreicht hat. Medikamente können anscheinend manchmal helfen, aber es gibt da eine krebsartig wuchernde, fast bösartige zwanghafte Komponente, an der sich im Augenblick wirklich nicht viel ändern läßt, und ich fühle mich ungeheuer frustriert. Ich möchte gerne etwas tun, um ihr Elend zu lindern. Sie hat das Recht auf ein glücklicheres Leben auf dieser verrückten Erde.«

Wenn er mit solch schmerzlich erfolglosen Fällen konfrontiert ist, arbeitet Lazarus hart an sich selbst, indem er Gedanken wiederholt, die er vielleicht seinen Studenten oder Klienten anvertrauen könnte:

»Ich erwarte ja nicht, daß ich immer erfolgreich bin. Mit Erfolg meine ich wirklich, Tore erzielen. Ich erwarte von mir, daß ich den Menschen, die zu mir kommen, helfen kann, daß ich sie fördere, ihnen nütze, für sie wichtig bin, und das stimmt ja wohl auch alles. Aber wenn es nicht klappt, dann mache ich dafür schnell die unvollkommenen Verhältnisse in Theorie und Praxis verantwortlich. Ich habe mein Bestes getan, was mehr kann ich sagen? Manchmal glaube ich, daß ich deshalb scheitere, weil manche Leute so auf ihren Status quo fixiert sind, daß weder Sie noch ich noch eine Atombombe sie von der Stelle bewegen könnten.«

Corey: »Ich habe manchmal Schwierigkeiten«

Gerald Corey ist vor allem durch seine Lehrbücher und durch seinen studentenzentrierten Ansatz in der Therapieausbildung bekannt geworden. Gegenwärtig sind zehn Bücher lieferbar, die sich u.a. mit Gruppenarbeit, Ethik, psychotherapeutischen Theorien, Selbsterfahrung und Aspekten der beruflichen Praxis befassen. Hoch oben in den Bergen Kaliforniens überarbeitet er immer wieder seine Bestseller (und bereitet im Augenblick die vierte Auflage von »I Never Knew I had a Choice« (mit Marianne Schneider Corey) und »Theory and Practice of Counseling and Psychotherapy vor«. Er sagt:

»Ich möchte über eine Erfahrung als Cotherapeut in einer Ausbildungsgruppe sprechen. Im Verlauf dieser Gruppe wollte eine Teilnehmerin von mir wissen, was ich von ihr hielte und ob ich sie mochte oder nicht. Sie war eine frühere Schülerin von mir, und deshalb war ihr meine Einschätzung auch besonders wichtig. Bevor ich antworten konnte, intervenierte der Cotrainer: 'Bevor Jerry antwortet, sagen Sie ihm doch bitte, warum es für Sie wichtig ist, wie er sie einschätzt oder was er von Ihnen hält.' Sie dachte einen Moment nach und sagte dann: 'Ich habe Achtung vor Ihnen und mag Sie, aber manchmal glaube ich, in Ihren Augen bin ich unbedeutend und Sie halten mich für verrückt.'

Aus irgendeinem Grund reagierte ich nicht darauf. Während der Pause fragte mich der Cotrainer: 'Was war eigentlich los mit dir? Warum hast du ihr nicht geantwortet? Gibt es irgendeinen besonderen Grund dafür?' Ich sagte ihm, ich sei verlegen gewesen, hätte mich unbehaglich gefühlt und nicht gewußt, was ich sagen sollte. Darauf sagte er: 'Verdammt, genau das hättest du sagen sollen. Genau das sollen die Teilnehmer doch von uns lernen, sie sollen doch gerade im Hier-und-Jetzt reagieren.' Der Cotrainer hatte auch erkannt, daß die junge Frau entgegen ihren ursprünglichen Absichten nicht darauf bestanden hatte zu erfahren, warum ich nicht reagierte. Sie glaubte, ich hätte Gründe für meine mangelnde Reaktion gehabt, hatte das aber nicht sofort geklärt.

Auch andere Gruppenteilnehmer hatten meine mangelnde Reaktionsbereitschaft bemerkt, und auch sie glaubten, ich hätte meine Gründe dafür. In der folgenden Sitzung wurde der Zwischenfall mehrmals erwähnt, und die Teilnehmer sagten, was sie dabei empfunden hatten. Sie wollten ebenfalls wissen, warum ich so still geblieben war. Manche glaubten, es handele sich um eine bestimmte Methode, andere waren wütend und fanden, ich hätte mich unsensibel verhalten.

Ich sagte also der Gruppe und der Teilnehmerin, daß ich keineswegs eine Absicht verfolgt hätte, sondern verlegen gewesen wäre und nicht gewußt hätte, was ich sagen sollte. Ich ließ die Gruppe wissen, daß auch ich manchmal damit Probleme habe, meine Hier-und-Jetzt-Reaktionen auszusprechen, wenn ich konfrontiert werde, und daß ich dann ausweiche und manchmal gar nichts sage. Ich gab zu, einen Fehler gemacht zu haben. Sie hatte eine Reaktion von mir verdient, und es tat mir leid, daß ich meine Wahrnehmungen zurückgehalten hatte. Anfangs hatte mich die Frau mit ihrer Frage in Verlegenheit gebracht, aber der Cotrainer hatte den Scheinwerfer geschickt auf sie zurückgelenkt, als er ihre Gründe für ihre Frage hören wollte. Die frühere Studentin war ein Risiko eingegangen, als sie mich wissen ließ, wie sie mir gegenüber fühlte, und gewiß wäre eine andere Reaktion als ein »leerer Projektionsschirm« angemessen gewesen. Zumindest hätte ich beschreiben können, wie ich spontan reagiere, wenn jemand etwas von mir erwartet.

Wir beide, der Cotrainer und ich, haben daraus gelernt, daß Gruppenteilnehmer ihre durchaus adäquaten Reaktionen, z.B. den Ärger über das Verhalten eines Gruppenleiters, oft nicht berücksichtigen und statt dessen Rechtfertigungen suchen. Sie sind eher bereit, ihre Macht aufzugeben als zu ihren Überzeugungen zu stehen. Es fällt ihnen schwer zu akzeptieren, daß ein Gruppenleiter, ganz besonders einer, den sie achten und mögen, einen Fehler machen kann.

Ich kann nur aufs neue in aller Demut einsehen, daß es nicht leicht ist, das Angemessene zu tun, und daß man in Streßsituationen oft zu alten Verhaltensmustern zurückkehrt. Trotz meines Fehlers bin ich nicht gescheitert, weil ich bereit war, die Vorgänge mit dem Cotrainer und den Gruppenteilnehmern zu untersuchen. Aber hätte ich mein unangemessenes Verhalten nicht akzeptieren können, wäre ich gescheitert. In diesem Fall haben wir alle etwas aus meinem Fehler gelernt.«

Moustakas: »Ich war zutiefst bekümmert«

Clark Moustakas ist einer der Begründer und wichtigsten Vertreter der Humanistischen Psychologie. Er hat ein Ausbildungsinstitut gegründet und zahlreiche Bücher über dieses Gebiet geschrieben. Bekannt sind vor allem seine Schriften über Einsamkeit und existentielle Therapie mit Kindern. Wir haben Moustakas auf seinen Wunsch hin interviewt:

»Ich möchte weniger auf die Angst vor dem Versagen oder auf das Versagen an sich eingehen, weil das wenig Verbindung zu meinen therapeutischen Erfahrungen hat. Mir ist es wichtiger, mich auf die Bereiche oder Aspekte des Therapieprozesses zu konzentrieren, in denen ich Zweifel hatte, mich unzulänglich fühlte, in denen es mir nicht gelang, die Person des Klienten zu erreichen.

Meine berufliche Laufbahn begann mit einer Ausbildung in nichtdirektiver Therapie. Kurz nach dem Abschluß der Ausbildung arbeitete ich mit einem Klienten, der Probleme mit Frauen hatte und von mir Ratschläge und Lösungsvorschläge hören wollte. Ich arbeitete effektiv mit der Methode, in der ich ausgebildet war, d.h. ich hörte sorgfältig zu und spiegelte exakt seine Gedanken, Gefühle und Inhalte. Ich akzeptierte seine Aussagen und nahm Anteil an seinen Sorgen. Dieser Klient kritisierte und beschimpfte mich. Er warf mir vor, ich würde einfach seine Worte wiederholen, seine Ausdrucksweisen paraphrasieren. Ich war zwar der Meinung, ich hätte durchaus auch etwas von mir eingebracht, aber das kam bei ihm nicht an. Er wurde wütend: 'Sie sagen mir nicht, was ich tun soll. Ich brauche Ihren Rat.' Ich erwiderte, das, was er wolle, vertrüge sich nicht mit meiner Auffassung der therapeutischen Arbeit. Wenn er das Problem weiter exploriere, tauche mit Sicherheit eine Lösung auf. Er sagte mit trügerischer Ruhe: 'Sie erinnern mich an eine frühere Freundin. Wenn man mit ihr sprach, war das, als ob man einen nassen Schwamm an die Wand wirft!' Der Klient beendete die Sitzung vor Ablauf der Stunde, weil sie, wie er sagte, Zeitverschwendung sei. Er kam nicht wieder.«

Aber Moustakas hält diesen Fall nicht für ein Versagen. Er hatte die Methode, in der er ausgebildet war, effektiv eingesetzt. Es war einfach die falsche Methode für diesen Klienten. Damals hielt er an seiner Ausbildung und an dem, was er gelernt hatte, noch bedingungslos fest. Bei der Betrachtung dieses Falls zeigte sich, daß diese Erfahrung einen ganz neuen Bereich erschloß, durch den er seine Ausbildung in Frage stellen und sein striktes Beharren auf den gelernten Techniken überprüfen konnte. Sie bereitete den Weg für das Experimentieren mit der eigenen Gegenwärtigkeit als Person zur Förderung von Wachstum und Veränderung.

»Wenn ich heute mit diesem Mann arbeiten würde, wäre ich interaktiver, konfrontativer. Ich würde ihm immer noch keinen Rat geben, wäre aber wahrscheinlich direktiver, würde stärker deuten und mehr von mir zeigen. Meine Interaktionen mit ihm lagen auf der 'Ich-Es'-Ebene; ich bin sicher, daß ich heute in einer ähnlichen Situation mehr von mir selbst einbringen würde und eine 'Ich-Du-Beziehung' einginge.«

Ein anderes Problem, das Moustakas bei sich bemerkte, hat mit dem Setzen von Grenzen zu tun. »In den Anfangsjahren«, gesteht er, »war mein Timing häufig daneben.« Er erklärt:

»In mehr als 35 Jahren habe ich mit zahlreichen problematischen, wütenden und destruktiven Kindern gearbeitet. Zu Anfang wußte ich nicht, wann oder wo ich Grenzen setzen sollte. Ich weigerte mich, Grenzen zu setzen, und brachte mich in eine angstvolle Lage. Ich spürte, daß sich ein Kind auf eine destruktive Handlung vorbereitete, intervenierte aber nicht. Manchmal wurde ich dann körperlich angegriffen. Ich verlor im therapeutischen Prozeß an Boden und fühlte, daß ich mit dem Kind wieder ganz von vorne anfangen mußte. Das Kind wurde zunehmend wütender in meiner permissiven Welt und geriet außer Kontrolle. Manchmal wurde ich auch selbst wütend, aber mehr über mich selbst, weil ich zu lange gewartet hatte.«

Moustakas stellt fest, daß er heute sehr viel besser Grenzen setzen kann. Er erzählt ein Erlebnis, das er jüngst auf einer Flugreise hatte. Ein drei- oder vierjähriges Mädchen saß hinter ihm und fing an, gegen seinen Sitz zu treten. Er drehte sich um, sah sie an und sagte: »Ich finde das nicht gut, was du da machst. Es stört mich sehr, daß du gegen den Sitz trittst. Ich kann nicht arbeiten. Hör bitte damit auf.« Das Kind trat während des ganzen Fluges nicht mehr gegen seinen Sitz. Beim Aussteigen sprach Moustakas noch einmal mit ihr und sagte: »Ich möchte mich bei dir bedanken. Du hast viel dazu beigetragen, daß das eine angenehme Reise für mich war, weil du nicht mehr gegen den Sitz getreten hast.« Das Kind antwortete: »Danke.« Moustakas sagt, er habe das früher nicht gekonnt. Damals hätte er die Störung wohl genervt und ärgerlich ertragen.

Eine andere Therapie mit einem dreizehnjährigen Jungen aktivierte bei ihm Selbstzweifel und Unzulänglichkeitsgefühle. Das Kind sagte, es ginge ihm körperlich schlecht, die anderen Kinder würden sich über seine Eigenheiten lustig machen und die Eltern ihn ständig kritisieren.

Er glaubte nicht an eine Lösung. Jeder Tag brachte aufs neue Kopfschmerzen, Schwindel und Übelkeit. Keiner hörte ihm zu. Seiner Meinung nach brachte jeder Tag nur neues Elend.

Moustakas erlebte schmerzhafte Spannungen, wenn er mit diesem jungen Klienten zusammen war, bemühte sich zu entscheiden, wie er intervenieren sollte, und fragte sich, ob der Junge in eine Klinik eingeliefert werden sollte. Er arbeitete weiter mit ihm, hörte ihm genau zu, spiegelte, was er gehört hatte, und war voll Sorge und Zuneigung. In der dritten Sitzung fing der Junge an, kreative Auswege für den Umgang mit seiner Familie, der Schule und sich selbst zu entwickeln. Er untersuchte Möglichkeiten, der Krise zu begegnen. Er fing an, eine innere Kraft zu offenbaren, die anderen zeigen könnte, wozu er imstande war, vor allem im Bereich Kunst und Naturwissenschaften.

Der Leiter des psychologischen Dienstes las die Akte dieses Klienten und berief eine Sondersitzung mit dem beratenden Psychiater und den Angestellten der Institution ein. Moustakas erfuhr nur, daß er bei der Sitzung anwesend zu sein hatte, aber nicht, daß sein Klient Gegenstand dieser Sitzung war. Zu Beginn der Sitzung fragte der beratende Psychiater, ob der Zweck der Sitzung allen Anwesenden bekannt sei. Moustakas sagte, er kenne ihn nicht, und der Psychiater war darüber nicht glücklich. Die Mitarbeiter besprachen die Unterlagen der ersten beiden Therapiesitzungen mit dem Jungen und waren geschlossen der Meinung, der Junge brauche kontrolliertere Interventionen, als Moustakas sie bot. Sie hatten die Berichte über die dritte Sitzung noch nicht gelesen, weil er sie noch nicht zu den Akten gegeben hatte. Er teilte ihnen die deutlichen Veränderungen des Klienten mit, aber die Kollegen waren immer noch überzeugt, der Junge brauche einen Klinikaufenthalt. Sie hielten nicht viel von seiner Arbeit mit ihm und noch weniger von seiner Überzeugung, der Klient besäße genügend Einsicht, Stärke und Entschlossenheit, um sein Leben in die Hand zu nehmen, und sei bereit, sich seinen Problemen zu stellen, vorausgesetzt, man ließe ihm Zeit und unterstütze ihn. Zur Überraschung aller unterstützte ihn der beratende Psychiater, und so behielt er schließlich den Fall. Die mangelnde Unterstützung der Kollegen war schmerzlich für ihn, aber er wußte, daß sie seine Art der Arbeit mit Kindern nicht verstanden und auch nichts davon hielten, weil sie anders orientiert waren.

Für Moustakas machen Therapeuten dann Fehler, wenn sie auf einer Methode oder Technik beharren, die nicht sinnvoll ist, d.h. dem Klienten nicht hilft oder nicht auf seine therapeutische Veranlagung reagiert. Oder sie schreiben den Klienten eine zu große Verantwortung zu. Das gilt vor allem bei Kindern, die von ihrem Entwicklungsstand her noch nicht erfüllen können, was der Therapeut von ihnen fordert. Das Beispiel eines Ausbildungskandidaten, den Moustakas bei der Spieltherapie beobachtete, macht das anschaulich:

Ein kleines, sehr ängstlich wirkendes Mädchen betrat das Spielzimmer. Sie ging in die Mitte des Raums, lutschte am Daumen und schwieg. Auch der Therapeut sagte nichts. Das Kind begann zu weinen und sagte fest: »Ich will gehen.« Darauf der Therapeut: »Ich habe gehört, daß du gehen willst, aber wir haben noch 45 Minuten Zeit.«

Das Kind weinte weiter und bestand darauf, zu gehen. Ihre Stimme klang nicht mehr so bestimmt, sie bettelte jetzt eher, war angespannt. Der Therapeut sagte: »Ich habe gehört, daß du gehen willst, aber wir haben noch 35 Minuten Zeit jetzt und du mußt dich entscheiden, was du hier tun willst.« Dann, einige Minuten später: »Ich weiß, daß du gehen willst, aber wir haben noch dreißig Minuten. Du verschwendest Zeit. Was möchtest du tun?« Schließlich schaute das Mädchen auf ihre Schuhe und bemerkte, daß sie nicht zugebunden waren. Sie bat den Therapeuten, ihr die Schuhe zuzubinden. Er sagte ihr, daß im Spielzimmer »Kinder alles selbermachen. Du mußt sie selber zubinden.« Sie flüsterte: »Aber ich weiß nicht wie.« Er antwortete: »Ich habe gehört, daß du nicht weißt wie, aber du mußt entscheiden, was du jetzt unternehmen willst.«

Im anschließenden Gespräch mit Moustakas war der Student verlegen und schämte sich. Er gestand, daß er nicht gewußt habe, was er tun sollte, war aber trotzdem davon überzeugt, er hätte sich an ein Schlüsselprinzip der Therapie gehalten, das besagt, der Klient müsse für das verantwortlich sein, was in der Therapie passiert. Er wußte, daß irgendetwas falsch war, aber reagierte nicht auf die Anforderungen des Augenblicks, sondern klammerte sich an sein Prinzip.

Bei der Arbeit mit Jugendlichen sah sich Moustakas mit dem Problem konfrontiert, daß eine tieferliegende Charakterstörung manchmal anhält, auch wenn Persönlichkeits- oder Beziehungsprobleme gelöst waren. Diese Störung verleiht seines Erachtens dem Jugendlichen letztlich eine Stärke, die destruktiv eingesetzt wird. Aber er sprach dieses Problem selten an, weil es nicht Teil des Therapievertrags war. »Manchmal glaube ich, daß ich wichtige Werte des menschlichen Lebens aufgegeben habe, weil ich mich an die Therapieziele des Klienten gebunden fühlte. Bei vielen dieser Klienten habe ich es versäumt, moralische und ethische Themen anzusprechen.«

Dazu fielen ihm zwei Beispiele ein. In einem Fall erzählte ein Jugendlicher ihm begeistert von einem erfolgreichen Versicherungsbetrug. Der Klient fühlte sich gut, stark, mächtig. Die Therapie hatte seine Selbstachtung und seine persönlichen Fähigkeiten gestärkt und unterstützt, aber das alles setzte er jetzt zu unmoralischen Zwecken ein. Moustakas sprach dieses Thema nicht an. Er hörte zu, aber ließ die Sache so stehen, wie sie vorgestellt wurde.

In einem anderen Fall ging es um einen Dreizehnjährigen, der in der Schule gehänselt und aufgezogen wurde. Er hatte durch die Therapie an Selbstachtung und innerer Stärke gewonnen. In einer Sitzung berichtete er stolz davon, daß er einen Schulkameraden verhauen und die Treppe hinuntergeworfen hatte. Er beschrieb begeistert die schweren Verletzungen, die er einem Jungen zugefügt hatte, der ihn einmal auf dem Spielplatz der Schule verhauen hatte. Moustakas konfrontierte ihn damit, daß er seine Macht benutzt hatte, um andere zu besiegen und zu verletzen:

»Ich hatte ihm geholfen, seine Fähigkeiten zur Selbstbehauptung und seine Stärke zu entdecken. Es machte mich tief besorgt, daß er diese Stärke dazu benutzte, andere anzugreifen und zu verletzen und daß er sich auch noch darüber freute und damit angab. Wir haben uns mit diesem Thema eine Zeitlang beschäftigt, und er wurde immer wütender auf mich. Er wollte meine Meinungen oder Urteile nicht hören, aber ich machte weiterhin deutlich, daß ich es falsch fand, wie er seine Stärke einsetzte. Spöttisch sagte er mir, ich würde die Ethik des Teenagerlebens oder der Gesellschaft nicht verstehen. Er beendete die Therapie, unterstützt von seinen Eltern, die sich darüber freuten, daß er jetzt so stark war und andere im Alltagsleben besiegen konnte.«

Moustakas macht sich auch weiterhin Gedanken darüber, wie Klienten das, was sie in der Therapie gelernt haben, im Alltag und in Beziehungen anwenden. Das ganze Interview zeigt, daß Moustakas' Konzept Urteile über Erfolg und Versagen minimiert. Der Schwerpunkt liegt auf der Begleitung des Patienten als Teil des kontinuierlichen Prozesses natürlicher Entfaltung.

Ergebnisse

Die von uns befragten Therapeuten sind sich einig, daß Versagen nicht gleichbedeutend mit einer nicht funktionierenden Methode ist. Jeder einzelne gibt diesem Konzept auf höchst individuelle Weise Ausdruck, aber zusammen ergibt sich die klare Botschaft: Der Begriff des Versagens eignet sich nicht besonders gut, wenn man beschreiben will, was passiert, wenn etwas nicht wie erwartet funktioniert.

Bugental glaubt, seinen Klienten nicht gerecht zu werden, wenn er nicht die Umgebung schafft, in der sie wichtige Veränderungen in ihrem Leben initiieren können. Dieser Fehler beruht auf zu geringem

Einsatz oder Präsenz, mangelnder Bereitschaft, den Klienten zu konfrontieren und zu fordern, oder auch auf eigenen neurotischen Ausfällen. Bugenthal sieht es als seine Aufgabe, den Klienten bei der Veränderung zu helfen. Obwohl er weiß, daß er ihnen nicht immer gerecht wird, sieht er sich nie selbst als Versager. Er warnt davor, die eigenen Urteile über die Therapie zu verallgemeinern, und weist darauf hin, daß jede Interaktion zwischen Klient und Therapeut Elemente von Erfolg und Versagen enthält.

Für Fisch und Ellis ist der Indikator für Erfolg oder Mißerfolg die Frage, ob die Probleme des Klienten gelöst wurden oder nicht. Ihre jeweilige Theorie mit ihrer speziellen Definition des Erfolgs ist die Basis für die Definition des Versagens.

Nach Moustakas leidet die Behandlung dann, wenn sich der Therapeut zu sehr an ein bestimmtes Modell hält, und er gibt das als Grund für den Therapieabbruch eines seiner Klienten an. Für ihn ist die Beziehung zwischen Therapeut und Klient der entscheidende Faktor für die Wirksamkeit der Therapie. Er gibt zu, daß er in der Arbeit mit Kindern Schwierigkeiten hat, Grenzen zu setzen, verwendet aber dafür nicht den Begriff des Versagens, sondern begreift diese Schwierigkeit eher als ein Anzeichen, daß die Verbindung zwischen ihm und dem Kind nicht stark genug war. Grenzen zu setzen ist für ihn nur ein Faktor in einer vielschichtigen Beziehung.

Lazarus setzt sich realistische Ziele; er geht davon aus, daß er der Mehrzahl der Menschen, die ihn konsultieren, helfen kann, aber nicht allen. Wichtiger Bestandteil seines Berichts ist die Beschreibung der Frustration, die er erlebt, wenn er jemandem unbedingt helfen möchte, aber nicht weiß, was er noch tun kann. Sein Konzept ist es, Klienten zu Fortschritten in bestimmten Bereichen, egal welchen, zu verhelfen. Damit entfällt die Notwendigkeit für ein radikales Entweder-Oder im Urteil über Erfolg oder Versagen.

Corey spricht dann von Versagen, wenn ein Therapeut nicht bereit ist, seinen Anteil am Problem zu explorieren und die Verantwortung dafür zu übernehmen. Er beschreibt das bekannte Gefühl, handlungsunfähig in Passivität zu erstarren: Man weiß, daß eine Intervention angebracht wäre, aber nicht, welche. Solche Passivität kann besonders im Gruppensetting niederschmetternde Wirkungen haben, weil dort jede Handlung des Therapeuten ein dutzend Mal verstärkt wird. Seine Geschichte zeigt, daß Klienten aufgrund der Größe und Macht, die den Therapeuten zugeschrieben werden, geradezu unglaubliche Zugeständnisse machen, wenn es um das Übersehen von Fehlern geht. Selbst wenn man mit einer Intervention weit danebenliegt, wird dieses Verhalten noch entschuldigt. Auf diese Weise kommt der Therapeut häufig auch dann ungeschoren davon, wenn er selbst nur allzu gut weiß, daß er einen Fehler gemacht hat.

Ellis demonstriert die Art analytischer Selbstprüfung, die eine lebendige Analyse gescheiterter Fälle fördert. Er überprüft sein Verhalten, seine Handlungen und die Ergebnisse und kommt offen zu dem Schluß, daß er einen wichtigen organischen Faktor in der Symptomatologie des Klienten übersehen und auch dessen Frau zu wenig berücksichtigt hat. Für ihn ist Versagen einfach ein Anstoß zum Nachdenken und Lernen. Diese offene und ehrliche Haltung ermöglicht ihm, aus seinen Fehlern zu lernen und den Prozeß zu untersuchen, der die Therapie scheitern läßt.

Hier werden Therapeuten immer als fehlbare Menschen gesehen, die sich zeitweise neurotische Ausfälle, Fehlurteile über das, was die Klienten einbringen, Arbeit mit unangemessenen Methoden oder mangelnde Berücksichtigung des Bezugssystems der Klienten zuschulden kommen lassen. In allen Berichten zeigt sich ein Unbehagen, wenn etwas schiefgeht, die Bereitschaft, eine fehlerhafte Situation und den Anteil des Therapeuten daran zu untersuchen, die so gewonnenen Ergebnisse anzuwenden und dann zum nächsten Problem überzugehen.

Für Fisch ist Therapie mit einem freundschaftlichen Schachspiel vergleichbar, in dem Erfolg davon abhängt, ob der Klient verloren oder gewonnen hat (auch wenn man nicht genau festlegen kann, wie das Spiel verlief). Er ist bereit, die volle Verantwortung für negative Ergebnisse zu übernehmen, und sich zudem selbst zu verzeihen. Dadurch kann er Enttäuschungen abschütteln und sich der nächsten Herausforderung stellen.

Lazarus warnt vor der Erwartung, immer zu gewinnen, und rät zu einer gelassenen Auffassung von Therapie mit realistischen Erwartungen, durch die sich dann auch Versagen bewältigen läßt. Dasselbe meint Bugental, wenn er dazu auffordert, einerseits das Ideal anzustreben und andererseits zu akzeptieren, daß man es nie erreichen wird.

Außerdem wird in allen Berichten deutlich, daß auch der Klient einen entscheidenden Beitrag zum Therapieerfolg leistet. Bill wie Nina wählten Bugental und entschieden, wie lange und wie effektiv sie mit ihm arbeiten wollten, Fischs Paar blieb nach seiner unsensiblen Bemerkung wütend weg, Lazarus war bereits der sechste Therapeut seiner schwierigen Patientin, Jeff hörte mehr auf seine Frau als auf Ellis und ging zu einem anderen Therapeuten, Corey wurde von anderen Gruppenteilnehmern ins Gebet genommen, und Moustakas erster Klient ging, als er nicht bekam, was er wollte.

Jeder dieser Therapeuten konzeptualisiert sein Versagen ein wenig anders, aber sie sind sich darin ziemlich einig, daß Fehler Methoden und Theorie genauso weiterbringen wie Triumphe. Gemeinsam ist ihnen die Achtung vor ihren Fehlern und vor allem die große Offenheit, mit der sie ihren Anteil an negativen Ergebnissen zugeben. Diese Ehrlichkeit und innere Klarheit sind die Voraussetzung dafür, die Mängel und Unvollkommenheiten von Therapeuten ernsthaft zu analysieren.

8. Kapitel

Ursachen des Versagens im therapeutischen Alltag

Der Titel dieses Kapitels unterstellt, daß man die einzelnen Umstände, Faktoren und Verhaltensweisen identifizieren kann, die zum Scheitern einer Therapie führen. Und genau das wollen wir hier versuchen, obwohl wir aus der einschlägigen Literatur und aus Gesprächen mit Therapeuten wissen, daß in der überwiegenden Anzahl aller Fälle die jeweils angegebenen Gründe für das unbefriedigende Ergebnis selten das ganze Spektrum abdecken. Selbst die ausgefeiltesten Theorien oder Hypothesen zur Erklärung des Versagens zeigen nur selten die ganze Wahrheit.

Die Ursachen des Versagens lassen sich aus vielen Gründen nur schwer feststellen: Erstens ist es unwahrscheinlich, daß Klienten die wirklichen Gründe für ihren Therapieabbruch nennen. Oft erfährt man erst Monate später von ganz anderer Seite, daß sich der Klient über Kleidungsstil, Anredeform oder eine herzlos wirkende Bemerkung des Therapeuten geärgert hat. Zweitens wissen Klienten oft nicht, warum sie mit dem Ablauf der Therapie nicht zufrieden waren. Drittens dienen die Gründe, die Therapeuten für ihr Scheitern nennen, meist dazu, sich selbst in günstigem Licht darzustellen, Fehler und Fehleinschätzungen zu leugnen und die Verantwortung für negative Ergebnisse zu vermeiden. Und viertens ist die therapeutische Begegnung mit all ihren Nuancen und Verwicklungen wohl viel zu komplex, als daß man je einen einzelnen Grund für das Versagen identifizieren könnte. Es ist mehr als wahrscheinlich, daß eine Kombination von Faktoren daran beteiligt ist. Es gilt also, sich vor allzu schnellen Erklärungen zu hüten.

Vor diesem Hintergrund ist die folgende Auflistung von Faktoren zu lesen, die einzeln oder in Kombination mit anderen zum Versagen führen können: Mißerfolg aufgrund des Klienten- oder Therapeutenverhaltens, Mißerfolg als Resultat von Interaktionen im therapeutischen Prozeß (vgl. auch Kapitel 6) und Mißerfolg durch Einflüsse außerhalb der Therapie, die die Ergebnisse unterminieren. Unserem Schwerpunkt entsprechend stellen wir hier die Faktoren in den Mittelpunkt, die ein direktes Ergebnis der Schwächen des Therapeuten sind.

Klienten, die zum Scheitern verurteilt sind

In vielen Fällen liegt es am Therapeuten, ob er einen Klienten verliert. Es gibt aber auch Klienten, die unabhängig von dem, was ein Therapeut tut oder sagt, wie vorsichtig, sensibel, kompetent oder hilfsbereit er ist, entschlossen jede Besserung vermeiden. Ob solche Klienten den Prozeß unbewußt sabotieren oder ob sie sich absichtlich bemühen, den Therapieerfolg zu vereiteln, fest steht, daß es Menschen gibt, bei denen keine Therapie Erfolg hat. Lazarus hat im vorangehenden Kapitel einen solchen Fall beschrieben, in dem es der Klientin unvermindert schlecht ging, obwohl er alle ihm zur Verfügung stehenden Mittel eingesetzt hatte. Bei bestimmten Abwehrmechanismen, Persönlichkeits- oder Stimmungsstörungen und stark eingeschränktem Urteils- oder Einsichtsvermögen läßt sich einfach nicht viel ändern. Hier läßt sich ein Behandlungsfortschritt nicht in Wochen, sondern wohl nur in Jahrzehnten messen.

Bei Klienten, die die Behandlung vorzeitig und abrupt abbrechen, lassen sich bestimmte Eigenschaften feststellen: Es sind etwa Angehörige einer Minderheitengruppe, junge Erwachsene, Personen, die besonders gut versichert sind oder die von Kollegen überwiesen werden, die in einer klinischen Einrichtung arbeiten. Oder es handelt sich um situationsgebundene, akute oder Anpassungsprobleme, für die sie äußere Faktoren verantwortlich machen, die sie nicht beeinflussen können (Greenspan, Kulish 1985).

Eine Untersuchung gescheiterter psychoanalytischer Behandlungen hat ergeben, daß Klienten, die zum Scheitern verurteilt sind, bestimmte gemeinsame Merkmale aufweisen (Colson, Lewis und Horwitz 1985). Die meisten Therapeuten werden wissen, daß chronische Symptome und ein bestimmter Grad der Störung schlechte Prognosen haben. Und auch bei Störungen der Triebkontrolle, fehlenden Unterstützungssystemen, Überschreiten einer bestimmten Altersgrenze, mangelndem Sinn für Humor, Ungeduld, Neigung zu Externalisierung und zu geringer psychologischer Bildung sinkt die Erfolgsrate (Stone 1985).

Wer mit verführenden Charakterstrukturen arbeitet, hat meist große Schwierigkeiten mit Borderline-Patienten. Auf der Basis eines persönlichen Samples von 51 Borderline-Patienten kommt Stone, ein Experte in der Arbeit mit dieser Patientengruppe, zu einer Mißererfolgsrate von 40 %! Wenn aber schon ein Experte nur der Hälfte seiner Klienten helfen kann, muß man sich wohl fragen, wie weit Therapeuten, die nur wenige Borderline-Patienten behandeln, darauf hoffen können, nicht zu scheitern.

Das soll natürlich nicht heißen, daß man Klienten, die laut Lehrbuch eine schlechte Prognose haben, gleich pessimistisch gegenübertreten soll; eine solche hoffnungslose Einstellung kann daraus nur eine self-fulfilling-prophecy machen. Gleichzeitig sollte man sich aber bei allem notwendigen Optimismus bemühen, realistisch einzuschätzen, was sich verändern läßt und was nicht. Die Therapeuten, die im vorhergehenden Kapitel zu Wort kamen, waren sich einig, daß Therapie trotz aller Anstrengungen manchmal eben scheitert. Kouw zufolge (persönliche Mitteilung 1988) kann man die Eignung eines Klienten für die Psychotherapie nicht einfach voraussetzen, genausowenig wie die des Therapeuten. Ein Großteil des Behandlungserfolges hängt von der Motivation, der Persönlichkeit und der Einstellung des Klienten ab. Man sollte sich also klarmachen, daß nicht notwendigerweise der Therapeut versagt hat, wenn ein Klient in der Therapie scheitert. Dann braucht man auch keine Angst mehr vor Fällen mit hohem Risiko zu haben.

Menaham (1986) hat einen satirischen Artikel über die Versagensängste von Psychotherapeuten und ihren Widerwillen gegen riskante Fälle geschrieben, in dem er Strategien für die Behandlung toter Klienten vorführt. Völlig zutreffend weist er darauf hin, wie wenig Literatur es zu diesem Thema gibt und daß die meisten Therapeuten aufgrund der hohen Versagensrate nur ungern mit Leichen arbeiten. Leichen haben einen sehr starken Widerstand und neigen zum Schweigen, zu Passivität, flachen Affekten und beißendem Geruch. Außerdem zahlen sie nur selten die Rechnung. Aber unabhängig von der Satire gibt es tatsächlich Klienten, die auf psychotherapeutische Behandlung genauso wenig reagieren wie Leichen. Das kann an gewissen Persönlichkeitsstörungen oder psychotischen Prozessen liegen, an zu starker Abwehr oder an Verletzungen durch einen inkompetenten Helfer in der Vergangenheit. Aber wenn es auch beruhigend sein mag, daß es Menschen gibt, denen niemand helfen kann, hat das Scheitern in den meisten Fällen andere Ursachen.

Wenn der Therapeut versagt

Bei einer Analyse gescheiterter Fälle in der Familientherapie stellte Coleman (1985) fest, daß folgende Faktoren besonders häufig beteiligt waren:

• Die wahre Natur des vorgestellten Problems, einschließlich der Umstände, die zur Überweisung führten, wurde nicht begriffen.

- Das Bündnis mit den Familienmitgliedern oder die therapeutische Beziehung zum Klienten war nicht stark genug.
- Nachlässige Anwendung der Theorie oder inkonsequente Interventionen.
- Erlahmende Energie oder berufliche Veränderung.

Die Erweiterung und Extrapolation des Samples führte zu dem Ergebnis, daß sich die Mißerfolge nicht eindeutig auf bewußte oder unbewußte Fehler zurückführen lassen. Die Therapeuten wurden vielmehr von »unvorhergesehenen Verwicklungen« überrascht (Coleman 1985).

Laut H. S. Strean, der sich auf ein individuell-psychodynamisches Behandlungsmodell stützt, scheitern Therapien meist dann, wenn der Therapeut aufgrund negativer Gefühle zum Patienten schwach motiviert ist. Er zitiert als Beispiel den Fall eines Klienten, eines Philosophieprofessors namens Albert, dem es nach zwei Jahren Behandlung beträchtlich schlechter ging als vorher. Die Beziehung begann mit dem Erstgespräch, in dem der streitlustige Klient den Therapeuten nach seinen Referenzen fragte:

>»In der Regel antizipiere ich nach einem Erstgespräch begeistert und interessiert die nächste Sitzung, ein Zustand, den man mit dem Reisefieber vergleichen könnte. Aber diesmal verfolgten mich Zwangsvorstellungen, nachdem Albert gegangen war. Von meiner analytischen Ausbildung wußte ich, daß Zwangsvorstellungen ein Zeichen für gemischte Gefühle sind.
>
> Nach diesem Erstgespräch und nach einer Anzahl von Sitzungen imaginierte ich immer wieder Diskussionen mit Albert, in denen ich versuchte, mich gegen einen Tyrannen zu wehren, der mir das Gefühl gab, ich sei schwach und angreifbar. Albert bedrohte mich offensichtlich, und weil es mir schwerfiel, diese Wahrheit zu akzeptieren, führte ich Phantasiediskussionen mit

ihm. Im nachhinein muß ich zugeben, daß die Therapie gescheitert ist, weil ich ihm nicht die Hilfe geben konnte, die er mit Recht erwarten und, wie ich glaube, auch hätte annehmen können« (Strean und Freeman 1988, S. 186f).

Strean hat sein Verhalten in den Sitzungen mit bemerkenswerter Offenheit untersucht und eine Reihe signifikanter Fehler aufgrund seiner negativen Einstellung zu diesem Klienten entdeckt. Wir fassen sie im folgenden zusammen, um zu zeigen, wie wertvoll eine Fallanalyse nach einer gescheiterten Therapie sein kann:

- Er war nicht mehr objektiv und ließ sich in die manipulativen Spiele des Klienten hineinziehen.
- Er fühlte sich bedroht, war eifersüchtig und konkurrent und verlängerte so den kontinuierlichen Machtkampf.
- Seine Deutungen waren oft »korrekt«, und er benutzte die »richtigen« Worte, aber der Tonfall war nicht empathisch, sondern feindselig.
- Er verbrachte einen Großteil der Zeit damit, dem Klienten zu beweisen (Flashback zu seinem Vater), daß er sich seiner Sache sicher war.
- Er war sich seiner Gegenübertragungsgefühle bewußt, konnte sie aber nicht genügend lenken oder sich damit konfrontieren. Auch bemühte er sich nicht um eine Supervision oder eigene Therapie, um sie aufzulösen.
- Durch den Rückzug hinter die Maske des kalten, objektiven Analytikers verhielt er sich strafend statt empathisch und unterstützend.

Strean kommt nach seiner Selbstanalyse zu dem Schluß: »Eigentlich kann man meine Arbeit mit ihm nicht als psychoanalytische Behandlung bezeichnen. Es war eher ein Kampf zwischen zwei Männern, die sich miteinander nicht wohl fühlten und versuchten, sich selbst und dem anderen ihre Potenz zu beweisen« (S. 191).

Am anderen Ende des konzeptionellen Spektrums haben Foa und Emmelkamp (1983) das Scheitern im verhaltenstherapeutischen Kontext untersucht. In Einklang mit diesem Modell, bei dem der Therapeut die Hauptverantwortung für das Therapieergebnis übernimmt, erwiesen sich Fehlberechnungen und falsche Diagnosen als das größte Problem. Sie zitieren zahlreiche diagnostische Irrtümer, bei denen der Therapeut die Variablen in der Umgebung des Klienten zu identifizieren versäumte, die für das dysfunktionale Symptom verantwortlich waren. Bei einem anderen Fall geht es um falsche Einschätzungen: Hier hielt ein Therapeut chronische Schmerzen für psychogen, die auf eine nichtdiagnostizierte Krebserkrankung zurückzuführen waren, wie sich später herausstellte. Andere Fälle von Therapieversagen führen sie darauf zurück, daß an sich funktionierende Behandlungspläne nicht genau eingehalten oder die Klienten nicht genügend unterstützt wurden, neugewonnene Einsichten oder neuerlernte Reaktionen für Situationen in der realen Alltagswelt zu generalisieren.

Offenbar lassen sich durch eine ehrliche Selbstanalyse, bzw. noch besser durch eine eigene Therapie und Supervision, Mißerfolge vermeiden, die auf das Therapeutenverhalten oder die Interaktion zwischen Therapeut und Klient zurückzuführen sind. Man sollte aber nicht vergessen, daß es auch Fälle gibt, in denen eine Therapie trotz größter Sorgfalt des Therapeuten und bestmöglicher Supervision nicht läuft, weil die »Chemie« zwischen Klient und Therapeut nicht stimmt. Allerdings kann eine systematische Selbstprüfung fehlerhafte Prozesse, stümperhafte Interventionen und Schwierigkeiten durch Gegenübertragung wesentlich verringern.

Wenn der Prozeß scheitert

Eine Untersuchung der Determinanten für einen vorzeitigen Therapieabbruch hat ergeben, daß 87 Prozent der Abbrüche mit Faktoren des Therapieprozesses zusammenhingen (Levinson, McMurray, Podell und Weiner 1978). Das heißt, in der Mehrzahl aller Fälle hängt das Scheitern nicht von internen Faktoren, z.B. schwacher Motivation oder negativer Einstellung des Klienten, oder von externen Faktoren, z.B. Einmischung der Familie, ab, sondern ist das direkte Ergebnis des therapeutischen Prozesses oder des Therapeutenverhaltens. Anders ausgedrückt: die Ursachen für das Versagen der Therapie liegen überwiegend in Bereichen, die der Kontrolle des Therapeuten unterliegen, oder in Aspekten seiner Arbeitsweise. Trotz der kollektiven Phantasie unserer Berufsgruppe, daß die Klienten selbst schuld seien, wenn sie die Therapie abbrechen oder mit ihren Fortschritten nicht zufrieden sind, tragen zumindest dieser Untersuchung zufolge die Therapeuten einen Großteil der Verantwortung. Die Kollegen, die wir im 7. Kapitel befragt haben, bestätigen das. Bugental z.B. hat sich gefragt, wieviel er in die Arbeit mit Bill zu investieren bereit war, Moustakas hat sich seine Schwierigkeiten eingestanden, Grenzen zu setzen, und über die Konsequenzen für seine Arbeit mit Kindern nachgedacht, und Fisch hat die Verantwortung für seine unbedachte Bemerkung und den daraus resultierenden Verlust seines Klienten übernommen.

Es ist also eher eine schwache Entschuldigung als ein getreuer Spiegel der Realität, wenn Therapeuten der Motivation, dem Widerstand oder der Abwehr der Klienten die Schuld geben. Das ist den meisten Therapeuten aus eigener Erfahrung wohl auch klar. Es klingt manchmal entsetzlich hilflos, wenn Fehler oder Katastrophen als Ergebnis äußerer, nicht kontrollierbarer Faktoren rationalisiert werden. Als Bill Cosby als Kind auf seinem kaputten Bett erwischt wurde, auf dem er herumgesprungen war, erklärte er seinem wütenden Vater, entgegen dem Augenschein sei er nicht der Schuldige. Als der Vater eine weitere Erklärung verlangte, behauptete Bill, er habe friedlich geschlafen; da sei ein Räuber durchs Fenster geschlichen, auf das Bett gesprungen, habe es durch sein Gewicht zerbrochen und sei wieder zum Fenster herausgehuscht und hätte ihm armen, unschuldigen Jungen die Schuld zugeschustert. Nach einem Moment des Schweigens machte ihn sein Vater mit schwankender Stimme darauf aufmerksam, daß der Raum gar kein Fenster hätte, durch das ein Räuber hätte eindringen könnte. Ohne mit der Wimper zu zucken, antwortete ihm Cosby: »Ja, Papa, er hat es mitgenommen.«

Zu den häufigsten Ursachen für das Scheitern des Therapieprozesses zählen unaufgelöste Übertragungserfahrungen oder Abhängigkeiten in der therapeutischen Beziehung (Herron, Rouslin 1984). Dabei werden Trennungskonflikte falsch gehandhabt oder vorzeitig beendet. Die Autoren beschreiben das Szenarium, wenn die emotionale Bindung des Therapeuten an einen Klienten eine Form symbiotischer Interdependenz annimmt, die nicht leicht durchbrochen werden kann. Die ungelösten Bereiche von Loslösung und Individuation und der Eltern/Kind-Bindung des Therapeuten vermischen sich mit der Ambivalenz des Klienten in dem Wunsch nach bleibender Nähe versus Freiheit. Therapeuten, die sich dadurch bedroht fühlen, beenden die Behandlung vorzeitig; andere, die sich vor Verlustgefühlen und der unvermeidlichen Trauer bei der Trennung schützen möchten, verlängern die Therapie unnötigerweise und opfern dabei das Bedürfnis des Klienten nach Autonomie.

In der ersten Version kommt es zum Scheitern, wenn die Verlassenheitsgefühle des Klienten zu Regression, Isolierung, Ablehnung, Einsamkeit, Bitterkeit oder lähmender Angst führen. Eine dramatische »Heilung« kann leicht ins Gegenteil umschlagen, wenn ein ungeduldiger, gelangweilter oder unsensibler Therapeut die Behandlung zu einem unnatürlichen Ende treibt, sei es, weil der Therapeut es für bare Münze nimmt, wenn der Klient behauptet, es ginge ihm viel besser, sei es einfach, um den allzu vollen Terminkalender zu entlasten. Es kann durchaus vorkommen, daß es dem Klienten am Schluß schlechter geht als zu Anfang, teils, um den herzlosen »Elternteil/Therapeuten« zu bestrafen, teils, weil es ihm an Selbstvertrauen und

Erfahrung fehlt. Oft genug kehren dann nicht nur die Symptome wieder, hinzu kommt auch noch neue Wut und das Gefühl, betrogen worden zu sein.

Bei der zweiten Version kann der Klient so abhängig vom Therapeuten werden, daß die Möglichkeit einer autonomen Existenz zunehmend schwindet. Ein besonders extremer Fall ist der folgende: Ein Therapeut beschloß abrupt, die Arbeit mit einer Klientin zu beenden. Er hatte ihr beigebracht, ihm sehr dankbar zu sein, und seitdem waren ihre Bedürfnisse und Anforderungen immer größer geworden. Die Frau, die seit Jahren mit geradezu religiösem Eifer zweimal die Woche zur Therapie gekommen war, stellte jetzt fest, daß sie nicht mehr funktionierte, wenn ihr Therapeut eine Woche Urlaub machte und nicht in der Stadt war (er machte immer höchstens eine Woche Urlaub, weil es vielen seiner Klienten so ging wie ihr). Nach einer Beratung mit einem Kollegen fand der Therapeut es an der Zeit, die abhängige Klientin abzunabeln (außerdem waren die Sitzungen sehr zäh geworden). Es hatte jahrelang so ausgesehen, als hätte die Klientin in vielen Bereichen große Fortschritte gemacht, aber das Gespräch über das Ende der Therapie brachte schnell zutage, daß die Fortschritte mehr auf den Beifall des Therapeuten ausgerichtet waren als auf ihr eigenes Wohlergehen. Viele Therapien scheitern, weil die Therapeuten das Ausmaß der Abhängigkeit ihrer Klienten nicht erkennen oder diese symbiotische Nähe nicht konfrontieren und auflösen wollen.

Ein anderer Bereich, der häufig zu Problemen führt, hat mit der Energie des Therapeuten zu tun. Das betrifft besonders erfahrene Therapeuten, die nach langjähriger Praxis glauben, es gäbe für sie nichts Neues mehr. Wenn neue Klienten ihre Situation darstellen, sehen sie darin nur Variationen einiger grundlegender, stets wiederkehrender Themen. Ärger über den Therapeuten wird sogleich als »Übertragung« verstanden, Schüchternheit als »zu geringe Selbstachtung und Angst vor Ablehnung«. Diese Annahmen basieren auf der

Erfahrung aus zahllosen Fällen mit festen Mustern. Aber man stumpft auch ab und sieht schließlich nicht mehr, was wirklich da ist, sondern nur noch das, was man schon unzählige Male gesehen hat. Und über kurz oder lang stellt man fest, daß man nicht mehr jeden Fall als einzigartig und jeden Klienten als Individuum mit seiner individuellen Geschichte, Persönlichkeit und Weltsicht wahrnimmt, auch wenn die Symptome vertraut scheinen. Der Gewinn an Erfahrung geht oft auf Kosten der Unbefangenheit und Gründlichkeit, mit der Anfänger jeden Fall als einmalig betrachten können.

Anfänger scheitern aus Unkenntnis, erfahrene Therapeuten durch Nachlässigkeit oder Laissez-faire. Für die Einstellung, die »alles schon kennt«, steht das folgende Beispiel: Ein Therapeut hatte versäumt, sich vor einer Intervention genügend Hintergrundinformationen zu besorgen, und sah sich jetzt voll Reue mit der absolut gerechtfertigten Kritik der Teilnehmer einer Gruppe konfrontiert, die er leitete. Eine der Teilnehmerinnen, eine sehr schüchterne und passive Frau, hatte ihn angesprochen und ihn um Hilfe und Unterstützung gebeten, weil sie sich nicht fähig fühlte, in der Gruppe zu sprechen. Er interpretierte diese Bitte als das Bedürfnis nach einem gelegentlichen freundschaftlichen »Schubs« während der Sitzungen, was eine durchaus übliche Sache war, und daher explorierte er nicht weiter, welche persönliche Bedeutung diese Hemmung für sie haben könnte. Schließlich hatte es in all seinen Gruppen schüchterne Menschen gegeben, die er aus der Reserve locken mußte. Auf diesem Hintergrund erschreckte ihn das katastrophale Ergebnis seiner, wie er meinte, unschuldigen Geste nur um so mehr:

Er hatte ihr als leichten Anstoß während der Sitzung einen Zettel zugeschoben, auf dem stand: »Nun machen Sie mal den Mund auf.« Daraufhin war die Klientin aschfahl geworden und hatte sichtbar zu zittern begonnen, obwohl bereits jemand anderes im Fokus der Aufmerksamkeit stand. Die Klientin hatte erst bei der nächsten Gruppensitzung ihre Fassung soweit wiedergewonnen, daß sie ihrer Empörung

Ausdruck geben konnte - eine Reaktion, die dem wohlmeinenden Therapeuten einen kräftigen Schrecken versetzte: Mit sechs Jahren war sie von ihrem Vater mißbraucht worden. Er hatte sie oft gezwungen, »den Mund aufzumachen«, um ihn zu befriedigen. Wenn sie sich weigerte, benutzte er ihren Anus. Natürlich hatte die unglückliche Wortwahl des Zettels eine Fülle schmerzhafter Erinnerungen freigesetzt. Sicher gibt es Entschuldigungen für den Therapeuten, der unwissentlich so tragisches Material provoziert hatte, aber er hatte sich doch das Inzestopfer und einige Gruppenmitglieder entfremdet, die der Meinung waren, er hätte sich besser informieren sollen, bevor er jemanden zu schnell zu weit antrieb.

Wie so oft erwies sich auch bei diesem Fehler die Durcharbeitung des Ereignisses im Nachhinein als sehr nützlich. Nachdem er seinen Irrtum zugegeben und mit der Klientin die Sache soweit bearbeitet hatte, daß sie in diesem Kontext sehr viel leichter »den Mund aufmachen konnte«, konzentrierte sich die Aufmerksamkeit der Gruppe auf Konflikte mit dem Leiter als Autoritätsfigur und Übertragungsobjekt. Danach, in den stillen Stunden nach Beendigung der Sitzung, untersuchte der Therapeut seine Abwehr und überprüfte sein Bedürfnis, auch dann noch wenigstens den Anschein der Überlegenheit zu bewahren, wenn er bei einer eklatanten Fehleinschätzung ertappt worden war.

Übermäßige Selbstoffenbarung

Hemmungslosigkeit oder übermäßige Selbstoffenbarung rangieren mit Sicherheit an erster Stelle unter den Fehlern, die zu Katastrophen führen können, unabhängig davon, ob dafür die Ignoranz, die Unsensibilität oder der Narzißmus des Therapeuten verantwortlich sind. Viele Klienten haben ihre Therapie aufgegeben, weil sie sich durch den ständigen Fokus auf das Leben des Therapeuten negiert fühlten. Unter dem Vorwand, Nähe herzustellen, psychische Distanz zu überbrücken, zu modellieren oder empathisches Verständnis zu vermitteln, eröffnen manche Therapeuten so viel von sich selbst, daß die Klienten sich langweilen, sich ignoriert fühlen oder in anderer Form das Gefühl bekommen, in der Beziehung unwichtig zu sein.

Selbstoffenbarungen des Therapeuten sind sehr wirkungsvoll, wenn es darum geht, Widerstand, Verleugnung und Distanz der Klienten zu überwinden; sie können zu größerer Nähe und Bindung in der therapeutischen Beziehung führen, und Aufrichtigkeit und Authentizität fördern und damit für den Klienten als Modell dienen. Eine kurze Anekdote aus dem eigenen Leben kann tiefes Verständnis für die Sorgen des Klienten ausdrücken. Aber eine weitschweifige, langatmige Erzählung verschwendet wertvolle Zeit und negiert den Wert des Klienten, weil sie eindeutig festlegt, wer in der Beziehung wirklich wichtig ist.

Es gibt manche Gründe, warum Therapeuten, die zuviel von sich selbst sprechen, ihre Klienten verscheuchen:

- Sie geben ihnen das Gefühl, als Menschen nicht wirklich wichtig zu sein. Die ohnehin vorhandene Unsicherheit und der Mangel an Selbstwertgefühl bei den Klienten steigern sich, wenn selbst der Mensch, den sie für seine Hilfe bezahlen, ihnen noch vermittelt, daß er ihre Äußerungen nicht für wichtig hält.
- Sie verlieren ihren Wert als neutrale Übertragungsfigur. Es ist gefährlich, wenn man in den Augen des Klienten allzu menschlich erscheint, weil man dadurch die Möglichkeit aufgibt, zu einem Modell zu werden. Wenn die Klienten erst den Eindruck haben, der Therapeut sei auch nicht anders als sie selbst, stellen sie unter Umständen den Nutzen der Sitzungen in Frage.
- Sie langweilen den Klienten zu Tode. Sollte es je einen internationalen Kongress von Ex-Klienten über ihre Therapieerfahrungen geben,

wird das Thema »Die Geschichten meines Therapeuten« mit Sicherheit die meisten Interessenten finden. Es gibt genug Therapeuten, die ihre Klienten mit endlosen Anekdoten so lange langweilen, bis diese schließlich aus der Therapie fliehen.

Das mangelnde Problembewußtsein bei Therapeuten, die sich selbst gern reden hören, ob es nun im Interesse des Klienten ist oder nicht, stimmt traurig. Selbst wenn sie sich ihres rücksichtslosen Geredes bewußt wären, macht es ihnen zu viel Freude, als daß sie damit aufhören könnten.

Ein Psychiater dieses Typs wurde einmal beobachtet, wie er in seinem bodenlangen Nerzmantel groß und breit im überfüllten Foyer eines Theaters stand. Seine wichtigtuerische Stimme übertönte dröhnend das anonyme Gemurmel. Plötzlich schrillte sein Piepser durchdringend los, so daß selbst die wenigen, die seine Mätzchen noch nicht verfolgten, sich umdrehten und ihn anstarrten. Mit einer schwungvollen Bewegung blickte er auf seine goldene Rolex, strich eine Locke des stahlgrauen Haares zurück und schritt in Richtung des Telefons. Die Menge teilte sich wie das Rote Meer und machte den Weg zu den Telefonzellen frei, vor denen sich bereits Schlangen gebildet hatten. Würdig schritt er an die Spitze der Wartenden, brummte laut und ungeduldig und tippte schließlich der Frau auf die Schulter, die das Telefon benutzte. Sie drehte sich um, sah ihn an und telefonierte weiter. Das Publikum amüsierte sich mittlerweile offen über diese Abfuhr dieses aufgeblasenen Psychiaters, dessen Gesicht den meisten bekannt war, weil er spätabends im Fernsehen Werbung für die Behandlung von Schlaflosigkeit in seiner Klinik machte. Wieder tippte er der telefonierenden Frau auf die Schulter. Sie bedeckte den Hörer mit der Hand und sah den distinguierten, aber unhöflichen Herrn verächtlich an. »Gnädige Frau«, verkündete er in einer Lautstärke, die mehr für das Publikum bestimmt war als für sie, »ich bin Arzt.« Ohne mit der Wimper zu zucken, erwiderte sie ironisch: »Ihre

Mutter muß stolz auf Sie sein.« Das Publikum applaudierte ihr begeistert, als sie ihr Gespräch wieder aufnahm, und der Doktor schlich sich ans Ende der Schlange zurück.

Das Beispiel zeigt natürlich ein extremes Ausmaß von Arroganz, aber trotzdem verfallen viele, und sei es nur für einen Moment, in eine ähnliche Haltung. Manchmal ist man so mit sich selbst beschäftigt, daß man mit den Klienten zu viel über sich spricht und sie so unabsichtlich zurückstößt.

Fisch hat gesagt, daß seine Fehler meist aus Ungeduld entstehen (vgl. Kapitel 7). Und nicht nur die bereits erwähnten übereifrigen Anfänger (vgl. Kapitel 5) intervenieren gelegentlich, bevor sie alle notwendigen Daten kennen und die Situation wirklich begreifen. Man übersieht nützliche Hinweise auf das Zögern der Klienten vor einem bestimmten Kurs und drängt sie zu etwas, zu dem sie noch nicht bereit sind. Aus Ungeduld redet man zuviel und verwickelt sich schließlich in einen Streit mit dem Klienten, weil man unbedingt will, daß er etwas begreift. Es beginnt oft ganz unschuldig, unter dem Vorwand eines aufrichtigen Wunsches zu helfen, daß man zuviel von der eigenen Lebensgeschichte preisgibt, die Klienten davon überzeugen will, was sie als nächstes tun müssen, sie überredet, etwas genauso zu sehen wie man selbst. Aber überwältigt und unter Leistungsdruck bleibt den Klienten nur noch wenig Raum für Selbsterkundung, Experimentieren oder Wachstum.

Falsche Diagnosen und Stümperei

Therapieabbrüche werden aber nicht nur durch die Arroganz von Therapeuten verursacht, sondern auch durch falsch angewandte Methoden. Dazu kommt es z.B. durch Fehldiagnosen, wenn etwa eine verborgene Psychopathologie oder organische Funktionsstörung nicht gleich identifiziert wird; aber auch bei der genauesten Einschätzung der Symptome gibt es eine Reihe von Interventionen und Fehlern, die zum Abbruch der Behandlung führen können:

- Konfrontationen, die als zu aggressiv wahrgenommen werden.
- Deutungen, die zu diesem Zeitpunkt für den Klienten zu bedrohlich sind.
- Unrealistische oder nicht im Einklang mit dem Wertsystem des Klienten stehende Zielsetzungen.
- Zu starke Passivität, nicht ausreichende Reaktionen auf den Klienten.
- Nicht ausreichende Zuwendung, Achtung und Akzeptanz in der therapeutischen Beziehung.
- Ein zu schwaches Bündnis mit dem Klienten.
- Grenzüberschreitungen, die die Privatsphäre oder das Sicherheitsgefühl des Klienten gefährden.
- Paradoxe Strategien, Psychodrama-Techniken oder andere sehr wirkungsvolle Methoden, die fehlschlagen.
- Mehrere geschlossene Fragen in einem Stil, der als inquisitorisch empfunden werden kann.
- Ausweichendes oder geheimnisvolles Verhalten, durch das sich Klienten manipuliert fühlen.
- Bemerkungen auf niedrigem Empathie-Niveau, die auswendig gelernt klingen.
- Allzu langes Schweigen.

»Träge Langeweile« spielt nach Colson, Lewis und Horwitz (1985) wohl die größte Rolle, wenn Psychotherapeuten Therapien zum Scheitern bringen. Die Arbeit gerät auch dann in Gefahr, wenn ein Therapeut die Bedürfnisse des Klienten zunächst nicht richtig erkennt, weil er die Psychopathologie unterschätzt hat und dann nur sehr mühsam die Richtung ändern kann. Andere Probleme entstehen, wenn Verletzungen des grundlegenden Behandlungsvertrags im Namen von Geduld und Akzeptanz toleriert werden. Unpünktlichkeit, versäumte Termine, verbale Angriffe, Zuwiderhandeln, versäumte Zahlungen oder fortgesetzter Drogenmißbrauch sind Anzeichen dafür, daß die grundlegende Struktur nicht respektiert wird, die den Erfolg möglich machen kann. Um nicht zu scheitern, tun manche Therapeuten praktisch alles, um den Klienten zu halten, selbst wenn dadurch nur weitere träge Langeweile gefördert wird.

Ellis hat im vorangegangenen Kapitel einen Fall vorgestellt, in dem ein junger Mann nicht auf die therapeutische Behandlung reagiert hatte, weil eine verborgene endogene Depression lange Zeit nicht diagnostiziert wurde und daher alle Konfrontationen über Monate hinweg kaum Wirkung zeigten. Solche Fehldiagnosen sind besonders erschreckend, weil Anzeichen verborgener organischer Probleme oft selbst für Psychiater, Endokrinologen und Neurologen nicht klar erkennbar sind und Psychotherapeuten ohne medizinische Ausbildung einfach nicht wissen, wonach sie suchen sollen. So kann z.B. ein schlichter Angstanfall, dessen Symptome man aus hundert anderen Fällen kennt, in Wirklichkeit durchaus auch ein Anzeichen für Schilddrüsenüberfunktion, Herzgefäßerkrankungen oder diverse neurologische Störungen sein.

Zweifel des Therapeuten

In seiner »Naturgeschichte der Dummheit« hat Tabori (1959) Beispiele aus der Geschichte zusammengestellt, in denen ansonsten gebildete Frauen und Männer unglaublich starr und skeptisch auf Beweise reagiert haben, die ihren Überzeugungen widersprachen. Wenn Wissenschaftler oder Praktiker mit Daten konfrontiert werden, die nicht zu ihrer Theorie passen, neigen sie oft dazu, solche Fakten zu ignorieren, leider, muß man sagen, denn auf lange Sicht gesehen führt das zu Stagnation.

Der berühmte Physiker Jean Bouillaub versuchte bei der Vorführung von Edisons Phonographen, den Vorführenden zu erwürgen, weil er sich von einem Bauchredner getäuscht glaubte. Nachdem man ihn endlich beruhigt hatte, erklärte er der Versammlung: »Es ist ganz ausgeschlossen, daß die edlen Organe menschlicher Sprache durch schändliches, vernunftloses Metall ersetzt werden können« (Tabori 1959, S. 154). Als Francois Blanchard 1783 den ersten Heißluftballon steigen lassen wollte, gab es ebenfalls Widerstand, Zweifel und Verleugnung, und seinem Kollegen, der einen Monat später die erste Reise mit einem dampfgetriebenen Schiff unternahm, ging es nicht besser: »Aber auch den Pionieren der Eisenbahn ging es nicht anders ... die offizielle Wissenschaft hatte nur Spott für sie übrig, behauptete, keine Lokomotive könnte sich je in Bewegung setzen, weil die Räder sich auf der Stelle drehen würden ... Nach Meinung der Königlich Bayerischen Akademie der Medizin müßte jeder Zugreisende zwangsläufig an Gehirnerschütterung erkranken, und der bloße Anblick eines Zuges sei so schwindelerregend, daß er zu Ohnmacht führe« (Tabori 1959, S. 155).

Auf dem Gebiet der Psychologie haben Skepsis und Dummheit der Mehrheit seiner Protagonisten mehr als einmal dafür gesorgt, daß theoretischen wie praktischen Innovationen eine gerechte Einschätzung versagt blieb. Es sollte mittlerweile klar geworden sein, daß Fehler genauso häufig durch »dumme Zweifel« entstehen wie durch spontane Handlungen. Therapien scheitern nicht nur, weil zu viel, sondern auch, weil zu wenig getan wird. Wer zweifelt und zögert, jede Entscheidung im Nachhinein in Frage stellt und vorsichtig versucht, jeden möglichen Fehler zu vermeiden, betrügt am Ende nicht nur die Klienten um ihre Erfahrungen, sondern auch sich selbst.

Zweifel hindern Therapeuten daran, neue Wege zu suchen, mit neuen Methoden zu experimentieren, neuen Ideen aufgeschlossen gegenüberzutreten. Dieser Widerstand gegen Veränderungen wird deutlich, wenn sich Therapeuten trotz wiederholter enttäuschender Reaktionen auf dieselbe Intervention weigern, die orthodoxen Wege zu verlassen und eine kreative Lösung zu suchen (vgl. Kap. 3).

Rigidität versus Flexibilität

Ein Therapeut der klientenzentrierten Richtung nährt über Jahre eine Beziehung, akzeptiert bedingungslos jede Facette des Klientenverhaltens, hört zu und reagiert empathisch, weigert sich aber, die Struktur vorzugeben, die der Klient braucht, um sich zentrieren zu können. Der Klient fühlt sich in den Sitzungen geliebt, quält sich aber weiterhin mit seinem Leben ab. Der Therapeut sehnt sich danach, den Klienten mit seiner Passivität und Abhängigkeit zu konfrontieren, aber eine solche Abweichung verletzt seines Erachtens die Gesetze der Therapie. Der Klient mag den Therapeuten wirklich und kann daher nicht einfach zu einem mehr direktiv arbeitenden Therapeuten wechseln. Beide haben sich dazu verdammt, immer wieder den gleichen Kreislauf durchzuspielen.

Eine kognitive Verhaltenstherapeutin stellt die irrationalen Überzeugungen ihres Klienten eloquent und mit überzeugenden Beweisen in Frage. Sie identifiziert in seiner Ausdrucksweise geduldig Beispiele für das Elend, das er sich selbst auferlegt. Sie widerlegt in Einzelheiten seine unlogischen Denkmuster. Der Klient findet auch, daß es sich um brillante Einsichten handelt, aber irgendwie fühlt er sich nicht besser. Die Sitzungen sind zwar interessant und unterhaltend, erinnern ihn aber nur an ähnliche Auseinandersetzungen mit seiner Mutter. Er will nur verstanden werden. Wenn sie ihn nur über seine Gefühle sprechen ließe, vielleicht könnte er ja dann die Sache für sich auf die Reihe bringen. Natürlich begreift er die Logik ihrer Argumente, aber Rationalität ist gerade nicht das, was er jetzt braucht. Die Therapeutin spürt das Bedürfnis des Klienten, die weißen Flecken auf seiner inneren Landkarte zu erforschen, kann aber nicht gegen ihre Ausbildung handeln, die ihr bis jetzt so dienlich war.

Ein Psychoanalytiker hat die Einsicht seiner Klientin stark fördern können. Sie versteht jetzt ganz genau die Gründe für ihr Verlangen nach mißbrauchenden Beziehungen. Sie hat ihre Geschichte genauestens seziert, ihre Abwehrmechanismen begriffen, ihre Träume studiert und versucht, ihre Ichgrenzen zu stärken. Aber nach fünf Jahren Zusammenarbeit in der Analyse hat sie immer noch destruktive Beziehungen, und es gibt keinerlei Anzeichen dafür, daß sie bereit wäre, damit aufzuhören. Die Passivität und Zurückgezogenheit ihres Analytikers machen sie wütend - nicht weil sie sie an irgendeine ungelöste Beziehung aus der Vergangenheit erinnert, sondern weil sie es leid ist, daß alle Männer in ihrem Leben sie mit Gleichgültigkeit behandeln. Wenn der Therapeut mehr von seiner Person zeigen würde, könnte sie ihm vielleicht mehr vertrauen. Solange er nicht wirklich einen Teil seiner Person einbringt, hat sie sich unbewußt entschlossen, ihn zu bestrafen, indem sie sich weigert, sich zu verändern. Auch der Therapeut weiß, daß eine Exploration ihrer Beziehung fruchtbar wäre, fühlt sich aber zu unsicher, um eine Abweichung von seiner distanzierten Haltung zu riskieren.

Diese drei Beispiele zeigen die Sackgasse, in der sich Therapeuten befinden, wenn sie sich strikt an ein theoretisches System halten und den Verlauf der Therapie nicht auch durch Intuition und inneres Wissen beeinflussen. Dieses Dilemma fand sich in vielen Berichten von Berufsanfängern (vgl. Kapitel 5). Auch Moustakas hat diese Wahrheit früh in seiner beruflichen Laufbahn gelernt, als er durch die exakte Anwendung der in der Ausbildung vermittelten Methoden den Klienten verlor. Therapien scheitern nicht nur, wenn Therapeuten von den bewährten Erfolgsrezepten abweichen, sondern auch, wenn sie trotz veränderter Bedingungen und unterschiedlicher Zutaten stur an diesen Rezepten festhalten.

Gegenübertragung

Strupp, Fox und Lessler (1969) haben die Gründe für Therapieversagen untersucht und festgestellt, daß in mehr als drei Viertel der Fälle Probleme der therapeutischen Beziehung eine Rolle spielten. In den meisten Fällen hatten Therapeuten nicht erkannt, daß die eigenen Themen die der Klienten negativ beeinflußten.

Bugental (1965) hat einen gescheiterten Fall beschrieben, bei dem er das Ausmaß der existentiellen Krise eines Klienten nicht erkannt hatte. Trotz der guten Zusammenarbeit von Therapeut und Klient, eines soliden therapeutischen Bündnisses und beachtlicher Fortschritte in den Bereichen Charakterwiderstand und Übertragung verschlechterte sich die Arbeit ab einem gewissen Punkt. Bei der Überprüfung des Falles stellte Bugental fest, daß er durch eine zu oberflächliche Deutung eine wesentliche Lebenskrise des Patienten falsch eingeschätzt hatte, vor allem aber aufgrund der Gegenübertragung nicht authentisch reagieren konnte: »Im Nachhinein wird deutlich, daß es eine intellektuelle Konkurrenz gab, die dazu führte, daß sich der Therapeut zeitweise mehr auf theoretische Argumentation verließ als auf persönliche Konfrontation. Aus diesen und anderen Gründen war er distanzierter und abstrakter als nötig« (Bugental 1965, S. 17).

Im Umgang mit der Gegenübertragung des Therapeuten empfehlen Robertiello und Schoenwolf (1987) dringend, die Distanz zu wahren, aber bei provokativen Ausbrüchen doch empathisch zu reagieren: »Wer einem Klienten zu Authentizität verhelfen will, muß selbst authentisch sein« (S. 10). Diese Authentizität darf aber nicht so weit gehen, daß negative oder ungelöste Gefühle bei Angriffen, die als persönliche mißverstanden werden, aggressive, konkurrente oder rachsüchtige Reaktionen zur Folge haben. Für Gegenübertragung sind viele Gründe verantwortlich, u.a. auch ein Gefühl von Hilflosigkeit oder Kontrollverlust im Leben des Therapeuten (vgl. Masterson 1983;

Robertiello und Schoenwolf 1987). Mit einigen Beispielen wollen wir uns im folgenden näher beschäftigen.

Unaufgelöste Verlassenheitsgefühle

Dem Therapeuten war es trotz aller Anstrengungen als Kind nie gelungen, die Aufmerksamkeit und Anerkennung seines Vaters zu gewinnen. Diese Frustration führte zu außergewöhnlich starker Versöhnlichkeit und Abneigung, andere zu konfrontieren, selbst wenn ein Klient dringend einen Anstoß brauchte, um vorwärtszukommen. Aus Furcht vor Ablehnung, besonders bei männlichen und älteren Klienten, hielt er sich zurück, ging auf Nummer Sicher und verweigerte konsequent alle evozierenden Interventionen. Das Ergebnis war, daß er viele Klienten durch seinen Mangel an authentischen Reaktionen frustrierte; sie wurden ungeduldig und »verließen« seine Therapie (und damit ihn selbst).

Übertriebene Direktiven

Die Therapeutin hatte im Laufe ihres Lebens nur wenig Anleitung erhalten; Eltern und Lehrer ließen sie treiben, wohin sie wollte, oft ohne Struktur oder Sinn. Sie war in den Therapeutenberuf gestolpert, wie sie in Beziehungen hineinschlitterte. Sie hatte sich immer nach jemandem gesehnt, der ihrem Leben eine Richtung geben könnte. Dieses Defizit versuchte sie durch allzu starke, lenkende Eingriffe in das Leben ihrer hilflosesten, passivsten Klienten auszugleichen. Manche dieser Klienten reagierten positiv auf ihre energische Anteilnahme, aber in vielen anderen Fällen entstanden Abhängigkeiten. Gelegentlich scheiterte die Therapie auch durch die Rebellion eines Klienten gegen die Kontrolle seiner besorgten, aber übereifrigen Therapeutin.

Überreaktionen

Die Therapeutin war durch ihre Scheidung sehr belastet und kämpfte um das Sorgerecht für ihr Kind. Drohungen, Einschüchterungsversuche und andere juristische Tricks, mit denen ihr Mann und sein Anwalt ihren Widerstand brechen wollten, machten ihr das Leben zur Hölle. Einer ihrer neuen Klientin war ebenfalls Anwalt und zeigte viele der Charakterwiderstände, die in diesem Beruf nützlich sind: er wich aus, manipulierte und kämpfte um die Macht in der Beziehung. Die Therapie wurde konkurrent, beide versuchten, Punkte zu sammeln. Als die Therapeutin eine besonders niederschmetternde Salve von Beleidigungen (sprich therapeutische Konfrontationen) auf den verstörten und abwehrenden Klienten abgefeuert hatte, brach er die Therapie ab.

Frustrierte Liebe

Der Therapeut war einsam und allein. Es gab in seinem Leben keine Nähe; befriedigende Beziehungen unterhielt er nur zu seinen Klienten. Er war sehr herzlich, manchmal verführerisch, kokettierte und beendete die Sitzungen mit Umarmungen. Wenn seine Klientinnen ihm ihre Liebe erklärten und zeigten oder sagten, daß sie eine »richtige Beziehung« wollten, lehnte er, voller Stolz auf seine Zurückhaltung und berufliche Integrität, diese Avancen sofort ab. Kein Wunder, daß manche dieser Frauen nicht mit ihm weiterarbeiten wollten.

Schuld

Der Therapeut stammt aus einer streng katholischen Familie, in der seine Eltern ihn mit Schuld geradezu überhäuften. Er konnte seine fordernde Mutter und seinen distanzierten Vater nur selten zufriedenstellen; in ihren Augen tat er nie genug. Die Rebellion gegen seine überstrukturierte katholische Erziehung führte zu einem klientenzentrierten Therapiestil, der ihm eine Freizügigkeit gestattete, die im Gegensatz zu den Erfahrungen seiner Kindheit stand. Einer seiner Klienten war sehr feindselig, manipulierend und abwehrend. Er griff ihn an, kritisierte seine Praxisräume, seine Kleidung, Manieren, seinen Gesichtsausdruck, seine Deutungen und Spiegelungen. Der Therapeut ließ sich nicht ködern und tolerierte einfach die Übergriffe, weigerte sich, das Ausagieren zu konfrontieren, und spiegelte, getreu seiner Methode, die Gefühle des Klienten. Gleichzeitig war er wütend - und fühlte sich dafür so schuldig wie in seiner Kindheit. Dieses sadomasochistische Ritual hielt an, bis der Klient wütend aufgab, den Therapeuten einen Softie nannte und ihn feuerte.

Rechthaberei

Die Therapeutin will ihre verborgenen Unzulänglichkeitsgefühle bewältigen, indem sie sich bemüht, »Weltbeste« zu werden. Jede Intervention muß brillant und treffend sein; über die Ergebnisse führt sie Buch. Um ihr überragendes Geschick und ihre Intelligenz zu beweisen, muß sie Debatten mit ihren Klienten gewinnen und sie zwingen, die Stärke ihrer Argumente anzuerkennen. Besonders umwerfend waren ihre Interaktionen mit arroganten Männern:

- Klient: Ich bin mir nicht sicher, ob Sie recht haben, wenn Sie sagen, mein Problem käme von ...
- Therapeutin: Lassen Sie mich noch einmal wiederholen, was Sie schon die ganze Zeit sagen. Sie haben klar darauf hingewiesen ...
- Klient: Aber das geht doch an der Sache vorbei. Ich weiß, daß ich im Moment genau das Gegenteil dessen brauche, was Sie vorschlagen.
- Therapeutin: Da bin ich nicht Ihrer Meinung. Ihre Verleugnung trübt Ihr Urteilsvermögen. Ich kann Ihnen das beweisen, wenn Sie nur zuhören würden.
- Klient: Ja, gut, dann machen Sie mal.

Irrtumsmuster

Diese Beispiele lenken die Aufmerksamkeit auf einige Wege, wie ungelöste Probleme und Charakterwiderstände des Therapeuten zu immer wiederkehrenden Schwierigkeiten führen. Die typischen Irrtümer, falsch eingeschätzten Situationen und verlorenen Klienten bilden bei allen Therapeuten ein individuelles Muster.

Es gibt Klienten, bei denen man sich nicht besonders anstrengt, die man sogar dazu drängt, die Behandlung aufzugeben, wenn man ihrer müde ist. Wut, Langeweile, Ekel, Furcht oder Liebe führen dazu, daß man die Fortschritte gewisser Klienten sabotiert. Man provoziert Ablehnungsgefühle durch subtilen Rückzug bei den einen und reizt und drängt andere, bei denen man nicht sicher ist, ob sie wiederkommen.

Selbstbeobachtung, Supervision und eigene Therapie helfen natürlich bei Widerstand, Gegenübertragung und Blockierungen, die man bei sich erkannt hat, aber es sind ja gerade die nichtdiagnostizierten Bereiche und verschleierten Gefühle, die immer wieder zu Versagen führen. Und weil kein Therapeut je völlig durchanalysiert sein kann, kann schon heute oder nächste Woche oder nächsten Monat wieder ein Fall durch unerkannte und ungelöste persönliche Probleme verpatzt werden.

Wenn man bedenkt, wie viele Faktoren den therapeutischen Fortschritt behindern können, dann ist es ein Wunder, daß die meisten Therapien relativ erfolgreich sind. Wie dieses Kapitel gezeigt hat, kann man viele von ihnen erkennen und sich vor ihnen schützen. Man muß aber immer auch sehen, daß mindestens ebenso viele nicht beeinflußbar sind. Es ist wichtig zu wissen, wie man Therapieversagen nach Möglichkeit vermeiden kann, aber man muß immer auch mit dem Scheitern leben können, wenn es eintritt.

9. Kapitel

Der reflexive Therapeut

Fehler sind nicht nur unvermeidliche, sondern auch sehr nützliche Komponenten der therapeutischen Praxis und fördern Lernen und Wachstum. Das Bedürfnis nach Perfektion und die Verleugnung der eigenen Fehlbarkeit schaffen für Therapeuten wie Klienten die meisten Probleme, und von daher muß jede Strategie für den Umgang mit negativen Ergebnissen, ob sie sich nun auf die Sitzungen oder auf die Selbsteinschätzung des Therapeuten bezieht, die jeweilige eigene Einstellung berücksichtigen.

In einer phänomenologischen Beschreibung eines eigenen psychischen Zusammenbruchs hat ein Psychiater die Wurzeln seines Problems auf seinen selbstkritischen und perfektionistischen Charakter zurückgeführt. Der Arzt fühlte sich nach einem solchen persönlichen Versagen gereinigt und bereichert, er hielt sich für fähiger, Patienten in einer ähnlichen Situation zu verstehen und auf sie einzugehen: »Ich glaube, daß man aus der Depression selbst nichts lernt. Der Nutzen entsteht vielmehr aus dem, was man aus der Depression macht. Depression ist Depression. Sie bleibt nutzlos, und wenn man die Erfahrung mit allen Konsequenzen nicht dazu verwendet, etwas Neues aufzubauen, ist sie nichts als Zeitverschwendung gewesen« (Rippere und Williams 1985, S. 19).

Diese Deutung der Depression gilt ebenso für das Versagen: es entkräftet oder es bereichert. Wir haben uns im Verlauf dieses Buches zu zeigen bemüht, daß Scheitern nicht zwangsläufig eine herabsetzende Erfahrung sein muß, sondern als Gelegenheit begriffen werden kann, die eigenen Optionen zu erweitern. Für viele Therapeuten war die Sackgasse, in die sie durch Widerstand und Abwehr eines Klienten geraten sind, Anreiz zur Entwicklung einfallsreicher therapeutischer Methoden. Hoffman, Kohener und Shapira (1987) z.B. beschreiben eine kreative Methode, die sie in einer festgefahrenen Situation entwickelt haben. Um an die starke Abhängigkeit, Ablehnung, Wut und Ambivalenz eines Klienten heranzukommen und die drohende Niederlage dadurch abzuwenden, experimentierten die Autoren und behandelten einen chronisch Widerstand leistenden Klienten zu zweit. Sie hatten sich also von der Sackgasse nicht entmutigen lassen, sondern kreative Möglichkeiten gesucht, mit denen sich einem Widerstandsverhalten entgegenwirken läßt. Sie stellten fest, daß ein Zweierteam sogar bei Schizophrenie, passiver Abhängigkeit und anderen zunächst unergründlichen Fällen in relativ kurzer Zeit Erfolg hatte.

A. R. Luria, ein Pionier auf dem Gebiet der Neurologie, hat einmal über einen Fall unheilbarer, retrograder Amnesie durch Hirnschädigung geraten: »Lassen Sie sich von Ihrem Verstand und von Ihrem Herzen leiten. Es gibt keine bzw. nur wenig Hoffnung auf eine Wiederherstellung seines Gedächtnisses. Aber ein Mensch besteht nicht nur aus dem Gedächtnis. Er verfügt auch über Gefühle und Empfindungen, über einen Willen, über moralische Grundsätze - Dinge, über die die Neuropsychologie kein Urteil fällen kann. Und in diesem Bereich, jenseits der unpersönlichen Psychologie, finden Sie vielleicht eine Möglichkeit, ihn zu erreichen und eine Veränderung herbeizuführen« (Sacks 1985/1987, S. 56).

Was ist ein reflexiver Therapeut?

Pragmatische Philosophie und methodischer Eklektizismus haben in den letzten Jahren in der Psychotherapie immer stärker an Boden gewonnen. Die meisten Therapeuten orientieren sich nicht mehr an nur einer Theorie und praktizieren eine Form des Helfens, die sich auf unterschiedliche Quellen stützt. Selbst die orthodoxesten Analytiker arbeiten mit behavioristischen Interventionen, wenn sie Konzentrationsübungen planen, die die Auslöser für bestimmte Verhaltensweisen bei Klienten mit gestörten sexuellen Funktionen feststellen sollen (sensate focus exercises). Ein strategischer oder behavioristischer Therapeut, der auf Symptome fokussiert, bemüht sich trotzdem um den Aufbau einer klientenzentrierten Beziehung oder die Exploration einer verborgener Psychodynamik. Schon vor vierzig Jahren hat Fiedler (1950) beobachtet, daß alle guten Therapeuten dasselbe tun, unabhängig von theoretischen Auseinandersetzungen, und diese Annäherung der Prinzipien ist heute eher noch deutlicher geworden. Sie erlaubt es den Psychotherapeuten, ihr Versagen zuzugeben und ihm durch einen flexibleren Arbeitsstil entgegenzuwirken.

Die Philosophie des Pragmatismus, die um die Jahrhundertwende von Charles Peirce und William James entwickelt wurde, führt zu einer Abwendung von Kontemplation, Abstraktion, Ungenauigkeit und starren Prinzipien zugunsten von berechenbaren Handlungen, flexiblem Denken, effektiven Interventionen und wünschenswerten Ergebnissen. Der Pragmatismus beschäftigt sich nicht mit absoluten, sondern mit relativen Wahrheiten, er fokussiert auf sinnvolles Wissen, das auf spezifische Situationen angewandt werden kann, auf Pluralismus, Empirie und Praxis.

Viele Therapeuten, denen es weniger um ihre theoretische Basis als um erfolgreiche Heilung geht, vertreten eine eklektische Position, die sich relativ wenig mit philosophischen Annahmen oder theoretischen Begründungen beschäftigt. Ein eklektischer Therapeut wirkt also negativen Ergebnissen entgegen, indem er immer wieder mit alternativen Strategien experimentiert. Ziel ist es, »die gängigen Faktoren der Psychotherapie so effektiv wie möglich bei allen Patienten anzuwenden, gleichzeitig aber auch bei einzelnen Patienten spezifische Methoden zu verwenden, je nach dessen Bedürfnissen, der angemessensten verfügbaren Methode und der Persönlichkeit des Therapeuten« (Rubin 1986, S. 385). Den meisten Praktikern gehen selten die Ideen für Alternativen aus, mit denen sie Mißerfolge minimieren oder überwinden können. Wer eine so große Handlungsfreiheit hat, muß sich nicht hilflos fühlen.

Der Eklektizismus der Methoden vermeidet zwar Mißerfolge aufgrund von eingefahrenem Denken oder Handeln, bringt aber Probleme für all die, die einen festen Rahmen vorziehen. Flexibilität mag für Politiker angenehm sein, die nie zur Rechenschaft gezogen werden wollen, aber Psychotherapie ist mehr als Problemlösung. Wie bei den meisten akademischen Berufen geht es um einzigartige, komplexe, instabile, ungewisse und mehrdeutige Bereiche. Juristen, Ingenieure und auch Psychotherapeuten können sich durchaus als technische Experten zur Benennung und Lösung von Problemen verstehen. Aber eine solche Einstellung zur Therapie berücksichtigt nicht die praktische Kompetenz, die nötig ist, wenn Probleme einmal nicht wirklich identifiziert oder gelöst werden können.

Schön (1983) empfiehlt eine Alternative zu dieser technisch orientierten Rationalität, die zwar deren pragmatischen Kern und damit auch die Immunität gegenüber dem Scheitern weitgehend beibehält, aber auch eine Epistemologie der Praxis ermöglicht, die ein kontemplativer, kreativer und intuitiver Prozeß impliziert. Praktische Kompetenz beinhaltet mehr Wissen, als theoretisch oder praktisch ausgedrückt werden kann. Der reflexive Therapeut stützt sich quasi auf aktive Reflexion in Aktion: Handlungen und Beurteilungen erfolgen spontan, ohne daß ein Therapeut sich bewußt wäre, diese Dinge je gelernt zu haben. Dieses »stillschweigende Wissen« hat Polanyi

(1967) beschrieben, als er sich fragte, warum man ein Gesicht wiedererkennt, ohne je sagen zu können, woran.

Schön hat beobachtet, wie Jazzmusiker, Baseballspieler, Stadtplaner oder Psychotherapeuten improvisieren, sich an wechselnde Umstände anpassen, erfolgreiche Abläufe wiederholen und erfolglose vermeiden, und er hat daraus Konsequenzen für die Reflexion in Aktion abgeleitet. Wenn alles wie beabsichtigt läuft, denkt man über den intuitiven, spontanen Prozeß nicht nach; Reflexion in Aktion setzt erst bei unerwarteten Ereignissen ein: »Die Reflexion des Praktikers kann als Korrektiv für abgehobenes theoretisches Wissen dienen. Durch Reflexion kann er die stillschweigenden Übereinkünfte an die Oberfläche bringen und kritisch prüfen, die sich um die immer wiederkehrenden Erfahrungen einer spezialisierten Praxis angesammelt haben, und er kann Situationen neu definieren, sobald er sie wieder als einzigartig oder unsicher zu erleben bereit ist« (Schön 1983, S. 61).

Die Vertreter einer pragmatischen Philosophie, einer eklektizistischen Methodik und einer reflexiven Praxis reagieren auf Mißerfolge mit verändertem Denken und Verhalten. Ihnen geht es nicht darum, sich endlos und voll Reue den Kopf zu zerbrechen über das, was falsch gelaufen ist, und die weitreichenden Implikationen negativer Ergebnisse zu analysieren; sie fokussieren vielmehr auf praktische Überlegungen, die zu künftigem Erfolg und genaueren Voraussagen führen. Eine solche Haltung konzentriert sich auf positive Ergebnisse, egal, wie sie sich erreichen lassen. Der Therapeut analysiert die Hindernisse auf dem Weg zum Erfolg und ignoriert dabei Gefühle von Unzulänglichkeit und Unsicherheit, die seine Intuition unterminieren könnten.

Mißerfolge können nur in einer statischen Situation auftreten, in der die Regeln und Definitionen für den Erfolg konstant bleiben. Davon ausgehend, haben Jenkins, Hildebrand und Lask (1982) eine Strategie zur Überwindung des Scheiterns entwickelt, in der das Problem auf der Basis neuer Informationen, die aus vorangegangenen ausweglosen Situationen gewonnen wurden, ständig neu formuliert wird. In einem ersten Schritt muß der Therapeut zunächst alle Hinweise auf ein tatsächliches Mißlingen der Therapie identifizieren. Was sind die Anzeichen dafür, daß die Therapie nicht läuft? Wessen Wahrnehmung ist dafür ausschlaggebend? Was genau funktioniert nicht?

In einem zweiten Schritt wird untersucht, aus welchen Gründen die Therapie nicht den gewünschten Verlauf nimmt:

• Welche Sekundärgewinne bezieht der Klient aus dem Scheitern?
• Wurde das Problem so definiert, daß es nicht zu lösen ist?
• Welche Interventionen waren am hilfreichsten/am wenigsten hilfreich?
• An welchem Punkt ging es abwärts?
• Wer hat ein Interesse daran, die Behandlung zu sabotieren?
• Was habe ich vernachlässigt?
• Was habe ich übersehen?

Und in einem dritten Schritt soll der Therapeut anfängliche Behandlungsziele so umformulieren, daß sie sich leichter erreichen lassen. Die ständige Reflexion der erfolglosen Strategien liefert Informationen für effektivere Voraussagen und Interventionen.

Die Untersuchung der klinischen Bedeutung des Pragmatismus für die psychoanalytische Theorie führt laut Berger (1985) zu dem Schluß, die Kliniker müßten den Fokus auf die Therapie legen, statt über die Pathologie zu theoretisieren. Er plädiert dafür, spezifische empirische Situationen mit »Gedankenexperimenten« zu untersuchen, was zu größerer Flexibilität in Denken und Handeln führe: »Ich schlage also als eine Möglichkeit vor: Ein Kliniker, der eine theoretische Frage formuliert, nach den exakten Spezifikationen eines Konzepts fragt oder ein Forschungsthema vorschlägt, sollte sich gleichzeitig ernsthaft bemühen, die klinische Relevanz des Projekts zu zeigen.

Er hätte dann also die Aufgabe, vom Vorschlag bis zu den möglichen Ergebnissen, von den Fragen bis zu den Antworten zu projektieren und zu zeigen, welchen Einfluß eine gegebene Lösung auf die Praxis hätte« (Berger 1985, S. 134). Pragmatismus stellt also auch die Anwendung der Theorie auf bestimmte klinische Situationen ins Zentrum. Für solche Gedankenexperimente braucht man größtmögliche Flexibilität, man muß Ideen fallenlassen, die nicht sinnvoll oder funktionell sind, und alternative Konstrukte schaffen, mit denen sich besser arbeiten läßt.

Ein vertrauensvolles Bündnis

Es hängt sehr stark von der Nachsicht und Geduld des Klienten ab, ob man verschiedene Interventionsstrategien in einem pragmatischen, eklektischen oder reflexiven Stil ausprobieren kann. Man braucht also von daher eine beiderseitige, fürsorgliche und vertrauensvolle Beziehung, wenn man Mißerfolge verhindern oder doch zumindest mit dem Klienten verarbeiten will. Wenn gegenseitiges Vertrauen vorhanden ist, dann hat man auch genügend Zeit, Ansporn und Gelegenheit, Meinungsunterschiede auszuräumen, Irrtümer richtigzustellen und Rückschläge zu überwinden. Laut Langs (1978, S. 185) ist es unabdingbar, gemeinsam mit dem Klienten die Irrtümer und Fehlurteile der Therapie zu untersuchen, denn genau da finden sich die Grundlagen für Wachstum und konstruktive Veränderungen.

Klienten fordern besonders dann Entschädigung oder wollen ihre Rachegefühle befriedigen, wenn eine erfolglos gebliebene Therapie nicht als authentische Begegnung zweier Menschen betrachtet wurde, die auf das Wohlergehen des einen hinarbeitet, sondern ausschließlich als Geschäft oder vertragliche Vereinbarung (was sie ja zum Teil durchaus ist). Es ist nicht einfach Zufall, daß gewisse Therapeuten Klienten verlieren oder verklagt werden.

Es ist ziemlich unwahrscheinlich, daß ein einziger Fehler dann einen ganzen Prozeß aufheben kann, wenn Intimität in der therapeutischen Beziehung fest verankert ist und sich der Klient geachtet, akzeptiert und geschätzt fühlt. Allerdings kann auch der wachsamste Therapeut Ärger bekommen. Ein Psychiater, der sich als sorgfältig, interessiert und vorsichtig beschreibt, wurde von einem Patienten unberechtigterweise verklagt. Er erzählt: »Meine Frau hat mich gefragt, was denn nur mit mir los sei. Ich war deprimiert und hatte meinen Appetit verloren. Obwohl ich sehr um mein inneres Gleichgewicht kämpfte, hatte ich keinerlei Interesse mehr an Geselligkeit; geplante Einladungen lösten sich in Luft auf. Ich hatte früher begeistert am Haus gebastelt und repariert, aber jetzt ließ mich das alles völlig kalt. Ich fragte mich immer wieder: Wie konnte mir so etwas passieren? Wie konnte dieser Patient, für den ich so viel getan hatte, mir das antun? Womit habe ich das verdient? Warum gerade ich?« (Powles 1987, S. 6)

Schon diese einzige Konfrontation mit einem Patienten, der sich verraten fühlte und sich rächen wollte, verlieh Powles' Praxis »einen Anflug von Paranoia«. Er fährt fort: »Zunächst habe ich aus dieser Erfahrung gelernt, daß ich in einer omnipotenten Haltung praktiziert und mich an die Überzeugung geklammert habe, 'gute' Ärzte könnten fehlerlos praktizieren, wenn sie sorgfältig genug arbeiten. Aber die Ereignisse der letzten Monate haben mir gezeigt, daß ich den Mythos ärztlicher Unfehlbarkeit praktiziert und gestützt habe. Ich bin dabei zu lernen, daß Fehler nicht gleichbedeutend mit Inkompetenz sind, sondern notwendiger Teil eines empfindungsfähigen Wesens« (S. 7). Die Überlegungen zu diesem beruflichen Alptraum führen zu der Einsicht in die ausschlaggebende Bedeutung des Vertrauens zwischen Arzt und Patient: »Mangelndes Vertrauen unterhöhlt den Vertrag durch Angst, was wiederum ein Potential von Wut anschwellen läßt, dem schließlich Anklagen und Schuld folgen. Gibt es aber Vertrauen, verringert sich der Streß in der Arbeit, man kann spontaner sein und mehr aus sich herausgehen, und die Patienten revanchieren sich durch positive, kooperative Arbeit« (S. 7).

Für Kouw (persönliche Mitteilung 1988) ist es wesentlich, ein Bündnis mit dem Klienten aufzubauen, um im therapeutischen Prozeß Therapieziele definieren und einschätzen zu können: »Beide Seiten definieren dann die Therapieziele, was dann tatsächlich über lange Strecken die Therapie ausmacht.« Auf diese Weise können Therapeuten von Anfang an sowohl die Vorteile wie die Fallen der Therapie zugeben und somit den Klienten wie sich selbst eine realistische Einschätzung dessen vermitteln, was sie erwarten können.

Umdeuten von Versagen als Erfolg

Beim Überlebenstraining in der Wildnis geht es u.a. darum, schwierige Aufgaben zu erfüllen, die Mut und Durchhaltevermögen fordern. So muß man z.B. allein in eine dunkle, feuchte Höhle gehen, sich an den glitschigen Wänden entlangtasten und durch ein niedriges, enges Loch zurück ans Tageslicht kriechen.

Eine der Teilnehmerinnen, eine junge Frau, stand im Eingang einer solchen Höhle und blickte in die Dunkelheit. Sie hatte eine Gänsehaut auf den Armen, ihr Atem ging schwer, und das Herz klopfte ihr bis zum Halse, als sie sich zentimeterweise vorwärtstastete. Lange vergessene Alpträume aus der Kindheit ließen sie erstarren, sie konnte sich weder bewegen noch um Hilfe rufen. Als Kind war sie zur Strafe in den dunklen und feuchten Keller gesperrt worden, allein mit ihren Ängsten. Und jetzt kehrten all diese Schrecken wieder.

Nach langen Minuten, in denen sie sich zwang, vorwärtszugehen, um den Kollegen und dem Gruppenleiter gegenüber das Gesicht zu wahren, erreichte sie schließlich das Loch. Aber trotz aller Anstrengungen konnte sie nicht weitergehen. Die Dunkelheit schloß sich um sie, nahm ihr die Orientierung, schnürte ihr die Luft ab, bis sie kaum noch atmen konnte. Sie schrie voller Entsetzen auf und floh in die Richtung, aus der sie gekommen war. Schluchzend lief sie der verwirrten Gruppe in die Arme, die draußen wartete.

Ein paar Stunden später, als alle anderen die Aufgabe hinter sich gebracht hatten, wurden die Erfahrungen besprochen. Mehrere Teilnehmer erzählten, was sie über sich gelernt und welche Ängste sie überwunden hatten. Als die Reihe an die junge Frau kam, lag sie immer noch zusammengerollt auf dem Boden, unfähig, den anderen ins Gesicht zu sehen. Bevor das Schweigen allzu lastend wurde, intervenierte der Gruppenleiter: »Zunächst einmal möchte ich darauf hinweisen, wieviel Mut Sie für diese Art des Selbstschutzes aufgebracht haben. Sie haben sich nicht dazu gezwungen, eine für Sie entsetzliche Erfahrung zu durchleben, die offensichtlich große Ängste aus der Vergangenheit aktiviert hat, sondern haben das getan, was Sie zum Überleben brauchten. Mein Beifall ist Ihnen sicher, weil Sie erkannt haben, womit Sie umgehen können, und sich nicht dazu gezwungen haben, diese Grenze zu überschreiten. Daraus können wir alle nur lernen.« Unter dem Beifall der anderen Teilnehmer hob die junge Frau den Kopf und lächelte. Was zunächst wie ein herzzerreißender Fehlschlag ausgesehen hatte, erwies sich jetzt als Gipfel des Erfolgs.

In vielen Fällen haben sich scheinbare Mißerfolge schließlich in besondere Erfolge verwandelt. Schmerzliche Erfahrungen wie Scheidung, Arbeitslosigkeit, Ablehnung und Scham fördern das Wachstum und lassen sich schließlich als Anstoß für andere, positive Ergebnisse begreifen: für eine liebevollere Ehe, einen besseren Job, stärkere Selbstbewußtheit, größere persönliche Effektivität. Klienten wie Therapeuten müssen begreifen lernen, daß Erfolg und Mißerfolg eine Frage der Interpretation ist. Ohne zu verleugnen oder zu rationalisieren, kann man von einem negativen Ergebnis sagen: »Anscheinend war es ein Mißerfolg«, was impliziert, daß die endgültige Einschätzung erst später erfolgen kann. Und in vielen Fällen zeigen sich überraschende Fortschritte Monate oder Jahre nach dem Ende einer Therapie, die für den Klienten, den Therapeuten oder für beide unbefriedigend war.

Ein Paar brach z.B. nach mehr als einjähriger Eheberatung die Behandlung ab. Jeder der Partner war wütend, und beide zusammen ärgerten sich über die Therapeutin. Sie reichten die Scheidung ein und konsultierten dann einzeln die Therapeutin, um ihr ihre Wut und Unzufriedenheit über ihr Verhalten vorzuwerfen. Die Gefühle der Therapeutin waren verständlicherweise gemischt, aber nach einer Überprüfung des eigenen Verhaltens war sie klug genug, ihre Enttäuschung abzuschütteln. Sie hatte getan, was sie konnte, der Rest lag bei ihnen. Sie war sogar so geistesgegenwärtig, dem Paar zu sagen, die gegenwärtige Katastrophe könne sich später durchaus als Segen erweisen. Und tatsächlich, Monate später funkte es plötzlich, sie fanden einen Ausweg aus ihrer Sackgasse und kamen wieder, um den Streit beizulegen. Und das ist keineswegs ungewöhnlich. Aber nur selten verfolgt man gescheiterte Fälle ein, zwei oder fünf Jahre lang, um festzustellen, wie sie schließlich ausgehen.

Enttäuschungen abschütteln

Gilbert Hill war der aufsteigende Stern am Detroiter Polizeihimmel. Er war der Spitzenmann der Mordkommission, Superdetektiv für alle ungelösten Entführungen, Morde und Vergewaltigungen in seinem Revier und wurde zum Inspektor befördert. Und dann kam der Durchbruch in seiner Karriere: Er bekam die Rolle des Chefs von Eddie Murphy in dem Film »Beverley Hills Cop« und in dessen Fortsetzung. Hill wurde sofort zur Berühmtheit. Der Bürgermeister ernannte ihn zum Leiter der Kriminalabteilung, und der Aufstieg des Superpolizisten schien gewiß, nicht nur auf der Leinwand, sondern auch in seinem Beruf.

Aber danach ging alles schief: Gilbert Hill war als Verwaltungsbeamter hoffnungslos überfordert. Während seiner kurzen Amtszeit sank die Aufklärungsrate bei Verbrechen von 71 auf 40 Prozent, gleichzeitig stiegen die Kosten seiner Abteilung in schwindelerregende Höhen. Er flog blitzartig aus dem Hauptquartier und landete in der Abteilung, die für die Pferde, Boote und Flugzeuge der Polizei zuständig war.

Mit bemerkenswerter Aufrichtigkeit kommentiert Inspektor Hill seinen Aufstieg und Fall: »Klar gebe ich es zu«, sagt er. »Es war mein eigener Fehler. Ich hab' mich von den Scheinwerfern blenden lassen. Und ich bin verblödet. Wirklich verblödet« (Beer 1987, S. 110). Hill schüttelt sein spektakuläres Scheitern ab und schätzt seine Fehler ehrlich ein: »In Wahrheit war ich ein durchschnittlicher Polizist. Ich habe eine Menge Publicity bekommen, die ich nicht verdient habe ... Jetzt geht es mir gut«, behauptet er. »Es ist der leichteste Job, den ich je hatte. Ich muß nachts nicht raus. Ich muß mir keine Leichen mehr ansehen ... Ich weiß, was die anderen in der Abteilung denken. Verdammt, ich geb's zu, oder? Es war mein Fehler ... Aber hier ist es nicht schlecht. Es ist schließlich ein verdammt guter Job. Ich hab's eigentlich nicht schlecht getroffen. Schließlich bin ich immer noch hier, und das ist ja auch schon was« (S. 249).

Fehler sind Bestandteil jeder Arbeit, und Erfolg hängt oft genug von Faktoren ab, die man nicht kontrollieren kann. Deshalb muß man Mißerfolge abschütteln können, d.h. man darf sich durch einen Irrtum nicht lähmen lassen, sondern muß ihn akzeptieren, daraus lernen und weitermachen, ohne zurückzuschauen. Die Fähigkeit, Enttäuschungen abzuschütteln, ist den namhaften Therapeuten, die wir befragt haben, gemeinsam. Lazarus gibt zu, daß er frustriert ist und leidet, kann sich aber seine Fehlbarkeit verzeihen. Auch Ellis akzeptiert die Verantwortung für seinen Anteil an Mißerfolgen, verbannt aber energisch den Gedanken, er sei »total« unfähig, aus seinem Vokabular.

Ellis (persönliche Mitteilung 1988) betont, daß irrationale Überzeugungen, wie wir sie im ersten Kapitel aufgelistet haben: »Wenn ich bei einem Klienten scheitere, bin ich persönlich als Therapeutin gescheitert« (D.B.) oder: »Bei jedem neuen Klienten steht alles, was ich bisher erreicht habe, aufs neue auf dem Spiel« (J.K.), nur unnötige Ängste mit sich bringen. Die unrealistische Erwartung absolut perfekter Arbeit mit allen Klienten fordert seiner Meinung nach ein Scheitern geradezu heraus. In einem seiner Aufsätze betont er, wie wichtig es ist, daß sich Psychotherapeuten ihre Fehlbarkeit verzeihen. Für ihn sind Selbstgespräche für Therapeuten so wichtig wie für Klienten, wenn es darum geht, irrationale Überzeugungen zu überwinden: »Wenn Sie die dogmatische Philosophie und die perfektionistischen Forderungen aufgespürt haben, die Ihren Schwierigkeiten zugrundeliegen, sollten Sie sich die folgenden Fragen stellen:

1. Warum muß ich ein fraglos bedeutender und bedingungslos geliebter Therapeut sein?
2. Wo steht geschrieben, daß meine Klienten meinen Lehren folgen und unbedingt tun müssen, was ich ihnen rate?
3. Wer hat behauptet, Therapie sei unproblematisch und mache stets und ständig Freude?« (Ellis 1985, S. 171).

Deutsch (1984, S. 839) hat einige der häufigsten irrationalen Überzeugungen aufgelistet, die zu Streß und Versagensgefühlen beitragen:

• Ich muß jedem Klienten helfen können.
• Es ist mein Fehler, wenn ein Klient keine Fortschritte macht.
• Ich muß immer auf der höchsten Kompetenzstufe arbeiten.
• Ich bin verantwortlich für das Verhalten meines Klienten.

Es gibt aber noch andere Strategien im Umgang mit dem Scheitern. Lazarus versucht, mit bescheidenen Erwartungen zu arbeiten (lieber flanken als ein Tor schießen), Ellis untersucht leidenschaftslos und systematisch seine Irrtümer, um aus ihnen zu lernen, eine Praxis, die auch Fisch bevorzugt. Fisch definiert Erfolg bzw. Versagen ganz direkt danach, ob die vom Klienten vorgestellten Probleme gelöst wurden oder nicht, und hat deshalb sehr eindeutige Behandlungsergebnisse. Er weiß, wann er Erfolg hatte oder gescheitert ist, weil er sichtbare Ergebnisse vor sich hat. Also verbringt er viel Zeit damit, seine Fälle mit Kollegen zu besprechen, Kommentare zu sammeln und die Faktoren aufzuspüren, die zu negativen Ergebnissen beitragen. Er kann der Verantwortung nicht ausweichen. Und weil er natürlich nicht gerne scheitert, mobilisiert er all seine Energien und Motivation, um noch härter für seine Klienten zu arbeiten. Er hält es für unabdingbar, Fehler zu identifizieren, um sie nicht wiederholen zu müssen.

Gerald Corey unterscheidet zwischen Fehlern, aus denen man lernt (eine überwiegend positive Erfahrung), und dem Versagen (eine stark negativ konnotierte Erfahrung). Für ihn läßt sich ein Versagen vermeiden, wenn man offen genug ist, um aus Fehlern zu lernen. Klienten tun, was sie wollen, und gelegentliche Irrtümer und Fehlurteile in der therapeutischen Arbeit sind unvermeidlich. Aber worauf jeder Therapeut Einfluß nehmen kann, das ist die Entscheidung, sein Verhalten zu untersuchen, um seine eigene Leistung zu steigern.

Verarbeitung negativer Gefühle

Eine der bekanntesten Supervisionsmethoden fokussiert die Aufmerksamkeit des Therapeuten auf die Gegenübertragungsreaktionen, die wirksame Therapie blockieren. Therapeuten müssen zu störenden intensiven Gefühlen gegenüber dem Klienten Kontakt bekommen, zu Vorurteilen, Einstellungen, Ängsten und gegenwärtigen Lebenskonflikten. Danach muß man die Projektionen und Abwehrreaktionen des Klienten identifizieren, die mit den eigenen negativen Gefühlen interagieren (Corey und Corey 1988).

Natürlich kann Widerstand vielfältige Formen annehmen, und Klienten sabotieren die Behandlung aus vielen Gründen. Manche wollen Sekundärgewinne ihrer Symptome nicht aufgeben. Manche hängen an ihrer gewohnten Hilfslosigkeit oder verhalten sich selbstzerstörerisch. Manche externalisieren oder intellektualisieren oder ziehen sich passiv zurück. Manche versuchen, den Therapeuten zu überwältigen, oder verhindern mit allen Mitteln eine Veränderung. Zu diesem Zeitpunkt gilt der Widerstand häufig als normal, notwendig, ja sogar hilfreich, und zwar für den Klienten, der Zeit gewinnen will, wie für den Therapeuten, dem er signalisiert, daß er auf der richtigen Spur ist. Sobald man Mißerfolge als eine spezielle Form des Widerstands betrachtet, kann man damit so umgehen wie mit jeder anderen Sackgasse: Man wendet sich an den Supervisor, macht sich seine blinden Flecken bewußt und bearbeitet eigene unerledigte Angelegenheiten, die den Prozeß stören.

Freudenberger und Robbins (1979) empfehlen, Streß und Frustrationen in mehreren Schritten produktiv umzusetzen. Wie bei jedem Burnout erholt man sich von den speziellen Symptomen des Scheiterns am besten, indem man sich bestimmte Fragen stellt: Bin ich so frei, daß ich einen Klienten gehen lassen kann, wenn ich kein Interesse an einer Arbeit mit ihm habe? Mit anderen Worten: Kann ich es mir - psychisch wie finanziell - leisten zu akzeptieren, daß manche Klienten für mich einfach nicht die richtigen sind? Sie schließen:

> Auch wenn man noch so ausgebrannt ist, so realisiert man doch, daß Burnout verhindert und überwunden und die Vitalität und Authentizität wieder hergestellt werden muß. Es bleibt immer ein Rest des ursprünglichen Impulses, der Menschheit zu dienen, und damit die Gewißheit, daß man sich selbst verrät, wenn man versäumt, den Patienten zu helfen, die der Hilfe bedürfen. Dieses innere Wissen ist verantwortlich für die Schuldgefühle und Depressionen, die nur noch arbeitsunfähiger machen. Also

müssen wir unsere individuellen Erfahrungen und alle konstruktiven Gedanken austauschen, wann und wo immer wir können. Wir müssen Kontakt zueinander halten. Wir müssen - rational - eingestehen, daß sich ehrliches Geben nicht erschöpft. Nur unehrliches Geben erschöpft sich und führt zu Depression, Einsamkeit und Zynismus. Wenn wir uns selbst verraten, leiden wir daran genauso wie die Patienten. Wenn wir die beruflichen Lebensthemen unserer Patienten begreifen wollen, dann steht der Blick ins eigene Haus wohl bei uns allen auf der Tagesordnung ganz oben. (1979, S. 295)

Erfolg verführt, aber aus Mißerfolg lernt man (Stone 1985, S. 145). Und deswegen kann man produktiv mit dem Scheitern umgehen: Man kann daraus lernen, man kann aus den belastenden und enttäuschenden Erfahrungen das Beste herausholen und sich im Prozeß der Selbstprüfung und Entdeckung weiterentwickeln.

10. Kapitel

Aus dem Versagen lernen

Siege sind ein Grund zum Feiern. Bei den Gewinnern löst sich die Spannung, sie klopfen sich auf die Schultern und nehmen strahlend den Beifall der Kameraden entgegen. Die Verlierer dagegen schleppen ihre müden Knochen in den Umkleideraum und schmollen.

Vor die Wahl zwischen Sieg und Niederlage gestellt, würde sich wohl niemand freiwillig gegen den Erfolg entscheiden. Verlieren tut weh, es steht häufig für Energie- und Zeitverschwendung. Und es beschwört die Geister der Vergangenheit:

> »Du bringst es nie zu etwas, ich habe es gewußt.«
> »Das mußte ja passieren.«
> »Das hast du dir selbst zuzuschreiben.«
> »Wenn du nur nicht so faul wärst.«

Hat man je davon gehört, daß eine Niederlage ein Fest wert wäre? Und selbst wenn, gäbe es dabei überhaupt etwas zu feiern? Die Antwort auf diese Frage ist ein eindeutiges Ja, wie wir in diesem Buch immer wieder aufzuzeigen versucht haben.

Watzlawick erklärt die Vorteile auswegloser Situationen und gescheiterter Bemühungen folgendermaßen: »Erst wenn man sich einer Fata Morgana nähert, kann man erkennen, daß es sich um eine solche handelt. Erst wenn man den falschen Weg eingeschlagen hat, kann man erkennen, daß er nirgendwohin führt. Diese Binsenweisheit steht im Einklang mit der sogenannten konstruktivistischen Perspektive, d.h. der Untersuchung des Prozesses, mit dem wir unsere eigenen Wirklichkeiten schaffen. Sie postuliert, daß man von der 'wirklichen' Wirklichkeit (wenn sie überhaupt existiert) nur das begreifen kann, was sie nicht ist« (1988, S. 101). Er betont, daß eine Fata Morgana verblaßt, wenn man ihr näherkommt, und ihren Glanz erst dann wieder erhält, wenn man sich von ihr abwendet. Genauso ist es mit der Suche nach Verständnis oder nach Lösungen: Die Wirklichkeit ordnet sich erst, wenn die eigenen Konstruktionen von Wirklichkeit zusammenbrechen.

Mißerfolge stellen ein Paradox dar, weil sie in der Regel abgelehnt werden, obwohl man nur mit ihrer Hilfe Sackgassen entdecken kann. Vorausgesetzt, man bringt die richtige Einstellung mit, haben sie nur Vorteile:

- sie fördern die Reflexion,
- stimulieren Veränderungen,
- geben nützliche Informationen,
- geben ein Feedback über die Wirkung einer Handlung,
- fördern Flexibilität,
- lehren Demut,
- machen entschlossener,
- erhöhen die Frustrationstoleranz,
- fördern die Bereitschaft zu Experimenten.

Eine Selbstmordgeschichte

Das wohl schlimmste Scheitern, das ein Therapeut (wie jeder andere Mensch) erleben kann, ist der Verlust eines Klienten durch Selbstmord. Diese Tat und ihre Folgen lassen keinerlei Handlungsmöglichkeit mehr, und das Scheitern ist hier so verheerend, daß es zu absoluten Selbstzweifeln bis hin zum Abbruch der beruflichen Laufbahn führen kann.

»Habe ich geholfen?« - »Hat es funktioniert?« - »Was hat er gefühlt?« - »Warum hat sie das gesagt?« - »Was ist an diesem Morgen wirklich geschehen?« - »Was wäre gewesen, wenn ...?« - »Versuche dies ... nein, jenes.« - »Wenn ich nur ... Hätte ich nur ...« Und wahrscheinlich am schwersten: »War es wirklich richtig? Woher weiß ich das? Wie kann ich je sicher sein? Mein Gott, es ist schließlich das Leben eines Menschen!« (Ram Dass und Gorman 1985, S. 201).

Wer das Versagen feiert, zeigt damit Achtung vor den Lehren, die es mit sich bringt. Und wenn überhaupt, sind nur die Lebenden imstande, aus dem sinnlosen Akt des Selbstmordes Lehren zu ziehen.

Wir haben beide den Selbstmord eines Klienten erlebt, das schmerzlichste Versagen überhaupt, und der Gedanke, dieses Buch zu schreiben, erwuchs aus einem Gespräch über dieses Thema. Im folgenden zeigen wir, was man aus der Verwirrung, den Selbstzweifeln, der Furcht und Verzweiflung nach dem tragischen Selbstmord einer Klientin oder eines Klienten schließlich lernen kann.

Wenn ich (D.B.) diese Geschichte erzähle, ist mir bewußt, wie groß meine Abwehr ist. Ich spüre, daß ich den Fall rationalisieren, mein Verhalten erklären, meine Kompetenz und mein professionelles Verhalten beweisen möchte. Die Klientin, Marcia, war im Laufe von fünf Jahren in Abständen zu mir gekommen. Sie kam mehrere Stunden hintereinander und verschwand dann wieder sechs oder acht Monate lang. Beim letzten Mal war sie sehr verzweifelt und akut selbstmordgefährdet. Sie zeigte alle üblichen Warnsignale für ihre Gefährdung und ihr unerträgliches Leid. Ich war so besorgt, daß ich sie in eine psychiatrische Praxis überwies. Der Psychiater behandelte sie ebenfalls psychotherapeutisch und verschrieb zusätzlich Antidepressiva.

Unmittelbar vor meinem dreiwöchigem Urlaub hatte Marcia eine Sitzung bei mir, in der sie ihren intensiven Todeswunsch offenbarte.

Ich hatte Angst um sie und machte mir Sorgen, weil ich mich in der nächsten Zeit nicht um sie kümmern konnte. Andererseits wußte ich, daß sie regelmäßiger und häufiger zu ihrem Psychiater ging als zu mir. Das beruhigte mich etwas: es war schließlich sein Problem.

Ich rief den Psychiater an und teilte ihm meine Bedenken mit. Dann fuhr ich mit unguten Gefühlen in die Ferien, aber als ich zurückkam und sie anrief, ging es ihr ganz gut. Sie sagte, die Behandlung beim Psychiater liefe gut und sie hätte deshalb kein Interesse, einen neuen Termin mit mir zu machen.

An demselben Abend ging Marcia in ihre Garage, nahm eine Überdosis der Medikamente, die ihr der Psychiater verschrieben hatte, und ließ den Motor ihres Wagens laufen. Erst drei Wochen später rief mich ihr Psychiater an und erzählte mir von ihrem Selbstmord.

Ich hatte einen schweren Schock, fühlte mich betäubt, gelähmt. Ich weiß noch genau, wo ich saß, als er mich anrief. Mehrere Tage fühlte ich überhaupt nichts. Ich konzentrierte mich rational und distanziert auf die Dynamik des Falls und hielt ihn so von mir weg. Noch am selben Tag fuhr ich in mein Büro, sah die Unterlagen durch und versuchte herauszufinden, was geschehen war. Es war für mich von äußerster Wichtigkeit, zu prüfen, was ich getan und nicht getan, mit wem ich mich in Verbindung gesetzt und wie ich ihre Symptome beschrieben hatte.

In gewissem Sinne fühlte ich mich für ihren Tod verantwortlich. Ich mußte mich davon überzeugen, daß es nicht meine Schuld war, daß die Unterlagen mich freisprachen. Als nächstes begann ich zu beichten. Ich rief mehrere Kollegen an, um ihnen meine Geschichte zu erzählen, und bekam eine Menge Unterstützung und Berichte über ähnliche Erfahrungen. Ich machte mir klar, daß meine Handlungsweise angemessen war, und mir fiel nichts ein, was ich hätte anders machen können.

Dann begann die Trauer. Trauer und Betrübnis überfielen mich. Ich hatte keinen Mut mehr, wollte nicht mehr in die Praxis gehen oder mit anderen Klienten arbeiten. Ich wollte meinen Beruf aufgeben, keine Verantwortung mehr für das Leben anderer Menschen übernehmen. Ich wollte mir eine vernünftige Arbeit suchen, mit geregelter Arbeitszeit und ohne große Anforderungen. Ich zog mich zurück. Ich zweifelte an mir selbst, an allen Facetten meines Wesens.

Trotzdem war ich ein paar Tage später wieder in der Praxis und arbeitete, aber ich sah alles im Lichte meiner Inkompetenz. Meine Einstellungen wurden negativ, Interventionen zögernd. Ich fühlte mich nicht mehr nützlich. Ich war müde und tat mir leid.

Ich las alles Mögliche über Selbstmord. Ich redete mit jedem, der bereit war, mir zuzuhören. Ich lernte viel Neues und erinnerte mich an Dinge, die ich früher gelernt, aber nur flüchtig behalten hatte. Kurz darauf begann ein adoleszenter Klient, von Selbstmord zu sprechen. In totaler Panik überwies ich ihn weiter. Ich hatte kein Vertrauen mehr zu mir selbst.

Dieser Vorfall liegt schon eine Weile zurück, aber ich neige immer noch zu Überreaktionen, wenn ein Klient Selbstmordgedanken erwähnt, erstarre innerlich und kämpfe gegen die Furcht an, erneut für einen Tod verantwortlich gemacht zu werden. Gleichzeitig leisten mir meine Erfahrungen nach Marcias Tod immer noch gute Dienste. Es war ungeheuer hilfreich, darüber zu reden. Die Supervision, die Einsichten der Kollegen und die aufrichtigen Gespräche über meine Gefühle haben ungeheuer viel verändert. Die wichtigste Erkenntnis, die ich aus dieser Erfahrung gewonnen habe, ist die, daß ich mich nicht länger unbesiegbar fühle.

Auch meine Schüler und Kollegen haben davon profitiert, daß ich diese dunklen Zeiten durchlebt, Hilfe und Unterstützung gesucht und mich mit meinen Grenzen konfrontiert habe. In einem Seminar über den Therapieprozeß, das ich leitete, habe ich die Geschichte nach langem Zögern zum ersten Mal erzählt, zum Teil, um damit ins Reine zu kommen, zum Teil, um Mitleid und Verständnis zu erhalten. Außerdem schien es mir wichtig, die Studenten zu Zeugen dieses

Ereignisses zu machen. Sie sollten es miterleben, sollten wissen, daß so etwas tatsächlich geschieht. Mein Bedürfnis, über Marcias Selbstmord zu sprechen, war größer als die Angst, meine Inkompetenz als Therapeutin aufzudecken. Die Seminarteilnehmer zeigten erwartungsgemäß Mitgefühl und Betroffenheit. Was ich nicht erwartet hatte, war ihre spürbar große Erleichterung. Ich hatte ihnen durch die Offenbarung meiner Ängste und Schwächen stillschweigend möglich gemacht, ihre eigenen Ängste zuzugeben.

Jedesmal, wenn ich die Geschichte erzähle, ist die Reaktion dieselbe: nicht Kritik oder Ablehnung, sondern erleichterte Seufzer, Anerkennung und Respekt. Ich habe nicht nur meine Grenzen kennengelernt und eine Vielzahl von Hilfsmitteln entdeckt, ich habe vor allem gelernt, daß erst das Gespräch über die eigenen Schwächen wirklichen Kontakt miteinander ermöglicht.

Die Erfahrung des Scheiterns

Diese Episode zeigt deutlich, daß es Vorteile hat, sich dem Scheitern zu stellen. Selbstreflexion ist ungeheuer wichtig. Um dieser Erkenntnis zum Durchbruch zu verhelfen, fassen wir im folgenden noch einmal die wichtigsten Aussagen des Buches und die Erfahrungen mit dem Scheitern zusammen, denn erst wenn man mit dieser Erfahrung vertraut ist, kann man sie überwinden.

Das erste Warnsignal ist eine Inkongruenz zwischen den Erwartungen des Therapeuten und den Reaktionen des Klienten. Die Erwartungen des Therapeuten basieren auf Art der Ausbildung, Erfahrung und auf den Daten, die in den vorangegangenen Sitzungen erhoben wurden. Die theoretische Basis des Therapeuten, seine philosophischen Konstrukte, Überzeugungen und Werte, die sein Menschenbild und seinen therapeutischen Ansatz prägen, sind weitere Bestandteile seiner Einstellung. Neben der Berufserfahrung ist auch die Lebensgeschichte des Therapeuten mitsamt ihren Auswirkungen auf die Gegenwart von Bedeutung: seine heutigen Sorgen und Probleme spielen bei der eigenen Einschätzung der Arbeit mit dem Klienten natürlich eine Rolle. Auch hier ist der Grad seiner Selbstachtung und Verletzbarkeit eine maßgebende Frage.

In der therapeutischen Interaktion mit einem Klienten erlebt der Therapeut alles, was der Klient ausdrückt, durch den Filter seiner persönlichen und beruflichen Vorstellungen und Erfahrungen sowie seiner jeweils aktivierten Wahrnehmungen und Bedürfnisse. Der Therapeut, der aufnimmt, was ihm der Klient anbietet, schreibt der Reaktion eine bestimmte Bedeutung zu, je nachdem, ob sie seinen Erwartungen entspricht oder nicht. Und das ist, mit oder ohne Beteiligung des Klienten, das Kriterium für den Therapeuten, das als Anzeichen für ein positives Ergebnis festgesetzt worden ist.

Reagiert der Klient aber anders als erwartet, dann entstehen (abhängig von der Signifikanz der jeweiligen Reaktion für den therapeutischen Prozeß, wie ihn den Therapeut wahrnimmt) Konfusion, Frustration und Enttäuschung. Um die Disharmonie aufzuheben, gerät dieser Augenblick immer mehr in den Fokus der Therapie.

Durch die Suche nach alternativen Bedeutungsmöglichkeiten für die Äußerungen des Klienten erweitert sich die Erkenntnis, und gleichzeitig beginnt die Suche nach alternativen Reaktionsmöglichkeiten, die die Interaktion in Einklang mit den Erwartungen des Therapeuten bringen können. Wenn das nicht geschieht und es immer wieder zu Abweichungen von den Zielen des Therapeuten kommt, wird aus der Frustration Ärger. Dieser Ärger richtet sich entweder gegen die eigene Person, deren Wissen und Phantasie so begrenzt sind, oder gegen den Klienten, dessen Reaktionen der Erfolgsgewißheit des Therapeuten entgegenstehen.

Der Therapeut bemüht sich, den Sinn des Austausches zu begreifen und ihn in seinen Wissens- und Erfahrungsbereich einzuordnen. Die ersten Selbstzweifel tauchen auf, wenn die Erfahrung aus dem Kontinuum erlaubter oder verständlicher Verhaltensweisen und Reaktionen herausfällt, das Skript so stark abweicht, daß es die erwarteten Rollen nicht umfassen kann. Immer hektischer versucht der Therapeut, sich wieder im »Hier und Jetzt« zu orientieren, um Gleichgewicht, Richtung und Gewißheit wiederzufinden.

Im Augenblick des Ungleichgewichts, der nicht erfüllten Erwartungen, und im Versuch, zu erfassen, was geschieht, schieben manche Therapeuten die Schuld auf den Klienten und verleugnen ihren eigenen Anteil an dem Drama. Damit gewinnen sie Gleichgewicht und Sicherheit zurück und kaschieren ihre Verantwortung. Andere hingegen beziehen alles, was geschieht, ausschließlich auf sich selbst. Sie erleben intensive Selbstzweifel und gehen scharf mit sich selbst ins Gericht. Um das schmerzliche Wissen um falsche Beurteilungen und mangelhafte Interventionen abzuschwächen, wenden sie sich an andere, um Trost zu finden. Sämtliche Taktiken der Selbsttäuschung kommen hier ins Spiel: Verleugnung, Starrheit, Rückzug, Distanz, Isolierung in sämtlichen einfallsreichen Varianten, alle darauf ausgerichtet, das innere Gleichgewicht wiederzufinden. Das Pendel schwingt zwischen Selbstverachtung und Selbsttäuschung, zwischen scharfer Selbstverurteilung und wütender Beschuldigung des Klienten, und paradoxerweise verzerrt jeder Ausschlag des Pendels die Realität und blockiert zeitweilig die realistische Prüfung des Ereignisses.

Die Vorstellung des Versagens kann zu abrupter Lähmung führen. Im normalen Rhythmus des Lebens tut sich plötzlich ein klaffender Abgrund auf. Ein Alpdruck legt sich auf die Brust, eine bleierne Schwere, die stets daran erinnert, daß etwas nicht in Ordnung ist. Jeder einzelne Aspekt der Arbeit ist von Selbstzweifeln angekränkelt. Die Frage der beruflichen Eignung taucht auf, Phantasien über einen Berufswechsel und Selbstbeschuldigungen häufen sich. »Ich hätte es wissen müssen! Ich hätte es erkennen müssen!« Ärger und Schuldgefühle begleiten das allmähliche Akzeptieren des eigenen Anteils an der beunruhigenden Situation.

In der Rückschau werden Handlungen und Aussagen unter die Lupe genommen, alle anderen Klienten treten in den Hintergrund und sind praktisch zur Bedeutungslosigkeit verurteilt. Zwanghaft geht der Therapeut jede einzelne Interaktion durch; sie werden ans Licht gezogen, untersucht, fallengelassen und wieder untersucht. Bücher werden zu Rate gezogen, Kollegen befragt, relevantes Material kritisiert. Diese Suche zieht sich so lange hin, bis der Therapeut sich ungefähr vorstellen kann, was falsch gelaufen ist, seinen eigenen Anteil daran einsieht und akzeptiert und beschließt, es in Zukunft anders zu machen.

Dann weicht das Gefühl der Bedrohung, das Ereignis verliert seine Dominanz und bekommt seinen rechtmäßigen Platz neben all den anderen therapeutischen Erfahrungen, die bisher angesammelt wurden. Was bleibt, ist eine gesteigerte Bewußtheit, das erneuerte Gelöbnis, beständig zu lernen, die Bereitschaft, verletzbar zu bleiben, und die Würdigung der Geheimnisse und Abenteuer des Therapeutenlebens.

Die einzelnen Schritte der Konfrontation mit dem Versagen

Aus dieser Beschreibung lassen sich fünf Schritte für den Verarbeitungsprozeß eines verstörenden Therapieereignises unterscheiden. Diese Schritte sollten nicht mit den Entwicklungsstufen im 2. Kapitel verwechselt werden, die die zentralen Befürchtungen auf dem Weg vom Anfänger zum erfahrenen Therapeuten bezeichnen. Hier geht es eher um Erfahrungsschritte nach der Erkenntnis des Versagens, unabhängig von der Berufserfahrung. Wie bereitwillig ein Therapeut diese Schritte tut (oder wie oft ein Versagen tatsächlich bemerkt wird), hängt wesentlich von der klinischen Erfahrung und der Definition eines negativen Ergebnisses ab. Es gibt, wie wir zu zeigen versucht haben, eine beträchtliche Bandbreite in der Definition des therapeutischen Versagens.

Die fünf Schritte, die wir hier vorstellen, sollen einen Beitrag zum Verständnis und damit auch zur Bewältigung des Versagens leisten. Sie lauten: Täuschung, Selbstkonfrontation, Suche, Lösung und Anwendung.

Täuschung bezeichnet die Phase der Verleugnung: Man sucht außerhalb der eigenen Person nach Ursachen, auf die man die Schuld verlagern könnte. Diese Phase wird durch Furcht, Angst und Schuldgefühle verlängert, die entstehen, weil man spürt, daß etwas nicht erwartungsgemäß verläuft. In diesem Stadium dominieren Entschuldigungen und Rationalisierungen, das zentrale Motiv lautet: »Nicht ich, die anderen sind schuld.« Das Ereignis ist zu schmerzhaft für eine direkte Konfrontation, das Ich schützt sich durch eine zeitweilige Realitätsverzerrung.

Danach schleicht sich Wut auf die eigene Person ein und zerstört die Täuschung, daß der andere schuld sei. Das ist die Phase der *Selbstkonfrontation*. Jetzt übernimmt man ganz und gar die Verantwortung für alles, was passiert ist, und häuft die feurigen Kohlen von Selbstbezichtigungen und Selbstzweifel auf sein Haupt. Jetzt wird jeder einzelne Bestandteil der beruflichen Integrität in Zweifel gezogen.

Damit beginnt die dritte Phase: die *Suche*, das Bedürfnis, herauszufinden, was wirklich geschehen ist. Der Weg wird frei für die offene und realistische Suche nach Information, nach Untersuchung und kritische Prüfung der Ereignisse und ihrer Ursachen. Man kann diese Phase mit dem Prozeß der Datenerhebung in der Forschung vergleichen, allerdings mit dem Unterschied, daß der Therapeut als Wissenschaftler hier durch intensive Selbsterforschung und umfassende Berücksichtigung aller wesentlicher Hilfsmittel sämtliche Möglichkeiten zusammenträgt und prüft. Im Endergebnis lassen sich dann wichtige Bestandteile der Erfahrung entdecken, das Ereignis kann in einer gesunderen Perspektive gesehen werden. Damit entsteht das Gefühl einer Lösung.

Durch die Offenheit für neue Erkenntnisse werden in dieser folgenden Phase der *Lösung* neue Einsichten über das Ereignis gewonnen und neue Perspektiven und Richtungen identifiziert. Auch wenn man vielleicht nicht genau weiß, was im einzelnen falsch war, hat man durch den Prozeß viel gelernt. Ob die Ursachen des beunruhigenden Vorfalls nun beim Therapeuten, beim Klienten oder bei beiden liegen, sie erscheinen jetzt in jedem Fall in einer Pespektive, die einen Umgang mit ihnen ermöglicht. Man kann den eigenen Anteil an der Choreographie dieses speziellen therapeutischen Tanzes erkennen und akzeptieren.

Die letzte Phase ist die *Anwendung* des Gelernten in der zukünftigen Arbeit. Man wird der tiefen Verpflichtung auf eine wirksame Arbeit aufs neue gewahr und ist offen für kontinuierliches Lernen. Der berufliche Gewinn aus der Konfrontation mit dem Versagen bringt Lebendigkeit, Präsenz und die Würdigung eigener Schwäche mit sich. Denn nur die eigenen Schwächen bereiten den Weg für Wachstum und Veränderung: »Die Verzweiflung, die einen Menschen aus sich selbst herausreißt und ihn zwingt, den Sinn seines Lebens in Frage zu stellen, wird zum Auslöser für ein neues, authentischeres Leben« (Farnsworth 1975, S. 46).

Wichtige Fragen, die sich der Therapeut stellen sollte

Bei der Untersuchung der eigenen Schwächen stellen bestimmte Fragen die Offenheit für eine ehrliche und direkte Einschätzung der eigenen Arbeit sicher. Diese Selbstprüfung stärkt die Verpflichtung zu ständigem Wachstum und Lernen. Bei jedem Klienten sollte man sich fragen:

• Was erwarte ich von diesem Klienten? Was erwarte ich von mir?
• Was erwartet der Klient von mir? Was erwartet er von sich?

- Stimmen meine Erwartungen mit denen des Klienten überein?
- Was investiere ich in diesem Fall? Was brauche ich von diesem Klienten?
- Weiß ich, welches Timing für die Entfaltung des Prozesses nötig ist?
- Welche Reaktionen löst dieser Klient in mir aus?
- Was tue ich, das hilft?
- Was tue ich, das nicht hilft?
- Wie störe ich den Klienten?
- Was kann ich verändern?
- Welche Hilfe kann ich mir von außen holen? Von Kollegen, von Experten, aus der Literatur?

Die Bereitschaft, die eigene Arbeit kontinuierlich und ehrlich zu untersuchen und die eigenen Schwächen zuzugeben, aktiviert einen Prozeß, der empfänglich für neue Informationen und neugierig auf Entdeckungen macht. Das gilt besonders für die persönliche Definition von Erfolg und Versagen.

Versagen ist ein Werturteil: die auf Erwartungen basierende persönliche Interpretation eines Ergebnisses. Es ist deshalb das Privileg jedes Therapeuten, den Prozeß (und nicht die Einzelleistung) seinen individuellen Werten, Zielen und Überzeugungen gemäß zu definieren. Malcomson (1977) hat in einer Untersuchung von theoretischen Aspekten des Versagens mehrere Kriterien für eine Beurteilung von Erfolg und Versagen aufgezählt. Obwohl er dabei recht hart mit sich ins Gericht geht und z.B. seinen Erfolg oder sein Versagen anhand einer einzelnen Leistung mißt (»Ich bin ein Versager, wenn ich spüre, daß ich überwältigt wurde«), benennt er doch ein prozeßorientiertes Kriterium, das hilfreich, weil versöhnlicher ist: Er fühlt sich erfolgreich, wenn er etwas tut, von dem er das Gefühl hat, es sei wichtig, und er hat versagt, wenn das, was er tut, nicht viel zu zählen scheint.

Die Schlüsselworte in dieser Aussage sind »fühlen« und »scheinen«. Denn unabhängig davon, wie eine Intervention, eine Sitzung, eine therapeutische Beziehung ausgeht, liegt es immer auch an einem selbst, wie man sich dabei fühlt und ob man sich die liebevollen Absichten und den echten Wunsch zu helfen als Verdienst anrechnet. Man versagt nicht so leicht, wenn man sich stets bemüht zu helfen. »Das Versagen besteht nicht so sehr darin, eine Aufgabe nicht zu erfüllen, sondern einen Menschen nicht tief genug zu achten« (Malcomson, S. 179). Wenn man seiner Verantwortung einigermaßen gerecht wird, dem augenblicklichen Wissensstand entsprechend sein Bestes gibt und den Klienten zutiefst achtet, wird der Prozeß des Lebens, des Lernens und des Seins wichtiger als Erfolg oder Versagen.

Das heißt nicht, daß gute psychotherapeutische Arbeit lediglich eine Frage von Achtung und Zuneigung sei. Es geht vielmehr darum, daß gute Psychotherapeuten nicht nur sehr klug und versiert sind, sondern eigene wie fremde Schwächen akzeptieren können. Sie untersuchen ihre Grenzen und geben ihre Irrtümer und Fehlurteile zu, aber geben sich vor allem sehr viel Mühe, sie nicht zu wiederholen.

Ein Schlußwort: Die Erfahrung der Autoren mit diesem Buch

Die Arbeit an diesem Buch war für uns beide ein äußerst schmerzhafter Prozeß. Zu Beginn waren wir begeistert: wir freuten uns darauf, die eigenen Gedanken über ganz persönliche Themen zu publizieren, und waren froh, gemeinsam an einem Projekt zu arbeiten, das unsere Freundschaft nur stärken konnte.

Aber diese Freude verkehrte sich bald ins Gegenteil. Wir mieden einander, arbeiteten isoliert. Hatten wir uns früher freundschaftlich und heiter zum Essen verabredet, nahmen die unumgänglichen Treffen jetzt den Charakter unangenehmer Termine an. Die Arbeit ging voran, die Kapitel wurden termingerecht fertig, aber Befriedigung stellte sich nicht ein. Das schwierige und deprimierende Thema begann, unsere Freundschaft zu vergiften.

Leistungsängste tauchten auf und an einem Punkt, sogar eine schreckliche Angst vor dem Versagen. Jeffrey schrieb fließend, aber Diane war blockiert. Der Versuch, einander zu helfen, intensivierte die gegenseitige Frustration nur noch. Das Projekt schien zum Scheitern verurteilt, Niedergeschlagenheit machte sich breit. Schließlich gab Diane wütend auf, überwältigt von dem Gefühl, versagt zu haben, weil sie den eigenen Erwartungen nicht gerecht werden konnte. Sie war erleichtert, fühlte sich wieder frei und integer, weil sie sich entschieden hatte, ihren Namen nicht auf ein Buch setzen zu lassen, zu dem sie in ihren Augen keinen zufriedenstellenden Beitrag geleistet hatte. Auch Jeffrey war froh, daß die Spannungen zwischen ihnen beseitigt waren und sich die Freundschaft fortsetzen ließ. Aber es gab auch Sorge, Schuldgefühle, Groll, Frustration und auch das Gefühl, versagt zu haben. Es gab unglaubliche Abwehr dagegen, das Projekt zu Ende zu bringen. Jeffrey wollte nur damit fertig werden, Diane wollte es fallen lassen und sich anderen Dingen zuwenden, egal welchen. Aber sie hielt durch und überwand ihren Widerstand. Nachdem sich die Blockierung gelöst hatte, ging ihr das Schreiben schließlich leicht von der Hand.

Auf diese Art kämpften wir mit unserem Thema und mit uns selbst. Jeder von uns hat dutzende Male versagt: als die Worte nicht kamen, Zweifel die innere Stimme übertönten, Spannungen untereinander den inneren Frieden bedrohten. Ehrlicherweise müssen wir zugeben, daß wir uns wohl nicht so bereitwillig auf das Unternehmen eingelassen hätten, wenn wir gewußt hätten, was auf dem Spiel stand, welche Risiken es mit sich brachte, diesem Thema so nahe zu kommen.

Nun ist es vollbracht. Aber die Fertigstellung des Buches ist kein uneingeschränkter Grund zum Feiern, sondern steckt voll Ambivalenz: Es hat sich weniger das Gefühl einer »Geburt« eingestellt, sondern eher das Gefühl, einen Tumor entfernt zu haben. Wir begreifen jetzt, warum Therapeuten über dieses Tabuthema nicht sprechen wollen und warum es in der Literatur ignoriert wird. Und trotzdem fühlen wir uns jetzt frei. Wir haben den Schleier gelüftet, und jeder kann es sehen. Wir sind alle unvollkommen. Wir machen alle Fehler. Wir lernen daraus ... aber wir finden immer wieder neue Wege zu versagen.

Wir hoffen, daß Sie, die Leserin oder der Leser, das können, was uns so schwer gefallen ist: sich verzeihen, daß Sie nur ein Mensch sind, sich öffnen für die Untersuchung eigener Fehler und Fehlurteile und Ihr Versagen als Mittel zur persönlichen und beruflichen Meisterschaft willkommen heißen.

Literaturverzeichnis

Alonso, A. *The Quiet Profession: Supervisors of Psychotherapy*. New York: Macmillan 1985

Anderson, C. »The Crisis of Priorities«, *Family Therapy Networker*, May-June 1987, S. 19-25

Armour, R. »Introduction«, in: P. Tabori, *The Natural Science of Stupidity*. Philadelphia: Chilton 1959

Barbrack, C.R. »Negative Outcome in Behavior Therapy«, in: D.T. Mays und C.M. Franks (Hrsg.) *Negative Outcome in Psychotherapy and What to Do About It*. New York: Springer 1985

Beer, M. »Exile on Beaubien Street«, *Detroit Monthly*, September 1987, S. 108-110

Bergantino, L. »Human Relationship Are Destined to Failure«, in: *Psychotherapy: Theory, Research and Practice*, 1985, 12 (1), 42-43.

Berger, L.S. *Psychoanalytic Theory and Clinical Relevance*. Hillsdale, N.J.: Analytic Press 1985

Boorstein, D. *The Discoverers*. New York: Random House 1983

Bugental, J.F.T. *Challenges of Humanistic Psychology*. New York: McGraw-Hill 1957

-, »The Existential Crisis in Intensive Psychotherapy« *Psychotherapy*, 1965, 2 (1), 16-20

-, *The Search for Existential Identity*. San Francisco: Jossey-Bass 1976

-, *Psychotherapy and Process*. Reading, Mass.: Addison-Wesley 1978

-, *The Art of the Psychotherapist*. New York: Norton 1987

Clark, R. W. *Einstein: The Life and Times*, Avon, New York 1971; dt.: *Albert Einstein: Leben und Werk*, Heyne Verlag, München 1983

Coleman, S. (Hrsg.) *Failures in Family Therapy*. New York: Guilford 1985

Colson, D./Lewis, L./Horwitz, L. »Negative Outcome in Psychotherapy and Psychoanalysis«, in: D.T. Mays und C.M. Franks (Hrsg.) *Negative Outcome in Psychotherapy and What to Do About It*. New York: Springer 1985

Conroy, P. *The Prince of Tides*. Boston: Houghton Mifflin 1986

Corey, G. *Theory and Practice of Counseling and Psychotherapy*. Monterey, Kalif.: Brooks/Cole, 4 Aufl. 1989

Corey, G./Corey, M.S. *Helping the Helper*. Monterey, Kalif.: Brooks/Cole 1988

-, *I Never Knew I Had a Choice*. Monterey, Kalif.: Brooks/Cole, 4.Aufl. 1989

Denton, L. »Committee Developing Handbook on Helping Impaired Colleagues«, in: *APA Monitor*, 1987, 18 (10), 20-21

Deutsch, C.J. »Self-Reported Sources of Stress Among Psychotherapists« in: *Professional Psychology*, 1984, 15 (6), 833-845

Eckert, A. *The Court Martial of Daniel Boone*. New York: Bantam 1973

Einstein, A./Infeld, L. *The Evolution of Physics*. Simon & Schuster, New York 1938, dt.; *Die Evolution der Physik*. Bertelsmann, Gütersloh 1972

Ellis, A. »How to Deal with Your Most Difficult Client - You« in: *Psychotherapy in Private Practice*, 1984, 2 (1), 25-34

-, *Overcoming Resistance*. New York: Springer 1985

Farber, B.A. (Hrsg.) *Stress and Burnout in the Human Service Professions*. New York: Pergamon 1983

Farnsworth, K.E. »Despair That Restores« in: *Psychotherapy: Theory, Research and Practice*, 1975, 12 (1). 44-47

Fiedler, F. »A Comparison of Therapeutic Relationships in Psychoanalytic, Non-Directive and Adlerian Therapy« in: *Journal of Consulting and Clinical Psychology*, 1950, 14, 436

Fine, H.J. »Despair and Depletion in the Therapist« in: *Psychotherapy: Theory, Research and Practice*, 1980, 17 (4), 392-395

Fisch, R./Weakland, J.H./Segal, L. *The Tactics of Change: Doing Therapy Briefly*. San Francisco: Jossey-Bass 1982; dt.: *Strategien der Veränderung: systematische Kurzzeittherapie*. Stuttgart: Klett-Cotta 1982

Foa, E.B./Emmelkamp, P.M.G. *Failures in Behavior Therapy*. New York: Wiley 1983

Frazer, A./Winokur, A. »Therapeutic and Pharmacological Aspects of Psychotropic Drugs« in: *Biological Basis of Psychiatric Disorders*. Jamaica, N.Y.: Spectrum 1977

Freudenberger, H.J./Robbins, A. »The Hazards of Being a Psychoanalyst« in: *Psychoanalytiv Review*, 1979, 66 (2), 275-296

Glasersfeld, E. von »An Introduction to Radical Constructivism« in: Watzlawick, P. (Hrsg.), The Invented Reality, New York: Norton 1984; dt.: *Die erfundene Wirklichkeit: wie wissen wir, was wir zu wissen glauben?* MÜnchen, Zürich: Piper 1985

Goertzel, M./Goertzel, V./Goertzel, T. *Three Hundred Eminent Personalities: A Psychosocial Analysis of the Famous*. San Francisco: Jossey-Bass 1978

Goleman, D. *Vital Lies, Simple Truth*. New York: Simon & Schuster 1985; dt.: *Lebenslügen und einfache Wahrheiten: Warum wir uns selbst täuschen*. Weinheim, Basel: Beltz 1987

Graziano, A./Bythell, D.L. »Failures in Child Behavior Therapy« in: E. Foa und P. Emmelkamp (Hrsg.) *Failures in Behavior Therapy*. New York: Wiley 1983.

Greenspan, M./Kulish, N.M. »Factors in Premature Termination in Long-Term Psychotherapy« in: *Psychotherapy: Theory, Research and Practice, 1985, 22 (1), 75-82.*

Guy, J.D. *The Personal Life of a Psychotherapist.* New York: Wiley 1987

Haley, J. »How to Be a Marriage Therapist Without Knowing Practically Anything« *Journal of Marital and Family Therapy,* 1980, 6, 385-391.

Hammer, M. (Hrsg.) *The Theory and Practice of Psychotherapy with Specific Disorders.* Springfield, Ill.: Thomas 1972.

Hayward, J.W. *Perceiving Ordinary Magic.* Boston, Mass.: Shambhala Publications 1984.

Hellman, I.D./Morrison, T.L./Abramowitz, S.I »Therapist Flexibility/Rigidity and Work Stress« *Professional Psychology, 1987, 18 (1), 21-27.*

Herron, W.G./Rouslin, S. *Issues in Psychotherapy.* Washington, D.C.: Oryn Publications 1984.

Hilfiker, D. »Making Medical Mistakes« *Harpers,* May 1984, 59-65.

-, *Healing the Wounds.* New York: Pantheon 1985.

Hobman, D.L. »Failure« *Hibbert Journal,* 1953-54, 52, 178-185.

Hobson, R.F. *Forms of Feeling: The Heart of Psychotherapy.* New York: Tavistock 1985.

Hoff, B. *The Tao of Pooh.* New York: Penguin 1982.

Hoffmann, S./Kohener, R./Shapira, M. »Two on One: Dialectical Psychotherapy« *Psychotherapy* 1987, 24 (2), 212-216.

Hyatt, C./Gottlieb, L. *When Smart People Fail.* New York: Simon & Schuster 1987.

Jackel, M. »Supervision in Dynamic Psychotherapy« in: N. Blumenfield (Hrsg.) *Applied Supervision in Psychotherapy.* New York: Grune & Stratton 1982.

Jenkins, J./Hildebrand, J./Lask, B. »Failure: An Exploration and Survival Kit« *Journal of Family Therapy* 1982, 4, 307-320.

Jung, C.G. *Memories, Dreams and Reflections.* New York: Random House 1961; dt.: Jung, C.G. *Erinnerungen, Träume, Gedanken,* Zürich: Rascher 1967.

Keith, D.V./Whitaker, C.A. »Failure: Our Bold Companion« in: S. Coleman (Hrsg.) *Failures in Family Therapy.* New York: Guilford 1985.

Keyes, R. *Chancing It: Why We Take Risks.* Boston: Little, Brown 1985.

Kilburg, R.R. »The Distressed Professional: The Nature of the Problem« in: R.R. Kilburg, P.E. Nathan und R.W Thoreson (Hrsg.) *Professionals in Distress: Issues, Syndromes and Solutions in Psychology.* Washington, D.C.: American Psychological Association 1986.

Kilburg, R.R./Nathan, P.E./Thoreson, R.W. (Hrsg.) *Professionals in Distress: Issues, Syndromes and Solution in Psychology.* Washington, D.C.: American Psychological Association 1986.

Kottler, J.A. *Pragmatic Group Leadership.* Monterey, Calif.: Brooks/Cole 1983.

-, *On Beeing a Therapist.* San Francisco: Jossey-Bass 1986.

Kramer, R. »Values of Error« *Psychiatric Times* January 1987.

Langs, R. *Techniques in Transition.* New York: Jason Aronson 1987.

Levinson, P./McMurray, L./Podell, P./Weiner, H. »Causes for the Premature Interruption of Psychotherapy by Private Practice Patients« *American Journal of Psychiatry* 1978, 135 (7), 826-830.

Lowen, A. *Narcissm* New York: Macmillan 1983; dt.: *Narzißmus: die Verleugnung des wahren Selbst,* München: Kösel 1986.

McMurtry, L. *Lonesome Dove.* New York: Pocket Books 1986.

Madanes, C. *Strategic Family Therapy.* San Francisco: Jossey-Bass 1981.

Malcolmson, W. »Beeing vs. Doing: A Way of Coping with Success and Failure« *Humanitas* 1977, 13 (2), 169-183.

Margolis, J. »Actions and Ways of Failing« *Inquiry* 1960, 3, 89-101.

Martin, E.S./Schurtman, R. »Termination Anxiety as It Affects the Therapist« *Psychotherapy: Theory, Research and Practice,* 1985, 22 (1), 92-96

Martz, L. »America Grounded« *Newsweek* v. 17. August 1987, S. 34.

Maslach, C. *Burnout: The cost of Caring.* Englewood Cliffs, N.J.: Prentice-Hall 1982.

Masterson, J.F. *Countertransference* and Psychotherapeutic Technique. New York: Brunner/Mazel 1983.

Mays, D.T./Franks, C.M. »Negative Outcome: Historical Context and Dysfunctional Issues« in: D.T. Mays und C.M. Franks (Hrsg.) *Negative Outcome in Psychotherapy and What to Do about It.* New York: Springer 1985.

Menaham, S. E. »Psychotherapy of the Dead« in: *Ellenbogen, G. C. (Hrsg.), Oral Sadism and the Vegetarian Personality,* New York: Ballantine 1986; dt.: *Journal für seelische Radschläge: Selbstfindungsstrategien, Psü-Cho-Tests und neue, verb. Wahnvorstellungen; das witzigste aus dem Papierkorb der Psychotherapie, erdacht und verfaßt von hervorragenden Köpfen aus Forschung und Lehre* Frankfurt: Krüger 1988

Millon, T./Millon, C./Antoni, M. »Sources of Emotional and Mental Disorders Among Psychologists: A Career Development Perspective« in: R.R. Kilburg, P.E. Nathan und R.W. Thoreson (Hrsg.) *Professionals in Distress: Issues, Syndromes and Solutions.* Washington, D.C.: American Psychological Association 1986.

Murchie, G. *The Seven Mysteries of Life.* Boston: Houghton Mifflin 1978.

Polanyi, M. *The Tacit Dimension.* New York: Doubleday 1967.

Powles, D.E. »Me Get Sued ... Are You Kidding?« *Psychiatric Times* Januar 1987, 1-7.

Ram Dass/Gorman, P. *How Can I Help? Stories and Reflections on Service.* New York: Knopf 1985.

Rippere, V./Williams, R. *Wounded Healers: Mental Health Workers' Experience of Depression.* New York: Wiley 1985.

Robertiello, R.C./Schoenwolf, G. *101 Common Therapeutic Blunders.* Northvale, N.J.: Jason Aronson 1987.

Rochlin, G. *Griefs and Discontents.* Boston: Little, Brown 1965.

Rubin, S.S. »Ego-Focused Psychotherapy: A Psychodynamic Framework for Technical Eclecticism« *Psychotherapy* 1986, 23 (3), 385-389.

Sacks, O. *The Man Who Mistook His Wife for a Hat.* New York: Basic Books 1983; dt.: *Der Mann, der seine Frau mit einem Hut verwechselte.* Reinbek: Rowohlt 1987.

Schlight, W.J. »The anxieties of the Psychotherapist« *Mental Hygiene* 1968, 52, 439-444.

Schön, D.A. *The Reflective Practioner.* New York: Basic Books 1983.

Scott, C. *Boundaries in Mind.* New York: Crossroads 1982.

Shem, S. *Fine.* New York: Dell 1985.

Stoltenberg, C.D./Delworth, U. *Supervising Councelors and Therapists: A Developmental Approach.* San Francisco: Jossey-Bass 1987.

Stone, M. »Negative Outcome in Borderline States« in: D.T. Mays und C.M. Franks (Hrsg.) *Negative Outcome in Psychotherapy and What to Do About It.* New York: Springer 1985

Strean, H.S./Freeman, L. *Behind the Couch: Revelations of a Psychoanalyst.* New York: Wiley 1988.

Strupp, H.H. »On Failing One's Patient« *Psychotherapy: Theory, Research and Practice* 1975, 12 (1), 39-41.

Strupp, H.H./Fox, R.E./Lessler, K. *Patients View Their Psychotherapy.* Baltimore: Johns Hopkins 1969.

Strupp, H.H./Hadley, S.W. »Negative Effects and Their Determinants« in: D.T. Mays und C.M. Franks (Hrsg.) *Negative Outcome in Psychotherapy and What to Do About It.* New York: Springer 1985.

Stuart, R.B. *Trick or Treatment.* Champaign, Ill.: Research Press 1970.

Tabori, P. *The Natural Science of Stupidity.* Philadelphia: Chilton 1959.

Theobald, D.W. »Errors and Mistakes« *Dialogue* 1979, 18, 555-565.

Thomas, L. *The Medusa and the Snail.* New York: Viking 1979.

Torrey, E.F. *Witchdoctors and Psychiatrists.* New York: Harper & Row 1986.

Van Hoose, W.H./Kottler, J.A. *Ethical and Legal Issues in Counseling and Psychotherapy: A Comprehensive Guide.* San Francisco: Jossey Bass 1985²

Watzlawick, P. *Ultrasolutions.* New York: Norton 1988.

Watzlawick, P./Weakland J.H./Fisch, R. *Change: Principles of Problem Formation and Problem Resolution,* New York: Norton 1974; dt.: *Lösungen: Zur Theorie und Praxis menschlichen Handelns,* Bern, Stuttgart, Toronto: Huber 1988

Wedding, D./Corsini R.J. (Hrsg.) *Great Cases in Psychotherapy.* Itasca, Ill.: Peacock 1979.

Wenegrat, B. *Sociobiology and Mental Disorders.* Menlo Park, Calif.: Addison-Wesley 1984.

Zukav, G. *The Dancing Wu Li Masters.* New York: Bantam 1979; dt.: *Die tanzenden Wu-Li-Meister: der östliche Pfad zum Verständnis der modernen Physik,* Reinbek: Rowohlt 1986.

Register

Albert Rothenberg

Kreativität in der Psychotherapie

aus dem Amerikanischen von Thea Brandt

»Sicherlich eines der wichtigsten Psychotherapiebücher dieses Jahrzehnts ... Fundamentale Aspekte kreativer Prozesse, die Ergebnisse therapeutischer Behandlung fördern können, werden hier beleuchtet. Metapher, Paradoxe, Fehler, Ironie und Humor können alle erfolgreich benutzt werden, um Kreativität, Einsicht, emotionales Wachstum und Freiheitsempfinden zu unterstützen. Das Buch ist ein Vergnügen zu lesen.«

Prof. Robert N. Emde, M.D.

Zum Autor:

Dr. Albert Rothenberg ist Leiter des Forschungscenters Austen Riggs Center und Professor für Klinische Psychiatrie an der Harvard University Medical School. Sein früheres Buch *The Emerging Goddess* wurde als das beste Buch der Verhaltenswissenschaften im Jahre 1979 von *Psychology Today* gewählt.

Irvin D. Yalom

Existentielle Psychotherapie

aus dem Amerikanischen
von Reinhard Fuhr und Martina Gremmler-Fuhr

»Ich glaube, daß dieses exzellente Buch ein Klassiker für Studierende der existenziellen Psychotherapie und erst recht für alle im psychosozialen Bereich Tätige wird. Es wäre allerdings sicherlich ein Fehler, dieses Buch nur Psychiatern und Psychologen zu empfehlen, denn jede Person, die sich für Motive des menschlichen Daseins interessiert, wird in diesem Buch hilfreiche Anregungen finden. Ich fand dieses Buch derart lesenswert, daß es mir kaum möglich war, es beiseite zu legen, bevor ich es nicht beendet hatte.«

Rollo May

»Diese bemerkenswerte Abhandlung untersucht die Psychotherapie im Kontext ihrer Relevanz in bezug auf die Grundprobleme der menschlichen Existenz. Als Ergebnis umfassender klinischer Erfahrung, ausgewertet und integriert durch eine sensible und gut informierte Person, stellt dieses Buch eine beeindruckende Leistung dar.«

Jerome D. Frank

Zum Autor:

Dr. Irvin D. Yalom, Professor für Psychiatrie an der Standford University in den USA, ist Autor zahlreicher Aufsätze und Bücher zu psychotherapeutischen Fragen.

Jakob L. Moreno

Psychodrama und Soziometrie

aus dem Amerikanischen von Reinhard Fuhr

Dieses Buch vereint die wichtigsten Schriften des Begründers von Psychodrama und Soziometrie. Beispielhaft werden sowohl die grundlegenden als auch weiterentwickelte Konzepte und Techniken der Psychodramatischen Methode diskutiert.

»Jakob L. Moreno war ein aufregender Mann und dies ist ein aufregendes Buch. Ein Buch über das Leben und den bemerkenswerten Beitrag eines wahren Meisters dazu.
Es dokumentiert nicht nur Morenos theoretische Entwicklung des Psychodramas, des Soziodramas und der Soziometrie. Vielmehr liegt einer der großen Werte dieser Auswahl darin, daß sie eine ganze Reihe von Beispielen der Arbeit Morenos enthält, wobei das Geben und Nehmen zwischen ihm und den Patienten dokumentiert wird.«

Carl A. Whitaker

Zum Autor:

Jakob L. Moreno, geb. am 18. 5. 1889 in Bukarest, studierte und promovierte in Medizin und Philosophie von 1909 - 1917 an der Universität Wien. 1925 emigrierte er in die USA und erhielt 1927 die ärztliche Zulassung von New York State. 1936 bzw. 1937 begründete er die Zeitschriften »Sociometric Review« und »Sociometry«. 1945 gründet er die »American Sociometric Association« und wird im folgenden Jahr Ehrenmitglied der »American Psychiatric Association«. Er arbeitete u.a. als Gastdozent an der Harvard University, gründete das »International Committee of Group Psychotherapy« (1951) und rief verschiedene internationale Kongresse ins Leben. 1973 gründete er die »International Association of Group Psychotherapy«, bevor er im folgenden Jahr im Alter von 85 Jahren starb.

Richard Hycner

Zwischen Menschen

— Ansätze zu einer Dialogischen Psychotherapie —

aus dem Amerikanischen von Irmgard Hölscher

Richard Hycner formuliert in diesem Buch Grundzüge einer *Dialogischen Psychotherapie*, die er nicht als eine isolierte Schule betrachtet, sondern als einen integrativen Ansatz, der vor allem in Arbeiten von Martin Buber, Hans Trüb, Carl Rogers, Rollo May, Laura Perls, Erving und Miriam Polster, I. Boszormenyi-Nagy, Irvin Yalom und Maurice Friedman seine Wurzeln findet. Dies ist kein »Kochbuch«, in welchem therapeutische Strategien und Techniken angeboten werden, um so mehr ein Versuch, die Prozesse zu beschreiben, die sich in der therapeutischen Beziehung, dem »Dazwischen« zweier oder mehrerer Menschen als heilendem Faktor ereignet.

»Dieses Buch ist eine faszinierende Darstellung der Dialogischen Psychotherapie. Es wird gewiß bei Therapeuten, Angehörigen der helfenden Berufe und anderen Interessierten auf ein großes Echo stoßen, denn Richard Hycners Arbeit ist eine wegweisende Leistung, in der Denken, Fühlen und Handeln, Theorie und Praxis, Wissenschaft, Beruf und Leben voll integriert sind.«

Maurice Friedman

Zum Autor:

Dr. Richard Hycner ist Klinischer Psychologe in privater Praxis in Salona Beach, Kalifornien und Co-Leiter des Institute for Dialogical Psychotherapy in San Diego. Er ist Dekan der Professional School of Psychological Studies, wo er Gestalttherapie und Existentialtherapie lehrt. Dr. Hycner ist Verfasser mehrerer Aufsätze im Bereich der Klinischen Psychologie und Phänomenologie und Co-Herausgeber des Journal for Dialogical Psychotherapy.

Sheldon Cashdan

Sie sind ein Teil von mir

— Objektbeziehung und Psychotherapie —
aus dem Amerikanischen von Thea Brandt

»Eine der bedeutendsten Entwicklungen in der Geschichte der Psychotherapie ist der interpersonale Ansatz, der die Konflikte und Probleme der Patienten als Störungen ihrer zwischenmenschlichen Beziehung betrachtet und der die Beziehung zwischen Patient/in und Therapeut/in in den Mittelpunkt des therapeutischen Bemühens stellt.
Cashdan ist einer der wegweisenden Autoren, der ausgehend von der Objekt-Beziehungs-Theorie diese Perspektive ernst nimmt. Dies erfordert insbesondere eine Neuformulierung der Konzepte der Übertragung und Gegenübertragung — eine Aufgabe, die Cashdan mit außergewöhnlichem Können und Brillanz löst.
Seine Analyse der projektiven Identifikationen (jenseits des anachronistischen Jargons) ist besonders wertvoll. Dieses in einem klaren Stil geschriebene Buch bietet dem Leser auch exzellente Beispiele aus der psychotherapeutischen Arbeit des Autors.«

Hans H. Strupp

»Diese klare und engagierte Darstellung der Methode der Objekt-Beziehungs-Therapie Sheldon Cashdan's hebt sich eindeutig von früheren Arbeiten zu diesem Thema ab, die dadurch enttäuschten, daß sie im Gegensatz zu diesem Buch nur unwesentlich zur Veränderung der traditionellen psychoanalytischen Methoden beitrugen. Cashdan's kreatives und stimulierendes Buch stellt eine exzellente und aufklärende Version der Objekt-Beziehungs-Therapie dar.«

Donald J. Kiesler

Zum Autor:

Sheldon Cashdan, Ph.D., ist Professor für Psychologie an der University of Massachusetts in Amherst. Weitere Werke sind z. B. »Interactional Psychotherapy« und »Abnormal Psychology«.

Rollo May

Liebe und Wille

aus dem Amerikanischen von Brigitte Stein

Das »Meisterwerk« eines der Pioniere der Humanistischen Psychologie endlich in deutscher Sprache erhältlich!

»Das Bemerkenswerte in bezug auf Liebe und Wille in unserer Zeit ist, daß diese beiden Phänomene, die uns in der Vergangenheit immer als die *Lösung* für die Schwierigkeiten des Lebens vor Augen geführt wurden, inzwischen selbst zum *Problem* geworden sind. Es ist zwar immer richtig, daß Liebe und menschliches Wollen in einer Periode der Veränderung schwieriger werden; und wir leben in einer Ära des radikalen Umbruchs. Die alten Mythen und Symbole, an denen wir uns orientierten, sind verschwunden, Angst beherrscht die Szene; wir klammern uns aneinander und versuchen uns einzureden, daß das, was wir empfinden, Liebe sei. Wir üben unseren Willen nicht aus, weil wir fürchten, daß wir, wenn wir uns für *eine* Sache oder *eine* Person entscheiden, die andere verlieren werden, und wir fühlen uns zu unsicher, um dieses Risiko einzugehen. Dadurch sind die verbindenden Emotionen und Prozesse — deren herausragendste Beispiele Liebe und Wille sind — ihrer Grundlage beraubt.«

Rollo May

Zum Autor:

Rollo May ist Begründer der Existentialpsychotherapie in den USA und Mitbegründer der American Association for Humanistic Psychology. Er ist Verfasser zahlreicher Publikationen zu psychotherapeutischen Fragen, Gastprofessor an mehreren amerikanischen Universitäten und praktiziert heute als Psychotherapeut in Tiburon, Kalifornien.

John Keith Wood

Menschliches Dasein als Miteinandersein
— Gruppenarbeit nach personenzentrierten Ansätzen —
aus dem Amerikanischen von Brigitte Stein

Das Buch von John K. Wood bringt einen Überblick über Erfahrungen und Auffassungen in der personenzentrierten Arbeit von Zweiergruppen und von Kleingruppen, wie sie neuerdings in den USA und in Brasilien vorliegen. Völlig neu für die europäischen Leser dürfte der dritte Hauptteil des Buches sein, in dem sie mit den sog. »Communities for Learning« bekanntgemacht werden. Es handelt sich hier um Großgruppen von 40 - 800 Mitgliedern bei nur 4 - 5 »Veranstaltern«, so daß in der Interaktion dieser Gemeinschaften die Mitglieder zu höchster Eigeninitiative aufgerufen sind.

Der Verfasser, über viele Jahre enger Mitarbeiter von Carl Rogers, zählt zu den wenigen Pionieren dieser großen Lerngemeinschaften voller Wagnisse und unerwarteter Ergebnisse.

»Es gibt wenige, die so viel zum personenzentrierten Ansatz zu sagen hätten wie John K. Wood.«

Carl R. Rogers

Zum Autor:

Dr. John Keith Wood hat zuerst Physik und Mathematik studiert, bevor er bei Jack R. Gibb an der Union Graduate School in Psychologie promovierte. Als enger Mitarbeiter von Carl R. Rogers und ehemaliger Leiter des Center for Studies of the Person hat er einen wichtigen Beitrag zur Entwicklung des personenzentrierten Ansatzes geleistet. Außer zahlreichen Artikeln zum personenzentrierten Ansatz (Klientenzentrierte Psychotherapie) veröffentlichte er *Vestigio de Espanto* und *Em Busca de Vida*. Gegenwärtig lehrt John K. Wood Klinische Psychologie an der Pontificia Universidade Catolica Campinas, Brasil.

Erving Polster

Jedes Menschen Leben ist einen Roman wert

aus dem Amerikanischen von Brigitte Stein

In diesem Buch sucht Erving Polster die technischen Modalitäten der Psychotherapie mit der Erkenntnis der Heilwirkung zu verbinden, die sich für Menschen ergibt, wenn sie erfahren, wie außerordentlich interessant sie sind. Als Modell für diese Verbindung dient dem Autor die von ihm postulierte Verwandtschaft zwischen Psychotherapeuten und Schriftstellern, deren Gemeinsamkeit er in einem empathischen Erforschen des menschlichen Verhaltens und Bewußtseins sieht. Polster zeigt, wie Psychotherapeuten einen Sinn für das Drama im Leben jedes Menschen eher entwickeln können, wenn sie dieses Modell anwenden. Demnach sind sie dann in der Lage, die Lebensgeschichte jeder Person zu verfolgen, die einzigartigen Charakteristika und Ereignisse zu entdecken, den mikrokosmischen Beitrag, den das Leben jeder Person enthält, zu erkennen und die Klienten durch den unumgänglich kreativen Weg problematischer Erfahrungen hindurch zu begleiten. Sich auf seine Erfahrung als Psychotherapeut beziehend, beschreibt der Autor einige Wege, die die Integration der Literarischen Perspektive und der psychotherapeutischen Methodik fördern. Sowohl die Schriftsteller als auch die Psychotherapeuten laden uns dazu ein, das Buch des eigenen Lebens aufzuschlagen und die Wunder zu bestaunen, die es enthält.

Zum Autor:

Seit seiner »Lehre« in den frühen 50er Jahren bei Fritz und Laura Perls, Paul Goodman, Paul Weisz und Isadore From hat Dr. Erving Polster einen eigenständigen und bedeutenden Beitrag zur Weiterentwicklung und Verbreitung der Gestalttherapie geleistet. Er ist Mitbegründer und ehemaliger Leiter des »Gestalt Institute of Cleveland«, Mitverfasser des Klassikers »Gestalttherapie, Theorie und Praxis der integrativen Gestalttherapie« und Autor zahlreicher weiterer Publikationen. Gegenwärtig ist Erving Polster Co-Leiter des »Gestalt Training Center — San Diego« und lehrt Klinische Psychologie in »The School of Medicine at the University of California, San Diego«.

Stephen Schoen

Geistes Gegenwart

— Philosophische und literarische Wurzeln einer weisen Psychotherapie —

aus dem Amerikanischen von Angelika Fischer

»Ich empfehle dieses Buch als eine exzellente Integration der Literatur, Kunst, Philosophie, der östlichen Mystik und der Psychotherapie: eine Pflichtlektüre für alle, die jenseits der gegenwärtigen Fachfixierung und Isolation an der Darstellung einer »weisen« Psychotherapie interessiert sind.«

Laura Perls

Zum Autor:

Stephen Schoen, M.D., ist Psychiater in freier Praxis in San Rafael und Lehrtherapeut am Gestalt Institute of San Francisco. Zu seinen Lehrern gehörten Frederick Perls, Harry Stuck Sullivan, Gregory Bateson und Milton Erickson. Er lehrte viele Jahre Gestalttherapie in den USA und Europa und leitete Kurse in Psychotherapie am Naropa Institute, Boulder, Colorado. Er ist Autor der Aufsätze »Gestalt Therapy and Buddhism«, »Creative Attention«, »Psychotherapy as Craft« und mehrerer anderer im Bereich der Gestalttherapie und transpersonalen Psychotherapie.

Samuel Osherson

Die ersehnte Begegnung

aus dem Amerikanischen
von Reinhard Fuhr und Martina Gremmler-Fuhr

Die Väter der jetzt erwachsenen Männer konnten ihre Zuneigung und Liebe ihren Söhnen gegenüber oft nur durch materielles Versorgen und Nützlichkeit zeigen. So behielten viele Söhne die ungestillte Sehnsucht danach, von ihren Vätern verstanden und persönlich anerkannt zu werden und damit Orientierungen für die eigene — auch fürsorgende und nährende Männlichkeit zu erhalten. Osherson zeigt, wie sich diese unerledigte Beziehungsdynamik im Karrieredenken, in Beziehungen zu Mentoren, Chefs und Kollegen, aber auch in der eigenen Familie auswirkt. Er zeigt aber auch Möglichkeiten auf, wie der »verletzte Vater« in Männern zu heilen ist, wenn diese ihre ungelebten Seiten mit der Partnerin, den eigenen Kindern oder ihren Vätern zur Sprache bringen können.

Zum Autor:
Samuel Osherson, Ph.D., ist als Psychologe in der Forschung tätig und leitet Längsschnittuntersuchungen am Gesundheitsdienst der Harvard University. Er promovierte in Klinischer Psychologie an der Harvard University und war Fakultätsmitglied am Massachusetts Institute of Technology und an der University of Massachusetts. Er ist praktizierender Psychotherapeut und Autor des Buches Holding on or Letting go: Men and Career Change at Midlife (The Free Press, New York). Mit seiner Frau und seinem Sohn lebt er in Cambridge, Massachussetts.

Reinhard Fuhr / Martina Gremmler-Fuhr

Faszination Lernen
Transformative Lernprozesse im Grenzbereich von Pädagogik und
Psychotherapie

Lernen ist eine faszinierende Lebensaufgabe, sofern diese Fähigkeit des
Menschen nicht nur genutzt wird, um sich Kenntnisse und Fertigkeiten an-
zueignen, Probleme zu lösen und Gewohnheiten zu verändern.

In diesem Buch werden Lernprozesse, die Wandel im Organismus-Umwelt-
Feld auslösen — also transformative Lernprozesse — theoretisch und em-
pirisch untersucht. Die Gestalttherapie von Perls / Hefferline / Goodman,
die transpersonale Psychologie Ken Wilbers und die Bewußtseinsbildung
Paulo Freires werden ebenso wie die holistische Selbstorganisationstheorie
Gregory Batesons und Erich Jantschs zur Entwicklung eines eigenständigen Konzepts transformativen Lernens herangezogen. An vielen Beispielen
aus der Aus- und Weiterbildung, Beratung und Supervision wird aufge-
zeigt, wie kontaktvolle und sinnhafte Lernprozesse initiiert und unterstützt
werden können.

Das Buch richtet sich an Pädagogen, Berater, Therapeuten, Supervisoren,
Gruppentrainer, Dozenten und an alle, die an faszinierenden Lern- und
Wandlungsprozessen interessiert sind.

Die Autoren:

Dr. Reinhard Fuhr
Studium in Anglistik, Geographie, Philosophie und Pädagogik. Staats-
examen für das Höhere Lehramt. Dozent in Lahore / Pakistan, Gymnasial-
lehrer, Didaktischer Leiter eines Gesamtschulversuchs. Seit 1975 Dozent
am Pädagogischen Seminar der Universität Göttingen für den Studienschwerpunkt Beratung und für die Lehrerausbildung. Promotion in Pädagogik (Didaktik der Weiterbildung). Aus- und Weiterbildung in Gestalt-
psychotherapie und Gestaltpädagogik.

Martina Gremmler-Fuhr
Studium in Biologie, Anthropologie, Germanistik und Pädagogik. Magi-
sterdiplom in Pädagogik (Studienschwerpunkt Beratung). Mehrjährige
Mitarbeit an Forschungs- und Praxisprojekten zum Thema »Bewußtseins-
prozesse und Lernen« am Pädagogischen Seminar der Universität Göttingen. Weiterbildung in Personalentwicklung und Organisationsberatung.